ASSASSIN'S CREED

刺客信条

万物

法国育碧娱乐公司 [法]阿林 · 墨菲-希斯科克 著
小圆圆 黄培原 译

新 星 出 版 社 NEW STAR PRESS

目 录

前　言

大约十五年前，蒙特利尔的一支开发团队取得了惊人的成绩，为《波斯王子》系列打上了一针强心剂。之后，他们接到了一个雄心勃勃的任务——利用即将到来的下一世代主机去重新定义冒险游戏。在几年的开发周期过后，这个团队已经做好了展示新游戏的准备。

如同许多玩家一样，我永远无法忘记第一次看到《刺客信条》这个系列视频演示的那个瞬间。神游舞曲那令人迷醉的缓拍电音逐渐响起，人群中那道白色身影的动作逐渐变缓，然后镜头瞬间拉近，向了他那少了根手指的手掌，然后刹那间一截隐藏的剑刃从主角手掌弹射而出……

随后我们了解到了更多的情报，我立刻就被那令人心喜的美术设计，摄人心魄的环境处理及游戏本身的背景设定（让我们扮演一位在十字军东征时期的阿拉伯主角，完全不同以往）迷得神魂颠倒。用业界现在惯用的话来说，我们当时的心情是激动的、欣狂的，但是在我看来这种描述还是太过委婉。这个游戏已然有了与众不同的气场，它独立于世，有了属于自己的灵魂，而我确切地产生了加入这个游戏幕后团队的诉求。命运或许真的聆听到了我的诉求，在首部游戏上市几个月后，我加入了制作该系列下一部游戏的团队，这一次我们将向玩家介绍一个新时代及一名新主角。这种不断变化时代背景的模式，将会成为这个品牌重要的元素之一。

这已然成了支撑我们系列的基石之一，也是我们往日里听到频数最高的问题：“下一部会在什么地点，什么时代？”

然后每一作品在登陆之前，都会经常性地出现以下情况。先是有传言流出，然后搜索引擎和网上百科页面被一顿狂轰滥炸，接着脑洞机器就被启动了，全世界的玩家都开始推断下一部作品的背景会是什么、下一部游戏的刺客会是谁、他们又会遇到哪些历史人物。

《刺客信条》系列将历史变作游乐场。主人公往往被牵扯到定义人类的重要事件中，而这些事件和前作之间的联系更是触动了那些陪我们一路走来的玩家。更关键的是，我们游戏中的道具并不是什么让你回到过去、改变历史走向的时间机器。而是通过读取基因记忆，追溯人物的源头，去更加深入理解自我的，这些体验会让我们持续进步。我认为这个信息在今时今日更能令人感同身受。

今天你手里拿着的这本书，是数千人在过去十年里激情燃烧的成果。我们为你打开了通往游戏宇宙的大门，其中的主角、反派、地点、时代尽在其中。我们希望有了这些信息，你们能更好地理解我们所讲述的故事。

我想借此机会感谢所有投入智慧、财力和热情，创造了《刺客信条》的育碧同事们。

当然，在结尾之前，我也必须谢谢你们，《刺客信条》系列的粉丝们，我们的第二家人。正是因为你们的热情和付出，我们才能够谱写出史诗一般的游戏。我们还有更多的故事想讲给你们听。

让我们于阿尼姆斯中再度重逢！

《刺客信条》品牌总监　黑玛尔·阿泽吉亚

第一章

序　言

相传在遥远的过去，刺客们与圣殿骑士曾怀抱同样的理念、梦想和对于人类的期望。然而数千年之后，两大组织之间却展开了激烈的争斗。围绕刺客与圣殿的冲突核心便是混乱与秩序，自由与控制之间的争斗。

刺客兄弟会

“保护人类的自由意志，并确保他们能在和平无扰的环境下自由生活。”这便是刺客兄弟会全身心投入的目标。他们为了那些没有机会去改变社会，或者是无法发声批判滥权行为的人们投身战场，用尽种种谋略来拔除世上的各路压迫者和暴君。

刺客们也与借摆布群众来操纵历史进程的组织——圣殿骑士——进行着抗争。

兄弟会所奉行的理念原型诞生于古代的希腊，其组织的前身“无形者”，诞生于托勒密王朝末期的埃及。时至今日，刺客兄弟会依旧在社会中持续活跃着。

兄弟会的戒律

兄弟会奉行的思想主要体现在刺客三诫上：

1. 不得伤害无辜之人。
2. 匿踪于大庭广众之下。
3. 绝不牵连兄弟会。

以上条目应作为绝对规则，且适用于任何刺客组织。

“你无法洞察一切，必须要去怀疑，必须想着自己会犯下错误，或者出现纰漏。”

——马利克 · 阿塞夫

刺客理念的核心部分包含这样一条准则：单从一个人的角度绝对无法了解到某种情况的客观事实。作为刺客，他们必须尽可能多地收集有关某种情状的信息，并形成尽可能客观且周详的决策，之后再做行动。而单一的规则也不可能放之四海而皆准，因此在不同的情况下，必须因地制宜，视情况不同做机变处理。如用单一的规则来套用各种情境的话，便有因教条而闭目塞听之虞，与此同时，兄弟会也力求开张视听，容许各种可能性的存在，同时促进多样性思维的产生。

行于黑暗，侍奉光明。我们是刺客。

圣殿骑士组织

圣殿骑士组织的前身是在数千年前创立，名为“上古维序者”的秘密结社。这个组织随后在波斯、埃及等地发展了自己的势力。公元前五世纪，卡珊德拉将混沌无道的秩序神教一步步瓦解夷平的同时，却无意间给维序者们提供了乘虚而入的机会，让他们将自己的根系伸入了希腊一带。到了中世纪，圣殿骑士组织已经成为得到公开支持的宗教组织，不过随后发生的事件使他们名声扫地，组织也因此再次转入地下。而到了二十世纪，组织已经改头换面，以名为阿布斯泰戈工业公司实体的样貌重现在光天化日之下。

圣殿骑士们的目标，是对原本的自由世界施加强制性的秩序压制，让世界处于一成不变、条框死板的系统控制之下。意志、纪律和控制的运用是他们的招牌手段，这样的行事方式让他们的理念与刺客兄弟会的方法论形成了鲜明的冲突。

圣殿骑士组织同时也对集权领袖和政府提供支持，在这个过程中，他们会进行幕后工作，来对社会进行转型，同时施加影响，并对起义和革命行为进行操纵，以此为组织本身谋取利益。在他们看来，自由意志和未加管控的发展乃是混乱的象征，只有经由审慎的愿洞察之父引导我们。

阿布斯泰戈工业

二十世纪至今，圣殿骑士组织对外的形象便是阿布斯泰戈工业。该公司成立于 1937 年，是圣殿骑士组织建立的一个影响世界经济的对外公众形象。到了二十一世纪，他们运作了几个商业部门，其中包括医药及通信部门。阿布斯泰戈在现代西方世界里为大多数企业做研究与开发工作，不过他们真正的贡献是促进了科技和经济发展以及文明社会进步。阿布斯泰戈工业通过投资外国政府和赞助重要的企业，悄然提升了他们在知识和资源的传播以及数据收集方面的能力，以此来支援圣殿骑士组织。

先行者研究

圣殿骑士的一项主攻研究便是先行者文明，也就是众所周知的伊述。伊述文明早于人类文明，圣殿骑士发掘的信息显示，这一文明有具有结构化和高度秩序化的社会，他们擅长分析，专注于智能设计。圣殿骑士组织利用阿布斯泰戈研发的阿尼姆斯技术，尽可能多地发掘与先行者文明相关的信息与文物。圣殿骑士组织一直在找寻由先行者创造的伊甸苹果，他们想利用这种力量将自己的意志强加于人类。

阿尼姆斯

阿尼姆斯是刺客和圣殿骑士双方手中最为重要的工具之一。使用这种装置可以让他们获取各类基因记忆，并从中提取有关伊甸碎片、从先行者时代传下的强大技术产物和先行者设施的信息。圣殿骑士们打算利用这些造物和情报，为自己构建秩序化、架构化社会的目标提供助力；而刺客们则致力于阻止这些东西落入圣殿骑士的手中，设法让人类的自主性得以留存。

现在已经证实，在理论上，阿尼姆斯技术是源于先行者的科技。

阿尼姆斯技术的基本要点是允许使用者读取实验目标的基因，以三维影像呈现在荧幕上，让使用者能够沉浸在记忆体验中。

阿布斯泰戈目前的虚拟现实与娱乐技术，鼓励大众将历史视为游乐场。还有赫利克斯，这是一款使用阿尼姆斯技术的云端软件，它允许任何人体验平台上可以使用的历史人物的记忆。除了使用已经成熟的娱乐技术之外，在研究和数据分析领域，也使用了更加复杂的运算方式。这项技术近来令人震惊的进展是便携式阿尼姆斯机型的制作，这一型号可以用来毁掉或破坏基因，甚至是重建基因记忆。通过最新的技术可以扫描历史资料来源，并重建或是通过可能的路径精准填补历史间隙，这让一切皆有无限可能。

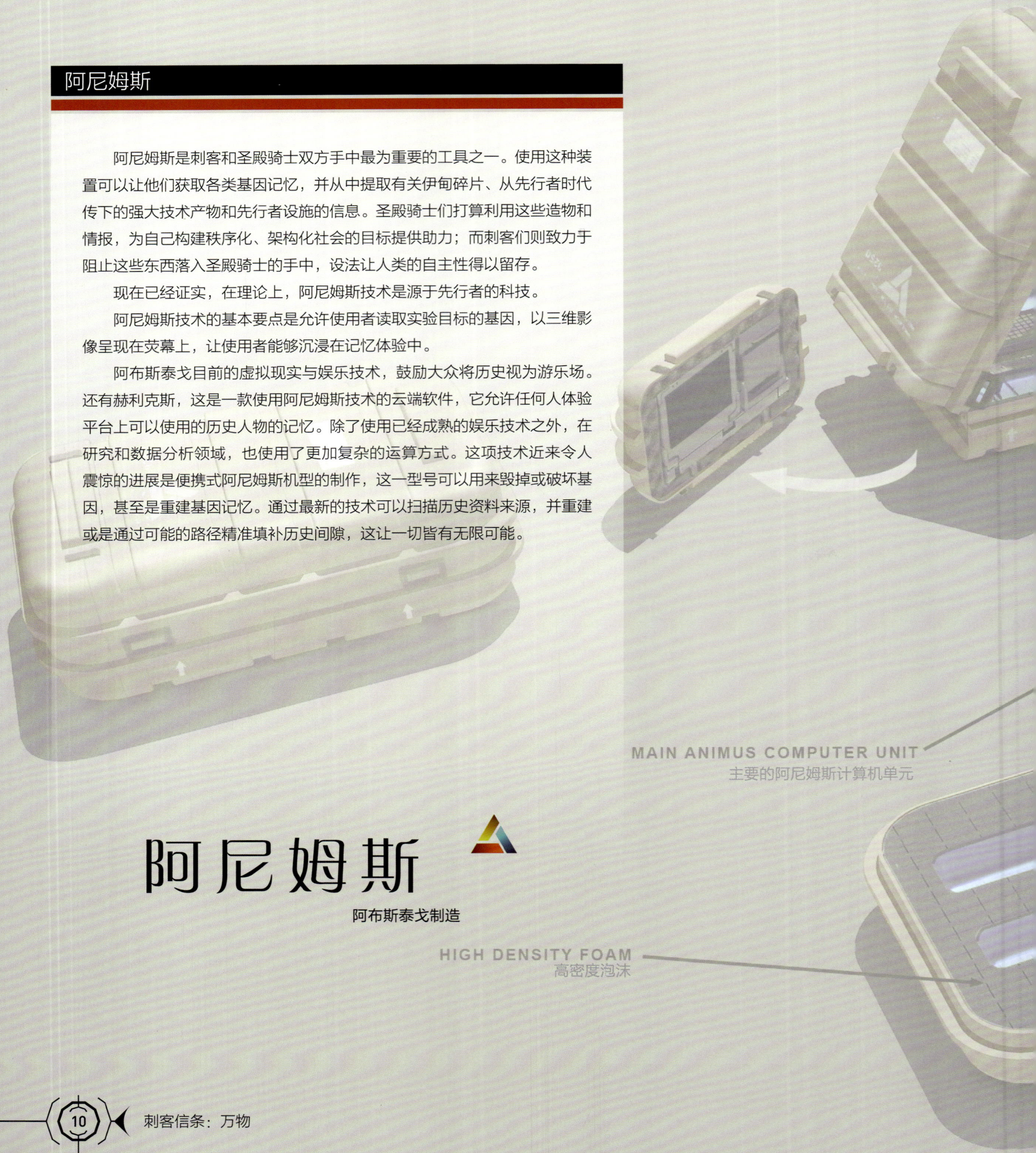

阿尼姆斯

阿布斯泰戈制造

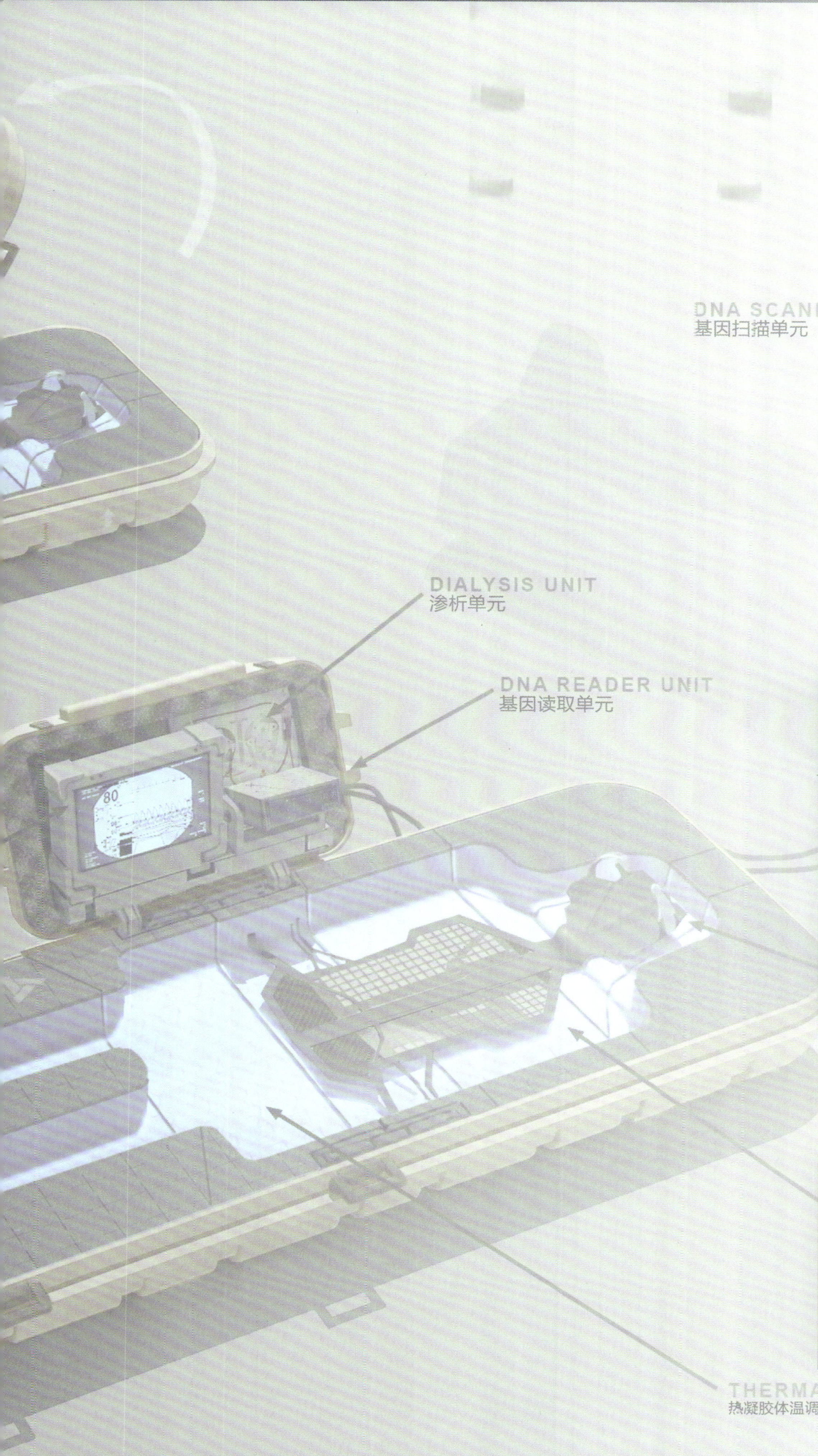
DNA SCANNER UNIT
基因扫描单元
DIALYSIS UNIT
渗析单元
DNA READER UNIT
基因读取单元
80
THERMA-GEL / BODY TEMPERATURE REGULATOR
热凝胶体温调节器

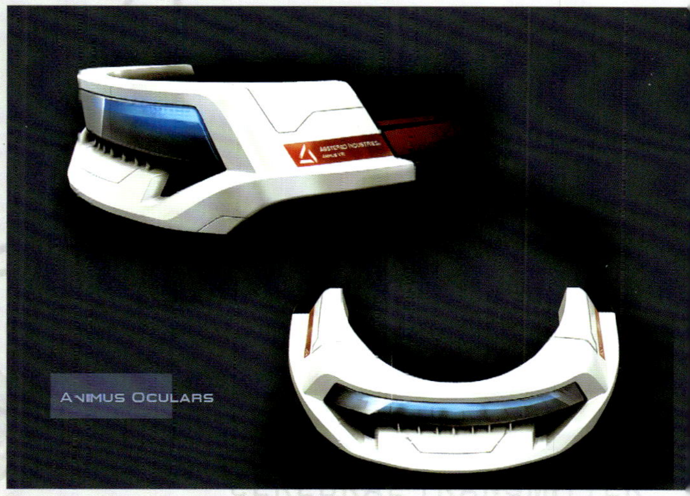
ANIMUS OCULARS

时间线：
关键事件概述

公元前 431—406 年： 雅典与斯巴达之间爆发了伯罗奔尼撒战争。这场战争是一群秘密操纵秩序神教，并试图控制历史进程的人制造出的前奏。斯巴达雇佣兵卡珊德拉，列奥尼达斯国王的孙女，打败了这个强大的邪教，并毁掉了他们用来控制权力平衡的先行者之盒。

未知年份（公元前）： 伊述基因改造现有物种，创造出人类。

约公元前 75000 年： 多沓巨灾发生。地球被巨大的太阳耀斑爆发击中了，导致伊述和人类人口都严重减少。只有少数伊述成员存活下来，但他们的种族濒临灭绝。留存下来的人类成功地在全球范围建立了新的文明。

约公元前 75010—75000 年： 人类与伊述开始大战。

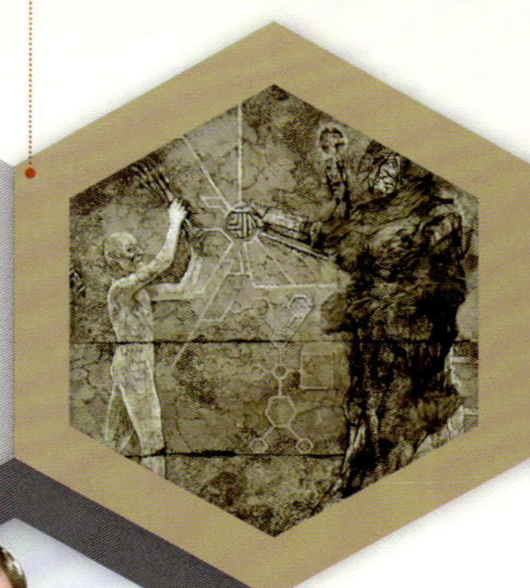

约公元前 75010 年： 伊述萨图尔努斯遭人类杀害，这是人类第一次公开暴动起义，直接导致了人类与伊述之间的战争。他的死导致他的女儿朱诺对人类非常憎恨，并发誓一定要毁灭人类。

公元前 465 年： 波斯国王薛西斯一世，由圣殿骑士组织的前身所扶持，被大流士——史上第一个使用袖剑的人所刺杀。

约公元前 75010 年： 夏娃从伊述那里偷走了伊甸苹果。她用苹果唤醒了亚当，并引起一系列的连锁反应，导致大量人类起义，反抗他们的造物主。

公元前 480 年： 斯巴达国王列奥尼达斯背叛了秘密邪教秩序神教，在温泉关战役中遭到杀害，他始终在奋力抵抗入侵的波斯军队。列奥尼达斯的断矛是一件先行者之盒，之后传给了他的女儿密里涅。

约公元前 47 年： 上古维序者安排恺撒与埃及艳后结盟，这一举措使他们控制了罗马与埃及两大强大帝国。

公元前 40 年： 巴耶克和阿蒙内特发现，无形者在埃及西奈地区的一个盟友利用他们以制造烈士，用来激励人们加入反叛军对抗罗马势力。他们赞同无形者必须远离公众视线以保持身份隐秘，他们的行动永远不得危及无辜之人，这便是我们所熟知的刺客信条的形成基础。

公元前 30 年： 埃及托勒密王朝不可避免地走向结束。阿蒙内特给了她曾经的友人克里奥帕特拉一个光荣的方式来决定她的命运，并结束了这场毁灭整个埃及及其人民的战争。克里奥帕特拉接受了这个决定，下令让埃及军队撤退，并心甘情愿地服下了阿蒙内特给她的毒药。

公元 1129 年： 圣殿骑士组织在特鲁瓦会议期间得到公开承认，于格·德·帕扬是第一任公开的大团长。

约公元前 47 年： 锡瓦的巴耶克和艾雅建立了无形者组织。这是一个遵从隐于黑暗的规则，致力于阻碍或除掉那些试图控制人类自由意志的组织。巴耶克在孟菲斯建立了一个团体，艾雅则在罗马建立了一个基地。

公 元 前 44 年 3 月 15 日： 艾 雅、布鲁图斯和卡西乌斯一起精心策划刺杀了尤利乌斯·恺撒。恺撒大帝被公开刺杀后，场面极度混乱，艾雅确信无形者应在黑暗中行事。后来，她改名为阿蒙内特，即“无形的女人”，以时刻提醒自己立下的誓言。

公元 1090 年： 在哈桑－伊·萨巴赫的领导下，刺客兄弟会成为一个公开组织。但是刺客们的行动仍然被严格保密。

公元 1257—1269 年： 尼可罗和马费奥·波罗在刺客阿泰尔·伊本－拉阿哈德以及他儿子达里姆手下接受训练。他们在君士坦丁堡和威尼斯建立了刺客公会，这是西方的第一批公会。

公元 1307 年： 圣殿骑士组织被法国的腓力四世定为异端，他们在法国的据点遭到了包围。六十多名圣殿骑士被捕，其中包括大团长雅克·德·莫莱。

公元 1937 年 4 月： 西班牙内战期间，刺客伊格纳西欧·卡多纳、圣殿骑士以及黑十字艾伯特·波登联手，从第一文明的仆从鲁弗斯·格罗弗纳手里夺回了蕴含强大力量的伊述神器“光之山”。随后，他们将圣物埋藏在了西班牙一间教堂废墟之下的巨大密室中。

公元 2012 年 9 月 1 日—2 日： 戴斯蒙德·迈尔斯被阿布斯泰戈绑架，强迫他体验他的祖先阿泰尔·伊本 - 拉阿哈德的基因记忆。

公元 1512 年： 埃齐奥·奥迪托雷打开了阿泰尔·伊本 - 拉阿哈德位于马斯亚夫的秘密图书馆，亲眼见到了朱庇特留下的关于多沓巨灾的信息，对方建议他出发前去都灵和纽约的神殿。

公元 1980 年： 阿尼姆斯计划在沃伦·韦迪克博士的带领下正式启动。该计划的目标是探索基因记忆，收集刺客和伊甸苹果的基因碎片信息。

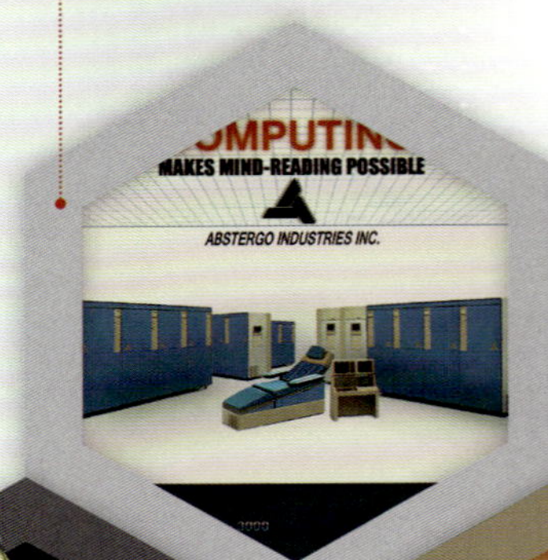

公元 1977 年： 刺客威廉·迈尔斯窃取了阿布斯泰戈的阿尼姆斯蓝图，并将它们带到了一处刺客据点，用来制造自己版本的阿尼姆斯。

公元 1937 年： 圣殿骑士组织公开创立了阿布斯泰戈工业。

公元 1943 年 10 月： 彩虹计划，也被称为费城实验，刺客与圣殿骑士尝试运用阿尼姆斯技术的原型机——“钟”，他们试图改变过去并阻止那些将会在二战之中发生的恐怖事件。实验最终失败，但死亡之钟背后的科学知识成为之后发展阿尼姆斯技术的阶梯。

公元 1314 年： 雅克·德·莫莱是最后一位公认的圣殿骑士组织大团长，他被施以火刑。德·莫莱最后一道命令传送给了世界各地的九个他最为信任的人，以期将骑士团的事业转入暗中进行，并留下盖文·班克斯来重建已是一盘散沙的兄弟会。

公元 2000 年： 丹尼尔·克洛斯是一个圣殿密探，他杀死了兄弟会的大导师。圣殿骑士组织利用丹尼尔·克洛斯收集的情报实行了大清洗，进行了一项全球范围内摧毁刺客兄弟会势力的行动。在众多据点中，仅有一些克洛斯未知的据点得以存留。

公元 2016 年： 崛起事件：一群具有特殊血统的青少年阻止了圣殿叛徒、第一文明的仆从以赛亚妄图使用具有神力的伊甸三叉戟开创人类“纪元”的计划。

公元 2017 年： 蕾拉 · 哈桑非法改造了阿尼姆斯并用于提取巴耶克和艾雅的木乃伊上的原始基因。她发现了无形者和上古维序者，历史上兄弟会和圣殿骑士组织的重要组成集团。戴斯蒙德 · 迈尔斯邀请蕾拉加入刺客兄弟会。

公元 2018 年： 亚特兰蒂斯有一座宝库，存储了宝贵无价的伊述知识，由卡珊德拉看守着。这个宝库被蕾拉 · 哈桑发现。卡珊德拉已经凭借赫尔墨斯之杖的力量活了几个世纪，她将此杖传给了蕾拉，恳求她恢复世间的平衡。

公元 2012 年至今： 威廉 · 迈尔斯的儿子死后，他本人也消失，并留下盖文 · 班克斯重建的一盘散沙的兄弟会。直到今天，现有的刺客据点依然隐藏于暗处，刺客们仍在奋力摆脱圣殿骑士的控制。

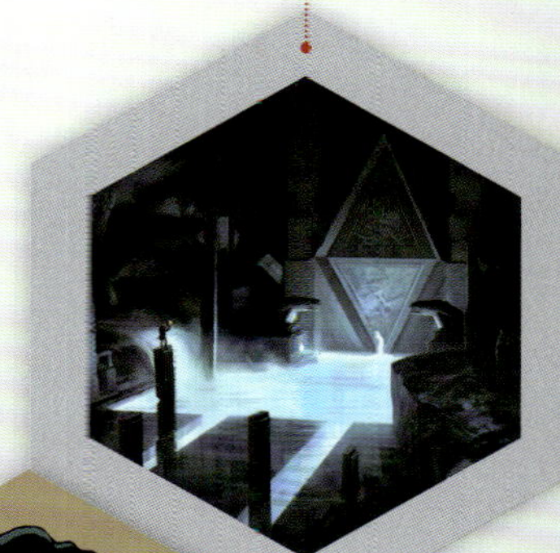

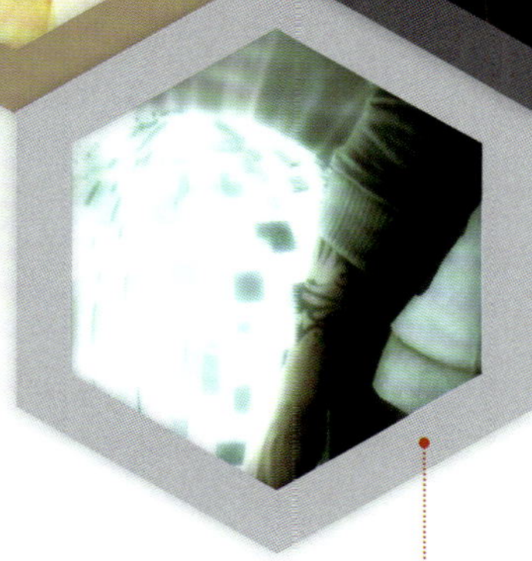

公元 2018 年： 伊利亚是一位圣者，是戴斯蒙德 · 迈尔斯的儿子，曾是第一文明的仆从。他拿着一件拥有强大力量的伊甸碎片光之山钻石，消失于澳大利亚的沙漠中。

公元 2012 年 8 月 –9 月： 戴斯蒙德逃脱之后与刺客们会面。他被绑架期间被迫用阿尼姆斯体验了他的祖先埃齐奥 · 奥迪托雷的基因记忆，其中包括埃齐奥从密涅瓦那里得到的第二次大灾难即将到来的消息。

公元 2012 年 12 月 21 日： 戴斯蒙德 · 迈尔斯打开了位于纽约北部的大神殿。他违背了密涅瓦的意愿，按下了基座，阻止了第二次大灾难，并在中途死去。他的举动拯救了世界，但这一举动也将朱诺从她的囚笼中释放了出来。先行者们将她囚禁于此，是为了防止她为了个人利益与自己的同胞和人类展开对抗。

公元 2018 年： 刺客们与奥托 · 伯格从西班牙取回了光之山钻石，然而这件圣物被第一文明的仆从夺走。朱诺是一位强大的伊述，她因凤凰计划重返人间，但却被夏洛特 · 德 · 拉 · 克鲁兹刺杀后身亡。圣殿和黑十字奥托 · 伯格目睹了凤凰计划的彻底破灭，并且除掉了第一文明的仆从。

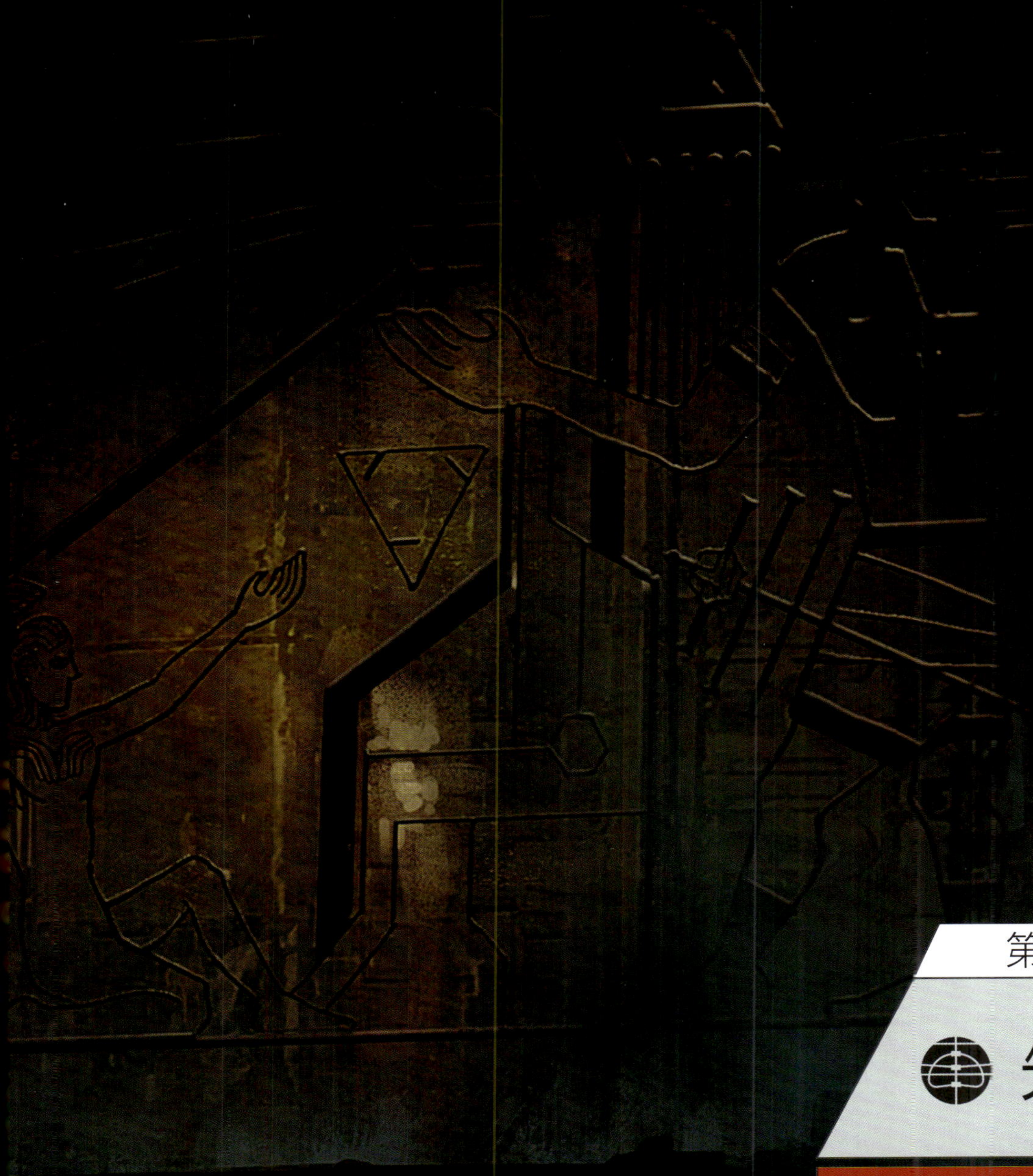

第二章

先行者文明

在遥远的过去，一个被称为“伊述”的古老先行者种族创造了人类，，但他们后来经历了毁灭性的巨大灾难。伊述的遗物在各个神话与传说之中流传了数千年，也成为许多宗教理想的基石。最重要的是，他们创造的伊甸碎片已成为圣殿骑士和刺客同时追求的目标。

从过去来的人们

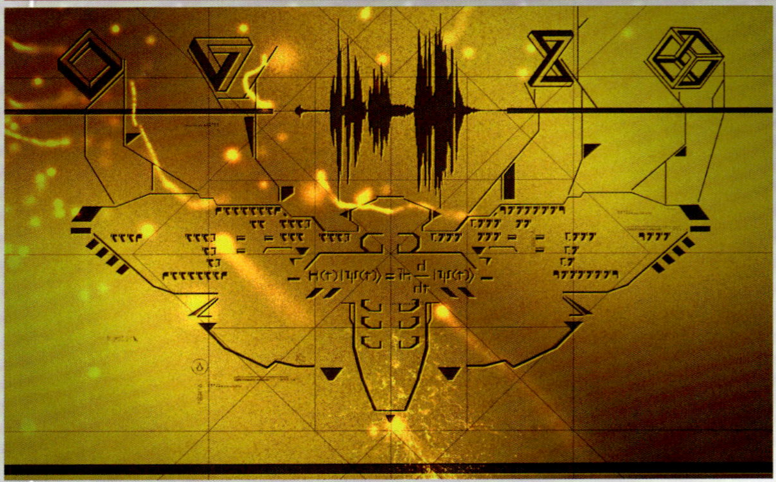

在人类出现之前，伊述是地球上古老的高等原住民。伊述作为一个拥有精密科技知识并且高度发达的种族，曾被人类称为“第一文明”“更早到来之人”和“先行者”。

先行者：速记

- 早于人类出现在地球上的发达类人种族。
- 生理结构与人类相似，但是更高，骨架更大。
- 拥有六种感官与三条基因螺旋。
- 阿布斯泰戈工业将其分类为“神圣智人”。

先行者种族与人类

先行者文明将他们的科技知识广泛运用在人类基因工程上，加速了物种进化进程，并极大改变了现有基因的构造。由此产生的种族，外形上拥有先行者的外貌，生命周期更短，只拥有五种感官，并且能够在恶劣的环境中顽强生存。这种适应力，其实在伊述身上并没有，这是人类为了适应生存环境而必须具备的能力。有证据显示，先行者文明故意限制人类的这种适应力的发展，是为了让他们成为顺从的劳动力。伊甸碎片则是为了保证他们的服从。心思尚简单的人类将伊述视为神灵。

多沓巨灾

在被奴役了数个世纪之后，人类开始起身反抗先行者。人类在数量上占优势，而先行者有优越的技术力量。两大种族之间的十年征战因多沓巨灾而中止，公元前 75000 年的一场巨大的日冕物质抛射基本摧毁了先行者文明，尽管他们已经探索和实施了各种方法来阻止灾难发生。人类拥有先行者设计的生存能力，因此他们得以重建社会并实现再度繁荣。与此同时少数的伊述在接下来的数千年逐渐死去，再也无力保护他们的文明。

多沓巨灾也被称为第一次灾变。类似的太阳耀斑活动被称为第二次灾变，预言将会发生在 2012 年。

“有一些比刺客与圣殿骑士更重要的事情，甚至比我们所有人都重要的事情，正在向我们走近。要是我们找不到办法来阻止——接下来的几周或许就会是我们每个人的末日。”

——威廉·迈尔斯

朱庇特神殿的三巨头：

朱庇特神殿三巨头成员是先行者科学家密涅瓦、朱诺和朱庇特。为了避免即将到来的自然灾害演变成多沓巨灾，他们在地下神殿努力多年，研究并测试利用次级神殿网络设计出来的潜在解决方案，但一切都是徒劳。

先行者的影响：

尽管他们慢慢地消失了，伊述的影响力却在人类文明中生根发芽。这一点直观地反映在全世界各地不同文化中相似的神话故事里。伊述文明有时被称为“第一文明”，尽管我们无法得知他们到底是不是第一个出现在地球上的文明。

先行者文明的知识并不只对刺客和圣殿骑士开放，有极少数这两个组织之外的人也能接触到先行者之盒和相关信息。

对于伊述的狂热崇拜：

古希腊的秩序神教本是毕达哥拉斯教派的一个分支，他们聚集在一个金字塔形状的先行者之盒周围，预知一些未来可能发生的事件。他们伪造德尔斐神谕，利用神器散播预言并引导人们信奉秩序神教。

赫尔墨斯神教是一个遵循伊述赫尔墨斯指引的邪教，而赫尔墨斯将蕴藏了生命奥秘的伊甸权杖给了毕达哥拉斯。毕达哥拉斯是哲学家、数学家，他相信一定存在一个完美的数字，能够维持秩序与混乱之间的平衡。几个世纪后，赫尔墨斯神教演变成了疯狂投身数学研究，以期凭此控制世界的邪教。

第一文明的仆从是一个秘密组织，有时被称为朱诺神教，成员是从圣殿、刺客、民众之中选拔而来，他们献身于朱诺并遵循她的期望，试图复兴伊述种族。他们参与了凤凰计划，旨在制造出一个伊述的肉体，使朱诺可以附身。就在朱诺以肉体重返人间的前一刻，夏洛特·德·拉·克鲁兹刺穿了这具伊述肉体，杀死了朱诺。

已知的先行者

朱诺

朱诺多年的行动始终在交替支持或打压圣殿与刺客势力。她利用两大势力的冲突对双方成员都加以蛊惑和颠覆，并使他们始终被她的私欲驱使，这使得她成为秩序与混乱争斗中最危险的存在。

朱诺是一个伊述科学家，并且与朱庇特和密涅瓦同为三巨头成员。她曾在人类与伊述的战争中，目睹她的父亲萨图尔努斯被一个人类奴隶杀死，导致她对人类深恶痛绝。受这种憎恨的驱使，尤其是和密涅瓦就人类是否拥有可与伊述比肩的巨大潜力这件事发生争执后，朱诺开始策划在多峇巨灾后接管这个世界。这导致在多峇巨灾发生之后，人类文明发展的数千年时间里，她的意识都被封闭在大神殿里面。

多年以后朱诺接触到一些人类，通过许下承诺、欺骗甚至是使用伊甸碎片来让他们解放自己。她也暗中煽动“第一文明的仆从”的建立，这是一个忠于她的意愿的邪教，他们将伊述奉为高贵种族，将人类当作奴隶，试图重建伊述。2012 年，戴斯蒙德 · 迈尔斯为了阻止多峇巨灾在世上重演，在大神殿牺牲自己，朱诺的意识于是获得解放。朱诺的意识利用阿布斯泰戈带到大神殿的设备作为踏脚石，让她得以离开大神殿，进入网络，继续寻找可供她使用的肉体。第一文明的仆从拼尽全力为她寻找可以让她的意识附着的新身体，同时找寻一件名为光之山钻石的、具有强大力量的伊甸碎片，帮助她达成控制世界的目标。

就在凤凰计划找好了她转生的伊述躯体，即将大功告成的时候，朱诺被夏洛特 · 德 · 拉 · 克鲁兹所杀，永远结束了这个漫长、危险、自私的，危及整个人类的安全与完整的可怕行为。

密涅瓦

密涅瓦是三巨头之一，她潜心研究防止第一次大灾变发生的方法，并在多峇巨灾中存活了下来。她努力让人类种族与世界得以延续，她很清楚第二次大灾变不久便会到来。

萨图尔努斯死于奴隶之手后不久，人类便起义了。密涅瓦与朱诺就人类所拥有的潜力问题开始争执。她认识到，如果伊述给他们工具，人类便会真正变得强大。在经历了人类与伊述的战争之后，密涅瓦也没有放弃她的信念，仍旧致力于帮助人类在多峇巨灾后重建世界。

在大神殿的其他项目中，密涅瓦创造了“眼”，这是一个可以识别、洞悉存在模式，甚至计算和操作未来时间如何运转的装置。她通过计算得出结论，所有企图阻止第一次大灾变发生的行为都注定失败。密涅瓦了解了那些不断重复的存在模式之后，便专注于使用神防止下一次大灾变发生。神会引导戴斯蒙德前往那些技术所在的地点，它们已经被设置为自动寻找对抗灾难的办法，哪怕地球上最后一个伊述也已逝去。

可密涅瓦和朱庇特发现，朱诺使用神来满足她篡改未来的私欲。于是他们便毁掉了设备，将朱诺封印在神殿内的密室里。在这之前，他们用神穿越时空，引导戴斯蒙德·迈尔斯在 2012 年 12 月阻止第二次大灾变发生。

密涅瓦和朱庇特在多峇巨灾后存活了几个世纪。后来她制造了第二个神，使她死亡之前能够再次穿越时空，看她发送给戴斯蒙德的信息是否起了作用。密涅瓦最后一次接触戴斯蒙德是在 2012 年 12 月 21 日。密涅瓦与朱庇特已打算让戴斯蒙德阻止第二次大灾变，但是当密涅瓦发现在神殿密室里的朱诺已经可以与她的意识联结，也可以接触到戴斯蒙德时，她恳求戴斯蒙德不要触发能够启动神殿机关的基座，不要释放朱诺。

除了努力引导戴斯蒙德以外，密涅瓦还帮助欧文·迈耶斯和他的同伴参与了崛起事件，并阻止了圣殿骑士以赛亚使用重新组合的伊甸三叉戟毁灭世界。密涅瓦预见了未来世界，其中包括以赛亚对人类的巨大威胁。于是她创造了一个基因时间胶囊，将能量插入到特定的基因当中，在需要抵抗三叉戟的时候，具有特定基因的年轻人便会团结一致，摧毁三叉戟。

已知的先行者

艾塔

艾塔是一位伊述科学家，同时也是朱诺的丈夫，他设计了观测台并监督了伊甸碎片的工程。随着多峇巨灾的临近，艾塔自愿尝试三巨头研究的一种在灾难中存活的方法，将伊述的意识转移到人造躯体中。但是实验失败了，艾塔被困在临时的身体里。他的意识变得支离破碎。朱诺也没有办法拯救他，只得忍痛杀死他。

在这之前，朱诺秘密保存了他的遗传物质，随后她将其植入人类基因中，创造出了圣者。通过这个做法，艾塔会在下个千禧年转世为许多圣者，每个圣者都拥有他的外貌，并根深蒂固地认为人类是低等种族。艾塔的目标是让朱诺以肉体形态显形，这样一来他们或许就能重逢。只有一个圣者表现出了抵抗艾塔影响的能力并且控制了伊述基因，这个人是伊利亚，戴斯蒙德·迈尔斯的儿子。

朱庇特

朱庇特也被称为提尼亚。他是研究如何抵御多峇巨灾及如何在灾难中幸存的先行者。他带领三巨头收集并测试各种，以阻止多峇巨灾的发生。

康苏斯

康苏斯是一名先行者科学家，也被称作普罗米修斯，并且也是一些伊甸碎片的制作者。他坚称赫菲斯托斯打造了伊甸之剑，并且在战争时期急需医疗设备的时候，设计了裹尸布，一件能够扫描躯体并将之重塑，治愈创伤并恢复成原有状态的装备。最早的时候，原型裹尸布的设计是用来创造其他的裹尸布，而那些裹尸布是伊述的高级外勤医疗设备。裹尸布无法让人死而复生，康苏斯在生命将逝之际将他的意识转移到原型裹尸布里，以期能够战胜死亡。虽然意识的转移成功了，康苏斯却发现自己被困在了圣器里，随后被人遗忘。

在三巨头研究如何在多沓巨灾中求生的方法时，朱诺发现了裹尸布，便使用康苏斯的知识来实验，试图将伊述的意识转移到人造躯体里，结果失败了。

在几个世纪里，康苏斯曾短暂地遇到过几个原型裹尸布的使用者，他曾引导他们，并向他们提出建议。但是在 2014 年，裹尸布被毁，康苏斯的意识似乎也一同被毁了。

不过，像夏洛特·德·拉·克鲁兹这样的特殊个体，就能够接触到康苏斯穿越历史时间所传达的信息，从而获得帮助，能够得以在现代对抗朱诺。

2015 年底，第二件裹尸布现身于白金汉宫下方的先行者密室。阿尔瓦罗·格拉玛提卡在他的凤凰计划中使用了这块裹尸布，并试图为朱诺制造一个新的躯体。这个程序最终于 2018 年敲定方案，朱诺的基因与裹尸布融合在一起，这样康苏斯便能够与朱诺沟通，让她意识到自己低估了人类夏洛特·德·拉·克鲁兹。朱诺对于人类潜力的低估，是她犯下的最后一个致命错误。

萨图尔努斯

萨图尔努斯是高阶伊述领袖，也是朱诺的父亲。他手持一件强大的伊甸碎片——一把大镰刀。跟他的女儿不同，萨图尔努斯并不蔑视人类种族。当朱诺嘲笑人类，并说他们不过是在模仿高级种族时，萨图尔努斯却跟密涅瓦持相同的看法，认为人类具备艺术才华，很可能在未来的某一天能够与伊述并驾齐驱。

不幸的是，他的自由精神并没有激励朱诺。当萨图尔努斯被他的人类仆役刺杀时，对方愤怒地叫嚣着起义即将发生，朱诺用光之山钻石引导萨图尔努斯的镰刀，并利用它的力量打倒了周围所有的人类。这个事件标志着人类与伊述的战争开始，也标志着朱诺开始憎恨人类。朱诺宣称她将消灭人类，从而让伊述得到拯救。

已知的先行者

难近母

在兰吉特大君被毁的夏宫遗址之下，发现了一尊难近母雕像。这尊雕像手持两件为人熟知的伊甸碎片，一个是伊甸苹果，另一个器物是光之山钻石，传说中，它可以融合其他伊甸碎片的力量。

阿佛洛狄忒

扎拉克斯的基罗斯在幻境中看到阿佛洛狄忒，她在阿佛洛狄忒神殿的主圣坛后面藏了三个苹果。从幻境中醒来后，基罗斯在圣坛后却只找到一个伊甸苹果。他在与阿塔兰忒的比赛中使用了这个苹果，苹果启动后减慢了她的速度并迷惑了她，让他最终赢得比赛并娶她为妻。

赫尔墨斯

赫尔墨斯作为魔法与点金术之神而受到古希腊人和埃及人的尊崇，他的追随者后来成立了一个被称为“赫尔墨斯神教”的组织。

公元前六世纪，赫尔墨斯在沙漠里遇到毕达哥拉斯和他的门徒——扎拉克斯的基罗斯，他们正在那里巡游探索。赫尔墨斯将他的伊甸碎片给了毕达哥拉斯，并指定他为继承人。毕达哥拉斯活得比寻常人更为长寿，全归功于圣器带来的影响。

阿勒忒娅

当卡珊德拉夺回四个亚特兰蒂斯圣器时，她和毕达哥拉斯都收到了一条来自亚特兰蒂斯的讯息。毕达哥拉斯穷尽毕生精力，想要掌握伊述的知识，其实这是把双刃剑，一方面它将他在人的道路上带得更远，另一方面也在消耗着他的思维。

她意识到她的先行者朋友们一开始就不应该将他们的知识分享给人类，因为他们根本就没准备好。阿勒忒娅表示她相信别的先行者只是为了他们自己的私欲而操纵人类，并没有让他们获得真正的自由。

最终，伊述直接与在阿尼姆斯里体验卡珊德拉基因记忆的蕾拉对话。阿勒忒娅注意到了蕾拉正在体验虚拟现实，并且她意识到她们都在某些地方藐视规则与控制，并且被打上了“反叛”的标签。通过这些穿越时空而来的讯息，阿勒忒娅表明她和一些先行者朋友打算挑战当前他们自己所在的现实世界。

赫菲斯托斯

赫菲斯托斯是一位伊述科学家，在众多先行者中被称为“创造者”，他创造了众多伊甸碎片，但以武器为主。在统一战争时期，康苏斯在他身边做学徒制造武器，值得注意的是他锻造出了伊甸之剑与伊甸之矛。在亲眼见证了纯粹的破坏，并遭受到武器所带来的伤害之后，康苏斯便全身心地投入了制造疗伤用的裹尸布之中。

伊甸碎片

在人类早期的信仰当中，伊述被奉为神明，伊甸苹果则通常被视作神秘力量或魔法道具，甚至可能是外星人起源。实际上，这是先行者设计的具有强大能量和复杂技术的设备。大多数伊甸碎片被用于控制人类情感、思想和行为习惯；设计这些神器是为了操纵所有控制人类心理的基因，来影响人脑中的神经网络。

圣殿骑士想通过单一的世界秩序实现和平，这一理念驱使他们不顾一切地搜刮尽可能多的伊甸碎片。

伊甸苹果

伊甸苹果是先行者设计用以保证人类服从他们的球形科技设备。由于基因被特意设计成可以受到苹果控制，人类尤其容易受到这些神器的影响。

大约在公元前 75010 年，人类与伊述的混血儿夏娃，因体内的混血基因而得以抵抗伊甸苹果的力量，从而偷走了一个圣器。她和亚当一起，将其他人类从奴役中解放。这次行动直接导致人类奋起反抗他们的造物主，进而扩大为人类与伊述的战争。夏娃和亚当的反抗行为缔造了一个人类传说，他们因偷吃了禁忌之果而被赶出了伊甸园。

- 不同的伊甸苹果可以发挥不同的效力，比如它们可以绕过思维塑造真实。伊述曾试图使用这种力量，他们发射一个伊甸苹果到地球轨道，试图用这种力量影响人类，让人们相信地球会逃过多咨巨灾，并对此深信不疑。但最终他们失败了。
- 这些神器也可以当作文件存储设备使用，里面存储着大量的先行者信息。有一些神器具备可以追踪其他圣器位置的能力，这对于圣殿骑士和刺客兄弟会而言都无比重要。
- 到二十一世纪为止，已经有多个伊甸苹果被证实存在。

一号苹果

十八世纪，刺客亚诺·多里安从法国北部的圣但尼神殿里拿走了伊甸苹果，并将其送至埃及。之后拿破仑获得了它，并在它逐渐失去价值与力量之前，凭借它的力量在十九世纪初期成了法国皇帝。随后苹果又落入魔术师哈里·胡迪尼之手，但是圣殿骑士杀死了他并夺回了苹果。

已知拥有者： 圣但尼的苏杰、亚诺·多里安、拿破仑、哈里·胡迪尼

当前状态： 据测在圣殿骑士手中

二号苹果

巴耶克从上古维序者那里夺回了伊甸苹果，并将其藏在位于亚历山大的艾雅的藏身处。在十二世纪，这个苹果为阿尔莫林所有，他是马斯亚夫的老刺客导师，在阿泰尔揭露他的叛徒身份之前，他一直拥有这个苹果。十六世纪，这个苹果落入英格兰的伊丽莎白一世之手，随后则为甘地所有，圣殿骑士刺杀了他并夺走了神器。2011 年，苹果在丹佛现代机场的一个阿布斯泰戈的地下设施里被发现，并毁于一场事故之中。

已知拥有者： 巴耶克、阿尔·穆阿林、阿泰尔、伊丽莎白一世、甘地

当前状态： 损毁

三号苹果

十八世纪，三号苹果被欧洲共济会成员带到新大陆，最终落入乔治·华盛顿之手。他一直被暴君噩梦所缠绕，他把这些归咎于苹果制造出的幻象，遂将它给了刺客拉通哈给顿，让其将之扔进了海里。二十世纪，富兰克林·罗斯福将其拿回，并将它传给了自己的继任者，最后到达约翰·F. 肯尼迪手里，而他后来被圣殿骑士刺杀身亡。

已知拥有者： 乔治·华盛顿、拉通哈给顿（康纳）、富兰克林·罗斯福、约翰·F. 肯尼迪

当前状态： 未知，可能在圣殿骑士手中

通过研究伊甸苹果，人类已经在技术和科学领域取得了多项突破。

四号苹果

对这枚苹果最早的描述可以追溯到十世纪的中国。十九世纪，尼古拉·特斯拉找到了这枚苹果，随后他想利用这枚神器的能量为全世界制造出免费的电力。圣殿骑士托马斯·爱迪生得到它后，阻止了特斯拉的计划。苹果先是落入马克·吐温之手，随后则是亨利·福特，他用它来操纵大批量组装流水线上的工人，以保证资本盈利。1933 年，按照圣殿骑士的指示，他将苹果送给了阿道夫·希特勒，以此来获得在德国的权力地位，并发动世界大战，这无疑有利于圣殿骑士的产业发展和影响力扩张。几年之后，圣殿骑士绑架了尼古拉·特斯拉，并利用苹果创造出了以其为动力源的阿尼姆斯原型——“钟”。1943 年，圣殿骑士和刺客为了用苹果和钟实施“凤凰计划”而临时结盟，他们企图扭转时间，阻止二战暴行，但最终却失败了。

已知拥有者：尼古拉·特斯拉、托马斯·爱迪生、亨利·福特、阿道夫·希特勒

当前状态：未知，可能在刺客手中

五号苹果

三巨头——伊述朱庇特、朱诺和密涅瓦将伊甸苹果与其他几枚相似的神器一起放入时空中，希望能阻止多沓巨灾发生。之后苹果坠落到月球。在 1969 年 7 月 20 日，美国宇航局执行阿波罗第 11 号任务的时候被找回。

已知拥有者：先行者、美国宇航局

当前状态：可能在美国宇航局

六号苹果

十五世纪，穆罕默德二世苏丹用苹果征服了君士坦丁堡。1501 年，列奥纳多·达·芬奇被圣殿骑士所胁迫，为他们研究苹果和制造战争机器。而后，意大利刺客埃齐奥·奥迪托雷找到了苹果，并用它打败了切萨雷·博吉亚的军队。埃齐奥和马基亚维利一起将苹果藏在了位于罗马斗兽场下面的密室里。2012 年，戴斯蒙德取回了埃齐奥藏在斗兽场密室的苹果，并用它开启了纽约的大神殿。

已知拥有者：穆罕默德二世苏丹、罗德里格·博吉亚、埃齐奥·奥迪托雷、卡特琳娜·斯福尔扎、吉罗拉莫·萨佛拉诺拉、马里奥·奥迪托雷、切萨雷·博吉亚、列奥纳多·达·芬奇以及戴斯蒙德·迈尔斯

当前状态：为威廉·迈尔斯所拥有

七号苹果

十九世纪，英国圣殿骑士卡瓦纳用世界第一条地下铁道作为掩护，试图找到这个伊甸苹果。最终他得到了苹果，却被竞争对手圣殿骑士及大团长克劳福德·斯塔里克杀死，后者命令科学家大卫·布鲁斯特释放了苹果的能量。1868 年 2 月 10 日，布鲁斯特在克罗伊登的实验室中做实验的时候被杀，苹果也因此被毁。

已知拥有者：查尔斯·皮尔森、卡瓦纳、大卫·布鲁斯特爵士

当前状态：被毁

阿奎拉的苹果

这个伊甸苹果的第一个有记录的拥有者是格拉纳达的穆罕默德十世。1492 年，他与托马斯·德·托尔克马达以及圣殿骑士组织做交易，换回了自己儿子的性命。刺客阿奎拉将它从托尔克马达那里偷走，并将它交给了兄弟会的盟友克里斯托弗·哥伦布，他带着它一同前往了新大陆。哥伦布到死都守护着苹果，随后苹果与他的遗体一同被带回西班牙，并跟他埋葬在了一起。

已知拥有者：穆罕默德十二世、托马斯·德·托尔克马达、阿基拉·狄尼赫拉、克里斯托弗·哥伦布、艾伦·里金

当前状态：可能在卡勒姆·林奇手中

阿肯那顿的苹果

第一个已知的苹果拥有者是公元前十四世纪的阿肯那顿，他相信它是阿顿的物理形态，是伟大的太阳神的物化。他和他妻子娜芙蒂蒂把它交给他们的儿子图坦卡门，他将它托付给了阿蒙神的祭司。几个世纪以来，阿蒙神的大祭司一直妥善保管着它，直到阿蒙神最高级别的女祭司，被称作“阿蒙神妻”的伊西朵拉，用它报复了一个损毁她母亲坟墓的盗墓贼。巴耶克刺杀了她，并将苹果交给了一个走私者苏特克，那个人同时也是法老拉美西斯二世的后人，他把苹果藏了起来。

已知拥有者：阿肯那顿和娜芙蒂蒂、图坦卡门、阿蒙神大祭司、伊西朵拉、锡瓦的巴耶克、苏特克

当前状态：未知

伊甸权杖

伊甸权杖指的是以权杖形态出现的伊甸碎片，它通常表现的是权力，强调的是主权国家概念。圣器代表命令或是管理的权力，并被用来控制人们的思维和肉体。伊甸碎片的力量包括：赋予拥有者隐身并浮在空中的能力，目前尚不清楚这一力量是真实作用于物理世界中，还是权杖持有者操纵了旁观者的视觉。这类伊甸碎片的末端锋利，也可作为长矛使用。

据记载，历史上有四根权杖。

有传言**伊述之镰**曾归伊述萨图尔努斯所有，这是一件强大的武器，可以进行大规模的破坏，同时也具备不同种类的力量，比如可以用作对抗幻觉，揭露真相和隐藏真实。不知在萨图尔努斯之死及多舛巨灾之后，伊甸之镰是否还有部件残留。

赫尔墨斯·崔斯莫吉提斯之杖为伊述赫尔墨斯所持有，他将它传给了毕达哥拉斯。毕达哥拉斯虽然持有伊甸碎片，但是数十年他始终专注于伊述的宇宙方程式，这给他带来了巨大的精神负担，并消耗了他的精力，但权杖延长了他的生命。毕达哥拉斯将权杖交给了卡珊德拉，权杖现在为刺客蕾拉·哈桑所有，她在2018年在亚特兰蒂斯与卡珊德拉相遇时从她那里得到了权杖。

亚历山大大帝的权杖是伊甸碎片，上古维序者将其交给亚历山大，来帮助他维持马其顿地区的控制权，并建立起一个幅员辽阔的帝国。在他死后，权杖随他陪葬在亚历山大港。公元前47年，上古维序者的成员弗莱维厄斯和萨普提米亚斯偷走权杖，将它与一枚位于锡瓦的伊述密室里的伊甸苹果结合在了一起。萨普提米亚斯将权杖带到了罗马，并交给了当地的上古维序者，随后他被艾雅刺杀身亡。

教皇权杖顶部有个支架，可供伊甸苹果放置其上，这样做可以增强其精神控制的效果。当它与伊甸苹果组合到一起时，它也可以开启梵蒂冈密室中的先行者神殿。

沙皇权杖在1888年曾被使用过。在某一时间，原始权杖被拉斯普京偷走，并用复制品替换，原始权杖随后被交给了圣殿骑士。据测它在1908年的通古斯大爆炸中被毁，一片权杖碎片作为伊甸碎片保存了下来，被拉斯普京用来控制沙皇皇后。1917年，拉斯普京的尸体被挖出，权杖碎片被刺客尼古莱·奥列洛夫取走。

“我们必须修正我们所犯的错误。用这个神器，修复宇宙的裂缝。”

——毕达哥拉斯

伊甸宝剑

伊甸宝剑由先行者科学家赫菲斯托斯所锻造，持有它可以增加力量及领导能力。与剑相关的已知力量中，有一种是直接性的能量爆炸。目前已确定了有三把伊甸之剑存在。

德谟斯是卡珊德拉的弟弟，他出生时的名字是阿利克西欧斯。秩序神教将伊甸之剑给了他，他也成为了秩序神教的最大杀器。手持伊甸之剑，德谟斯变得所向披靡。

圣殿骑士组织大团长雅克·德·莫莱在他被捕之前将伊甸之剑藏了起来。这把剑通过一块叫作“圣心”的红色小石头增强力量，德·莫莱也将它藏了起来。圣女贞德发现了“圣心”，并将它置于自己脖子上的袋子里。后来她得到伊甸之剑，它就作为特殊的能量来源叠加到神器的原本能量上。圣心在贞德行刑后再次下落不明，行刑者将它丢在了锡耶纳。在法国大革命期间，这把剑因大团长弗朗索瓦·托马斯·杰曼，亚诺·多里安以及艾莉丝·德·拉塞尔之间的大战而损毁，这很可能是缺失了圣心的缘故。

几个世纪以后，这把剑出现在了圣殿导师以及阿布斯泰戈工业总裁——艾伦·里金的办公室里。内殿团成员和阿布斯泰戈历史研究部门领导西蒙·海瑟威，利用阿尼姆斯找到并取回了锡耶纳的圣心，同时还恢复了伊甸之剑的力量。这把剑被归还给了艾伦·里金，纳入了骑士团的神器收藏中，但在他死后就落入了刺客卡勒姆·林奇之手。

史上有许多英雄和征服者——包括阿提拉汗和成吉思汗，都曾持有过伊甸之剑。

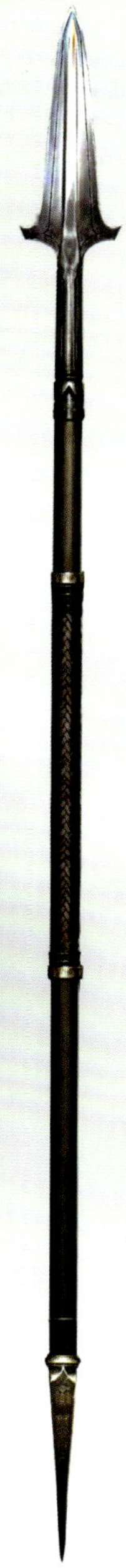

列奥尼达斯之矛

列奥尼达斯之矛是由伊述赫菲斯托斯锻造的一件神器，是一件强有力的武器，能够让有伊述血统的人，知道他们自己和祖先曾经历过的事情。

在公元前 480 年的温泉关战役中，传奇的斯巴达国王列奥尼达斯一直手握长矛，直到战死。长矛在战役中损坏，之后传给他的女儿密里涅，最终又传给了她的女儿卡珊德拉。

卡珊德拉在她的战斗中挥舞断矛，最终打败了秩序神教的军队，在打败了他们之后，她便决定扔下它继续前进。

2018 年，刺客蕾拉·哈桑发现了断矛。她使用断矛上找到的残留基因，结合失落的希罗多德之书，利用阿尼姆斯重建了卡珊德拉的基因记忆，最终找到了亚特兰蒂斯。

金字塔

金字塔是一种由许多规则三角形组合成的伊述神器。金字塔可以读取使用者的记忆，据测这些使用者要拥有高浓度的伊述基因才能够激活它。它可以展示过去、现在和未来。同时它能通过改变画面出现的顺序来操纵使用者。

起初，金字塔的拥有者是毕达哥拉斯的信徒，有一群自称秩序神教的人背叛了追随者，随后又偷走了金字塔，并通过计算各种可能性来达到操纵现实的目标。为了使用神器，神教徒收养了一个具有特殊血统的小孩，并将其养大。通过德谟斯——神教的守护者和活体兵器，神教徒获得了进入金字塔的潜在资格。

秩序神教在德尔菲的阿波罗神殿的地下建立了金字塔，迫使神谕者与他们合作。每当有人拜谒神谕者，金字塔便会计算对方可能的未来。神教徒那时就会选择最符合他们要求的未来，然后将预言传给神谕者，以引导走向那个未来的可能。

金字塔最终被卡珊德拉破坏，不过在那之后，她和前秩序神教成员阿斯帕西娅都从圣器那里得到了不同的信息，这使他们走上了不同的道路。

亚特兰蒂斯的神器

那四件神器拥有强大的力量，并被设计成开启亚特兰蒂斯的钥匙，那里储存着先行者的秘密知识。用毕达哥拉斯的话说，它们“拥有保护它们自身的意志”。如同其他伊甸碎片一样，它们可以吞噬掉意志薄弱的人类的意识。

但是和其他伊甸碎片不同的是，这四把钥匙拥有游走四方的能力。虽然还不清楚这些钥匙的原始设计是否就是如此，但据说伊述在某种程度上改良了这些伊甸碎片，将它们与生物体融合，创造出巨大的混血形态的神话怪物——斯芬克斯，米诺陶洛斯，美杜莎以及独眼巨人。这些怪物守护着神器以及它们可以提供给人的知识。

先行者文明从世上消失很长一段时间后，没有任何一个非伊述血统的人类可以拿起其中一个神器而不被吞噬。他们的外表都变成了最早的神器守护者的代表形象：一只眼睛，一条蛇，一只角和一片羽毛。

卡珊德拉得到这些神器的时候，发现它们会露出原本的形态及模样，其圆形球体的样子跟伊甸苹果非常相似。卡珊德拉能够抵抗它们的吞噬之力，这得益于她的伊述血统以及精神力量，随后她将这些神器带回了亚特兰蒂斯，并在那里解锁了伊述阿勒忒娅的秘密讯息。

伊甸三叉戟

伊甸三叉戟是件强大的圣器，曾为亚历山大大帝所有，他一生中使用过多件圣器。在他死后，伊甸三叉戟碎成了三个部分，因为人们认为没有任何一个人能再次拥有三叉戟的力量。戟尖散落在了世界的不同地方。然而，那些得到它们的人，哪怕只使用一个戟尖，都能对他人造成莫大的伤害，从而达到征服的目的。比如令人生畏的蒙古领袖蒙哥可汗以及西班牙的征服者赫尔南·考特斯。

据传说，每个戟尖力量不同，或者对暴露在其面前的事物有不同的影响：第一个戟尖能引起恐惧的情绪，第二个戟尖会引起强烈的敬畏和臣服之情，第三个则是引起盲目崇拜。

三叉戟是由一位名叫欧文·迈耶斯的少年发现的，当时他正在通过阿尼姆斯搜寻祖先的记忆。一位名叫以赛亚的叛变的圣殿骑士利用欧文的基因记忆，和一队少年寻找三叉戟的所有戟尖，努力将它们重新组合起来毁灭世界，然后再创造一个新世界。

密涅瓦使三叉戟失去了力量，她在这群青少年的帮助下关闭了它。这件看似无用的圣器现在归门罗所有，他决定好好研究它，并将它置于刺客与圣殿骑士的势力范围之外。

大神殿钥匙

这是一件吊坠形状的伊甸碎片，它可以开启位于纽约的大神殿的内部之门。钥匙设计为圆环状，就像一条蟒蛇吞食着自己的尾巴，是一个象征着无限和循环的标志。上面装饰着西方黄道十二宫的十二个星座，还有维纳斯的标志，以及其他一些不完整的行星图案标志。

光之山钻石

这件伊甸碎片曾以钻石的形态出现，被印度多个王朝所拥有。传闻它拥有无边的法力，可以联合其他所有伊甸碎片的力量。光之山钻石被特别打造成适合女性伊述佩戴的形状，它可以引导其他伊甸碎片的力量，并制造强烈的幻觉。男性伊述只能短时间使用它，并且能力有限，且损耗健康。几个世纪以来，只有特定的人类具备使用光之山钻石的能力，尤其是拥有高浓度第一文明基因的女性。少数拥有高浓度伊述基因的男性可以使用它，不过只能在有限的时间里激发有限的力量，同时，这样的行为也会为他们本身带来极大的风险。

朱诺在人类伊述战争之初使用过光之山钻石，激发出了萨图尔努斯的伊甸之镰的毁灭性力量，杀死了起义谋杀她父亲的人类。后来光之山钻石为伊述难近母所有，她的意识铭刻在了这块伊甸碎片上。

十九世纪，光之山钻石经历了数人之手，在此期间圣殿骑士和刺客都想将其夺回。最后这件圣器留在了印度，为锡克王朝的建立者——兰吉特大公所有，他将它放置在了夏宫下方的伊述神殿里。1839 年，刺客阿尔巴兹·米尔将其偷走，并最终给了大公的孙女普拉雅·考尔。普拉雅的祖父被谋杀后，她逃离夏宫时被一个圣殿骑士袭击，此举激活了光之山钻石，解锁了一则来自难近母的信息，其中说到了人类的分裂，相互间必须保持自由，并警告说在人类完全认清人类与伊述的种族历史之前，必须将光之山钻石藏匿起来。

二十世纪初期，这件伊甸碎片再次落入圣殿骑士之手。经过一番操作，刺客伊格纳西奥·卡多纳得到了它，他拥有高比例浓度的伊述基因。卡多纳成功解锁了它，但在这之后却几乎被这件圣器所杀。后来在西班牙内战中，光之山钻石被掩埋在教堂废墟之下的受害者集体坟墓里。

2017 到 2018 年，第一文明的仆从，一个邪教组织宣誓效忠朱诺，宣称恢复伊述作为人类主人的地位，并与刺客和圣殿骑士两大势力竞争，阻碍他们找寻光之山钻石，以便朱诺使用。夏洛特·德·拉·克鲁兹在西班牙找到了钻石，第一文明的仆从则从这位由卡多纳和艾尔比·博尔多训练的守护者的看护下将其夺走。在阿尔瓦罗·格拉玛提卡的实验室里，朱诺获得了重生，夏洛特用光之山钻石制造幻觉，分散了朱诺的注意力，随后用她的袖剑将她杀死。伊利亚带着光之山钻石消失，但据推测，他已被刺客刺杀身亡。

伊甸裹尸布

伊甸裹尸布由先行者康苏斯设计，并制作成布料的形态，这些伊甸碎片是用来恢复和治愈的。原始的裹尸布由康苏斯制作，在那之后还做了几件复制品。

康苏斯自己的意识被封存在原型裹尸布以及其他裹尸布的复制品里，这导致裹尸布被启动时，他可以暂时占据使用者的身体。据描述，原始裹尸布是一块白色，沾有血渍，上面有褪色的人类标志的布料，放在一个简易的木盒子里。据说在历史进程中，裹尸布的形象一直在不断改变。最著名的伊甸裹尸布的拥有者便是耶稣，在他死前，他用裹尸布治愈了许多追随者。历史上的其他裹尸布还有希腊神话中的金羊毛，以及约瑟夫的彩色大衣。

伊甸裹尸布是可以恢复伤口，治愈疾病的治疗型伊甸神器。当多块裹尸布同时治疗一人时，还能增强治愈的能力和效果。因为力量不稳定，裹尸布没有让人起死回生的能力；它们可以治愈并让躯体短暂恢复活力，但并不能使人真正地复活。裹尸布也能进行破坏，人们已经知道，使用它们会使人陷入疯癫，或让他们的肉体四分五裂。

根据阿布斯泰戈的研究，当裹尸布用到人体时，会自动扫描伤口，接着开始重建细胞层，甚至作用于部分分解的器官。这使得进一步研究使用现存基因样本，重建先行者实际躯体的可能性大大增强。阿尔瓦罗·格拉玛提卡使用伊甸裹尸布和从一个具备高浓度伊述基因的人类身上抽取的基因，制造了一具伊述的肉体，他拆解了裹尸布并重新编列了基因，从而做出了朱诺的肉体。

血　瓶

血瓶是一个小型水晶方体，用来保存血样。在观测所中，血瓶和水晶头骨一起使用，用以即时观察供体，复制供体通过联结的基因所体验到的视觉及声音信息。

乔瓦尼·博吉亚出生就有严重畸形与先天缺陷，佩罗托·卡尔德隆用康苏斯的原型裹尸布包裹新生的乔瓦尼，他才得以活命。乔瓦尼的肉体得到了救治，但由于碰到了裹尸布，他的思维被永久性地改变了。结果，乔瓦尼的一生都与康苏斯保持着不同寻常的关系，与伊甸碎片惊人的协调。

水晶头骨

水晶头骨在中美洲被发现，被用作先行者的联络设备。被发现的骷髅分三个类型：一个类型是用作直接联系的设备，需要双方都拥有水晶头骨；第二个类型是录音及回放设备，可以将录下的信息发送给另一个水晶头骨；第三个是控制设备，可以接收血瓶中供体基因提供的信息。由于数量稀少，水晶头骨之间的通信都是高度保密的。

水晶球也有类似的功能，允许使用者进行联结。用这种方式可以联络不同的先行者，同时也能联系过去或者未来的人类。它们和伊甸苹果的大小和工艺大致相同。

先行者之盒

先行者之盒是与其他伊甸碎片联结后，激发某种特定功能使用的圣器。启动后，已知的盒子会标记之前拥有者的记忆，并给现在的拥有者，并且自动解读先行者的文字及计划地图的全息影像。当先行者之盒要和其他的伊甸碎片或是伊述手稿一起使用时，很有可能会激活发出高强度的电流，若执意如此，有很大程度的风险会毁掉现存的圣器。

1524 年，中国刺客少芸出逃意大利，向传奇刺客埃齐奥 · 奥迪托雷寻求帮助。在此期间，埃齐奥将先行者之盒交给了她。在随后的几百年间，先行者之盒曾多次出现在历史舞台上，在圣殿骑士和刺客的手中几度辗转。而最终成为圣殿骑士的前刺客谢伊 · 科马克，也是与先行者之盒有所联系的人物之一。

2016 年，科学家暨圣殿骑士阿尔瓦罗 · 格拉玛提卡使用了这件先行者之盒。他同时也持有一件伊甸裹尸布，他使用盒子的目的，是理解裹尸布的工作机理，并推进自己名下的凤凰计划。

史上曾出现过多个先行者之盒，不过其中得以保存的个体数依旧不明。

预言碟

尽管它们的终极目标还不明确，预言碟可以记录声像信息并将之分为两个部分，需要一个护身符来启动它们。刺客艾芙琳 · 德 · 格朗普雷在玛雅古城奇琴伊察下面的先行者遗迹里发现了一个预言碟的两个碎片，这两枚碎片能通过被称为兄弟会之心的护身符联合并激活。

伊甸碎片： 伊甸碎片是先行者科技的残余碎片，上面依然有能量残留。

先行者遗物

另有许多的先行者遗物，诸如三巨头使用的用来记录信息的记忆封印。阿泰尔 · 伊本 – 拉阿哈德能将自己的记忆编入马斯亚夫钥匙里面，后来被后继者埃齐奥 · 奥迪托雷找到。虽然它们没有伊甸碎片那样控制与影响使用者的能力，但它们仍然是圣殿骑士和刺客研究探索的重点，就像失落已久的先行者遗迹一样。

有些遗物虽然不是正统的先行者科技，但因为是人类关于先行者知识和信息的记载而被双方势力所重视，比如伏尼契手稿和尼可拉斯 · 弗拉梅尔的两本由乌兹堡的亚伯拉罕所著的《亚伯拉罕之书》。这些人工遗物需要某些钥匙才能解锁或是解读，就像先行者之盒一样。

先行者遗址

某些遗址被认定为是重要的先行者活动或是圣器所在的位置。神殿，也被称为地下遗址或密室，遍布世界各地，主要分布在意大利罗马。它们由先行者建造，先行者意识到多沓巨灾是比人类和伊述战争影响更为严重的威胁，于是他们便集中精力研究与计划，他们的目标是在多沓巨灾即将到来前寻找如何保护这个世界及其住民的方法。这些遗址都建在地下，以便躲过地面上的战争，即便战争无法避免，藏身地下也更保险。

大神殿

大神殿是在纽约都灵市之下被发现的，它是先行者密室里最为复杂的中心，在那里，三巨头对各个次级神殿中计算得到的应对巨灾的理论和方法进行试验，以期在第一次巨灾中得以幸存。大神殿分为三个区域：一个休息区域，一个研究设备放置区域，以及一个电脑服务器放置区域。此地是由一尊三巨头雕像标记出来的，直到它毁于多沓巨灾之中。大神殿也是眼所在之地，眼是一个用来防止第二次大灾变的装置，旨在向伊述后人传递第一次和第二次大灾变的信息。同时，大神殿也是朱诺被囚禁之地。

巨震神殿：这些巨震神殿（太子港神殿，北极圈神殿，以及里斯本神殿）是作为分散的网络被建造出来的。每个神殿都包含一项先行者科技（被错误地认为是伊甸碎片），如果受到干扰，就会引发大规模的地震灾害。这种神殿的网络设计也许是用来稳定地壳，也许是作为防卫装置。

其他神殿

其他神殿，也被称为密室，是低等级研究的所在地，负责将概念与可行的解决方案送到大神殿。

1. **耶路撒冷密室：**耶路撒冷密室位于所罗门神殿下方，其中有圣约方舟，里面放置有伊甸苹果。

2. **大竞技场密室：**位于意大利罗马，在阿拉柯利的圣玛利亚大圣堂下方，大圣堂里的一条秘密阶梯通往这间密室，只有具有高浓度先行者基因的人才能触发这个机关。

3. **梵蒂冈密室：**梵蒂冈密室位于西斯廷大教堂下方，只有同时使用苹果和权杖这两件伊甸碎片才能开启。埃齐奥·奥迪托雷曾经在 1499 年完成了这一壮举，但是罗德里格·博吉亚却无法复制他的成就，即便使用同样的伊甸碎片也不能。密室里有先行者密涅瓦的全息影像，她将她与人类之间的争斗史展示给了埃齐奥，并证实了这些神殿是先行者努力成果的一部分，而这么做是为了避免第一次大灾变那样的灾难再次发生。

4. **观测所：**位于牙买加的长湾，观测所其实是一个监视中心，能够通过血瓶与水晶头骨远距离观察血液供体的行动。启动时，供体看到的图像和听到的声音将会传导过来，投射到墙上。一排排的座席围绕着保护水晶头骨的中心圣坛。通向主观察室的走廊则是存放血瓶的仓库。

5. **圣但尼神殿：**位于法国圣但尼公社的下方，在一盏被称为圣但尼之首的灯里，放置着一枚伊甸苹果。当苹果为其充能时，这件神器能制造幻觉，不过拿走苹果后，它就只是一盏普通的灯。在二十世纪时，伊甸苹果里所有的先行者知识被阿伯特·苏杰所用，打造出了一把名为苏杰之鹰的强大的剑，当它遇到敌人的时候能发出足以让人变瞎的强光。

6. **锡瓦密室：**锡瓦密室是锡瓦的神谕处，位于阿蒙神殿下方。锡瓦密室需要一个伊甸苹果和一件从亚历山大大帝的坟墓偷来的伊甸碎片组合在一起才能开启。密室里面有全息影像地图，上面用强光标注了几个地点，毫无疑问，伊述密室和带有科技设备的神殿信息就藏在其中。

7. **远古锻造所：**据说在这里赫菲斯托斯锻造了最强大的武器，比如伊甸之剑和伊甸之矛。锻造所也可以升级列奥尼达斯之矛，使用伊述科技的碎片提高其力量。

1

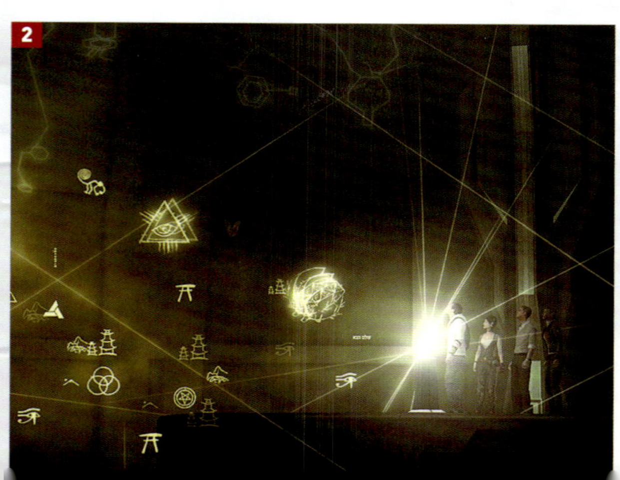
2

3

4

5

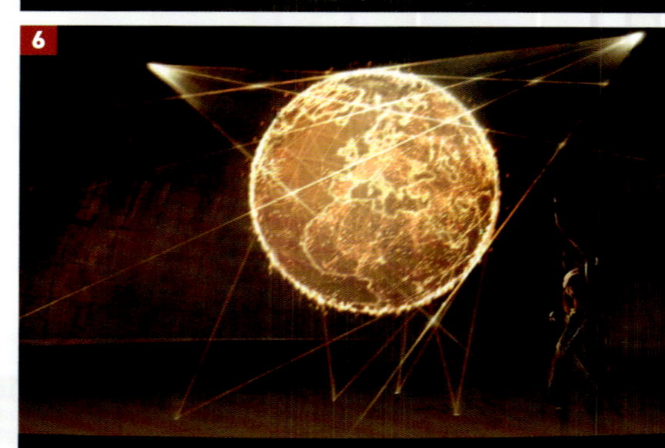
6

7

8. **毕达哥拉斯密室：** 这间带着立柱盆的小小密室位于意大利罗马的毕达哥拉斯神殿内。许多字母与数字被编入立柱盆内，埃齐奥·奥迪托雷用先行者基因将其解开。几个世纪之后，这间密室揭示了经纬度坐标，并指向了纽约的大神殿。1530 年，刺客乔瓦尼·波吉亚同样也进入了密室激活了立柱盆，这引发了康苏斯的附身。

9. **阿拉穆特神殿：** 在十三世纪，阿拉穆特神殿被发现，位于伊朗的阿拉穆特的刺客堡垒的下方，这座神殿被用来存放大量的记忆封印。

10. **奇琴伊察神殿：** 在墨西哥尤卡坦半岛地区，玛雅城市奇琴伊察下方的洞穴里有两座神殿。奇琴伊察神殿发现于 18 世纪，每一座神殿里都保存着半块预言碟。

11. **阿姆利则神殿：** 位于印度兰吉特大君的夏宫下方，这座神殿里有一个被称为光之山钻石的伊甸碎片。神殿毁于圣殿骑士威廉·斯利曼与刺客阿尔巴兹·米尔战斗之际。

12. **赫拉特神殿：** 赫拉特神殿的位置是在十九世纪被发现的，当时圣殿骑士正在用光之山钻石。

13. **亚特兰蒂斯：** 亚特兰蒂斯是伊述建造的，是一座无法摧毁的知识储藏库，这座用于展示伊述成就的建筑十分壮观，让人产生敬畏之情。毕达哥拉斯住在这里，他的生命因赫尔墨斯给他的伊甸权杖而得以延长，于是他全身心地投入研究这个地方所蕴含的大量的知识，确切地说是沉迷其中。他将自己视为亚特兰蒂斯的引导者和保护者，焦虑地提防着那些想要利用它的秘密造成毁灭性结果的人。最终，毕达哥拉斯同意将权杖传给卡珊德拉，当他放开权杖时他便死去了，这时他早已超过了寻常人的寿命。由于赫尔墨斯的权杖，卡珊德拉活了几个世纪，为了平衡世上的秩序与混乱而战斗不息多年。2018 年，刺客蕾拉·哈桑发现了在希腊的一座岛屿——锡拉岛上的亚特兰蒂斯，并在那里遇到了卡珊德拉，她将权杖交给了她，也把继续追求和平的任务交给了她。

“这个地方充满了强大的知识。若是落入错误之手，它的秘密将会为人类带来灭顶之灾。我们不能让其他人发现这个地方。我们必须找到方法将它永远封印在这个世界之外。”

——毕达哥拉斯

10

11

12

9

13

第三章

兄弟会创立之前

自由与秩序两股力量斗争的起源，可以追溯到遥远的过去。如果我们深挖历史上的诸多现象各异的重大事件，或仔细查考旧日伟人，尤其是古希腊和古埃及时期做出重大决策的人物，便会在这些背后看到刺客与圣殿骑士的蛛丝马迹。这些人物、团体和事件也深远影响了的两个组织行事之道的发展，而这两个组织就是如今的“刺客”与“圣殿骑士”。

黄金时代的终结

秩序与混乱间存在着持续无休的冲突，而同时，两者之间却也是相互依存的关系。这样便形成了一种微妙的平衡。

要想了解兄弟会形成的意识形态和行为根源，最早可以追溯到公元前 465 年左右的波斯刺客大流士身上。大流士将一柄可以任意伸缩的锋刃绑在自己的前臂上，并使用它击杀了当时波斯的万王之王薛西斯一世。他使用的这柄暗器，后来也被称作史上第一柄袖剑。

几十年后，公元前四世纪的后半叶，发生了另一重大历史事件——伯罗奔尼撒战争。在这场战争中，发生了另外一件对兄弟会缘起至关重要的事件。当时，以雅典为首、推行政体改制和主张变革的提洛联盟，和以斯巴达为首、固守城邦境内寡头政治，同时以对抬头的雅典势力进行打压为方针的伯罗奔尼撒联盟间爆发了战争。从那以后，希腊境内无数地区和双方的友邦都被卷入了绵延的战火之中。

而在这一切事件背后，有一个名为秩序神教的秘密组织操纵着希腊局势，以确保战火延绵不绝，并利用这以血洗血的乱象来扩张自己的势力。神教手中握有一件可以预见未来并预料决策结果的先行者神器。同时，德尔菲的先知也成了他们的傀儡，而她的预言影响极其深远，完全成了神教意志的代言。

斯巴达出身的佣兵卡珊德拉在这个时期异常活跃，她不知疲倦地与秩序神教作战，以抹除神教深植于各处的影响力，同时捍卫人民自主选择的权利，使他们免受腐败力量的干涉。多年来，卡珊德拉已经知道世间曾有先行者的存在，也知道他们在世间留下了大量强力神器。她在了解到这些之后，更加坚定了要摧毁秩序神教的决心：她必须在他们找到其他伊甸造物，开始利用其全知之力前将他们斩草除根。然而，当她认识到另一个问题时，却为时已晚——在她剪除神教势力根系的同时，一个更加邪恶的组织却已在这里扎下了根系。即便如此，卡珊德拉并没有停下脚步，她将毕生精力都投入到了保护苦难之人的自由和恢复世界平衡的事业当中。

卡珊德拉

生卒年：约公元前 458 年—公元 2018 年

出生地：希腊，斯巴达

历史时期：雅典黄金时代，伯罗奔尼撒战争

所属组织：自由佣兵

卡珊德拉是勇武的斯巴达国王列奥尼达斯一世的后代，她在斯巴达将军尼科拉欧斯的家中被抚养长大，并接受了和斯巴达少年们同样规格的战斗训练。卡珊德拉七岁时，她的弟弟阿利克西欧斯来到了人间。在一次以询问婴儿命运为目的的朝圣中，德尔菲的先知预言，说这婴孩身上背负着诅咒，将来会为世界带来黑暗。

先知已经发出了这样的警告，斯巴达的监政官们便判决了这个婴孩，将他判为斯巴达生存之道的威胁，并颁布命令，要将他从泰格托斯山的山崖上掷下摔死。尼科拉欧斯坚信，他们必须遵守这条命令，这是作为斯巴达人必须服从的命令。然而卡珊德拉试图救下自己的弟弟，并在争执之中将一名斯巴达长老推下了山崖。作为惩罚，她自己也被扔了下去。卡珊德拉大难不死，从此逃出了斯巴达，随后又去往遍地流浪者与怪人的凯法利尼亚岛，在那里开启了自己的新生活，过上了要为食物和居所战斗的日子。失去了童年的她开始锻炼自己，希望成为一名佣兵，或者用希腊的说法来讲，一名“米斯提奥斯”。

随后，卡珊德拉投身于伯罗奔尼撒战争之中。此时的她使用一件名为列奥尼达斯之矛的伊甸碎片作为自己的武器，在战争中，她亲身体验了以残忍好战闻名的斯巴达意识形态为正统的旧世界和施行民主、格物尚思、崇尚成长与变化的雅典式意识形态所呈现的新的光明未来这两者之间的斗争。在她一路拼杀，试图寻回自己家人的旅途中，卡珊德拉也发现了秩序神教的存在。神教组织是一个秘密的地下社团，他们奉行一种混沌的生存之道，而这种思想的实践最终会将一般民众束缚在对变化和神明的恐惧之下。神教抚育并培养了一位名为德谟斯的勇士，并利用他压制那些反对他们存在的人。除此之外，秩序神教手中还握有一件金字塔状的伊述神器，这件道具可以向人们展示各种未来的可能性。他们将德尔菲的先知也拉到了自己的旗下，并借着她的力量散播恐惧，同时利用先知的预言对各种事件进行诱导，使其发展方向能够对神教自身的目标有利。

随后，毕达哥拉斯向卡珊德拉道出了实情：她和阿利克西欧斯都是天选之人，背负着延续强大的伊述血脉的使命。既然阿利克西欧斯已经离去，那么守护亚特兰蒂斯藏匿智慧的责任，便落到了卡珊德拉的身上。她还需要收集各类伊述神器，并将它们带回这隐秘之处进行保管和研究。毕达哥拉斯还将自己持有的赫尔墨斯之杖交给了她，让她延续自己的寿命，并继续维护世间混沌与秩序的平衡。

作为兄弟会成立前活跃的人物，卡珊德拉可以被视作“刺客”这一概念的原型之一。她的价值观主题是家庭，自由意志，人类有资格去做出自己的决策与选择，而非接受控制或被迫接受少数人所决定的未来。这些价值观和兄弟会形成后秉持的思想都有暗合之处。

主要盟友：密里涅、苏格拉底、希罗多德、巴尔纳巴斯、伊卡洛斯

主要敌人：秩序神教、德谟斯

“我从那座山上被扔了下去，我的人生从那座山上开始，也在那座山上结束。”

——卡珊德拉

秩序神教

秩序神教是一个古希腊秘密社团，他们主要通过回收、保护，以及操控伊甸碎片来获取权力，他们的核心任务是将历史进程引向对其有利的方向。秩序神教最早由著名数学家和学者毕达哥拉斯的追随者们创立，他们投入了毕生精力研究数字，以及解读有关宇宙奥秘的方程式。

毕达哥拉斯发现了拥有非凡力量的伊甸造物和第一文明遗留下的知识痕迹，并从伊述人赫尔墨斯本人那里得到了权杖，借此延长了自己的寿命。毕达哥拉斯本人对操控伊述造物后所能支配的力量抱有很大的戒心，因此他一直循规蹈矩，同时期望自己的追随者们也能同样严格地约束自我。然而，一部分追随者后来越发执迷于“无拘束权力”的理念，于是他们与毕达哥拉斯分道扬镳，成立了自己的组织。

秩序神教的徽章设计取材于希腊神话中的皮同。在神话中，皮同是一条体形巨大，年岁颇高的巨蛇，它在德尔菲看守一块位于世界中心的石头。阿波罗随后杀掉了这条蛇，而德尔菲的先知居住于此处的阿波罗神殿中。神殿下有一处隐秘的地方，名为盖亚之窟，这里便是秩序神教的四十二名成员进行神圣仪式，并向他们称为“金字塔”的伊甸神器寻求启示的地方。神教奉行高度的神秘主义，所有的成员都身披黑色的宽松大袍，佩戴涂有红金色颜料的希腊式剧场面具，以保证自己的身份不被泄露。即便是神教内的同僚之间也始终保持神秘。

这尊“金字塔”可以显示出过去、现在以及未来可能的影像。德谟斯和卡珊德拉分享了卡珊德拉对于被从泰格托斯山顶扔下的往事的记忆，不过他们对这件事的印象并不相同。这尊金字塔可以发出人们记忆中的声音，以此来召唤拥有伊述血脉的人。在召唤卡珊德拉的时候，金字塔使用了她母亲密里涅的声音。同样地，金字塔的功能也只对拥有第一文明血脉传承的人起效。秩序神教利用迷信、恐惧以及滥施暴力对民众进行控制。神教的成员们如愿除掉了“民主之父”伯里克利，同时将教众兼好战分子克勒翁安排上位，把雅典方面的权力纳入自己的掌控之中。

秩序神教明白，如果他们控制了德尔菲的先知，也就控制了希腊大众的命运——毕竟他们对先知之言有着极度的依赖。而神教的秘密成员阿斯帕西娅却有着自己的看法。她坚信若要迎来和平，世界所需要的绝不是像神教这样的组织散播混沌与破坏，而是通过控制和秩序形成的一种唯一的先导。阿斯帕西娅也预见到未来会产生一种以逻辑为基础构建的全新秩序。这样的秩序将形成一种以一位卓越领袖，即一位“哲人王”领导的共和体制。她想让卡珊德拉加入她的行列，然而，在意识到两人一定会背道而驰后，她们便从此分道扬镳。

德谟斯

出生年： 公元前 451 年
出生地： 希腊，斯巴达
历史时期： 希腊黄金时代，伯罗奔尼撒战争时期
所属组织： 秩序神教

在先知降下预言，将尚在襁褓中的德谟斯定义成“将为斯巴达招致毁灭的孩子”之后，阿利克西欧斯便在阿尔戈利斯被秩序神教从密里涅的手中夺去。随后秩序神教将他抚养长大，从希腊文化中的恐惧化身取意，给他改名叫作“德谟斯”。神教将他训练成了全希腊最强的战士。

秩序神教需要一位带有高浓度伊述遗传基因的人，让他来使用盖亚之窟的伊甸碎片，也就是他们口中的“金字塔”。这个装置一经启动，就可以让使用者看到过去，以及可能的未来。秩序神教正是为了这个目的，才通过计谋养育了德谟斯。他们编造了假预言，让襁褓中的阿利克西欧斯被扔下山，接着又把他救活，让教众克莉西斯来抚养他。正是克莉西斯和教众们将阿利克西欧斯一步步塑造成了我们所知的“德谟斯”，同时将他塑造成了一件为神教所用的兵器和“金字塔”的活体启动装置。这样一来，神教便可以对未来的诸多可能性进行观测，从中选择他们想要的未来，再采取行动，使其实现。

德谟斯相信自己是一位半神，他被强烈的欲望驱使着。同时，秩序神教也让他坚信他原本的家人抛弃了他——这给了他践行天命，成为希腊最强战士的机会。虽说他也是神教的一员，但其他教众都对他心怀恐惧，敬而远之，这也让他的控制欲愈发膨胀。

> **“战场是我的家，我的剑是我的家人。”**
>
> **——德谟斯**

一时之敌友

伊卡洛斯：对于生活在古希腊世界的任何一位公民来说，一位肩头常有老鹰相伴的佣兵可能就是半神。巴尔纳巴斯在被卡珊德拉救下的时候，也是这么想的——搭救自己的是一位蒙诸神庇佑的驯鹰人。伊卡洛斯是卡珊德拉的忠实战友，从它还是泰格托斯山下一只小小雏鹰的时候，便一直陪伴在卡珊德拉左右。他们之间建立了一种牢固的关系，这一人一鹰学会了在生活和工作中同步行动——就好像这两副躯壳都是由同一个意志驱动。在战斗中，伊卡洛斯会从天上对卡珊德拉的敌人发起攻击，而卡珊德拉也能看到伊卡洛斯的视野范围，她能够以它的视角俯瞰整个世界。

直到卡珊德拉最终与自己的生父毕达哥拉斯会面，她才知晓伊卡洛斯的真实身份。当伊卡洛斯飞向毕达哥拉斯，在他的肩头安稳地停下时，一切才真相大白：原来是毕达哥拉斯把伊卡洛斯送去卡珊德拉身边，让它作为保镖照护自己的女儿。

巴尔纳巴斯：巴尔纳巴斯是一名退伍军人、前佣兵，也是一位魅力非凡的说书人。他与自己的三列桨战船阿德瑞斯提亚号一起在希腊世界周游，四处寻访有关神明及其崇拜状况的情况。这种经历让他成为一个注重内心的人。他成为卡珊德拉的同伴之后，这种令人愉快的特质还是保留了下来。当年他还是佣兵的时候，曾经遭遇过波塞冬“宠物”的袭击，并因此陷入半盲状态，濒临死亡。死里逃生之后，他便放弃了做佣兵，开始走上了更加宗教性的人生道路。他也因此获得了海陆神明的丰富知识，这一点让他深受卡珊德拉的器重与信赖。

列奥尼达斯（约公元前 540 年—公元前 480 年）：作为斯巴达的传奇王者，列奥尼达斯率领希腊联军参加了著名的温泉关战役，与薛西斯一世领导的波斯侵略军进行战斗。在这场战斗中，斯巴达军取得了前两天的胜利。然而由于某个盟友的背叛，波斯军迂回军队，包抄了希腊联军的后方。列奥尼达斯几乎遣散了联军所有人员，只留下了自己麾下的斯巴达军和波斯人鏖战。列奥尼达斯战死之后，斯巴达军发起了数次反攻，夺回了列奥尼达斯的遗体和长矛。在这一战中生还的希腊人可以说是少之又少。在战斗开始前，被秩序神教控制的阿波罗女祭司长不希望他带领斯巴达对抗波斯，而列奥尼达斯公然拒绝了她。事实上，若不是列奥尼达斯如此公开地拒绝秩序神教的要求，秩序神教最终会让整个希腊世界向波斯之王薛西斯一世俯首称臣。

列奥尼达斯也是密里涅的父亲，卡珊德拉的外祖父。

密里涅：在每一个强大的斯巴达男人的背后，都有一个更加强大的斯巴达女人。斯巴达名将，绰号“狼”的尼科拉欧斯的妻子密里涅，便是其中之一。她也是一位慈爱的母亲，膝下育有两个孩子——卡珊德拉和阿利克西欧斯。卡珊德拉长到足够的岁数以后，密里涅就把列奥尼达斯之矛传给了她，让她了解自己家族的强大血统。密里涅同时也警告卡珊德拉，这世上有人试图盗取这种权力。然而她并不知道，这种人就藏身在她最信赖的人之中。在亲眼见证自己的孩子被“斯巴达法律”扔下山崖摔死之后，她便抛夫弃家，去纳克索斯岛开启了自己的新生活。她在自己破碎的心灵外筑起了一道围墙，从灰烬中开始重建自己的生活。后来，她成为岛上的执政官，凭借自己聪敏无畏的特质得到了“凤凰”的称号。

尼科拉欧斯：作为一名雅典军的战士，如果你在战场上看到了一位佩戴狼盔的斯巴达将军，那么你便离死不远了。这位将军名叫尼科拉欧斯，人称“斯巴达之狼”。他不仅是一名凶悍的斯巴达战士，还有着敏锐的军事头脑。他将“荣耀、责任和家庭”奉为自己的人生信条，这三者地位依次递减。正因为秉持这样的观念，在荣耀和责任要求他将自己的家人扔下山崖时，他不过犹豫了片刻，便照做了。多年以后，长大的卡珊德拉带着复仇之心与当年把她扔下的男人在战场上重逢，“斯巴达之狼”也只是说：“我做了一个斯巴达人应该做的事情。我因此而感到心安，你也应该这样想。”

毕达哥拉斯：毕达哥拉斯是卡珊德拉和阿利克西欧斯的生父，是高浓度伊述遗传基因的携带者。他本人从伊述人那里获得了赫尔墨斯权杖，自那之后，他便承担起了守护伊述知识库存的任务，即亚特兰蒂斯任务。随后，他将权杖传给了卡珊德拉，并向她指明了她所背负的天命——让世界恢复平衡。

一时之敌友

厄尔皮诺： 此人出身于希腊的基拉岛上，是一位有钱有势的商人，同时也是秩序神教的成员。他和卡珊德拉在凯法利尼亚岛上会面后，便答应给她一大笔佣金，要她杀死一位绰号为“狼”的斯巴达将军。他说这位“狼”将军可以征服整个希腊世界，如果这位将军继续征伐，战争很快便会结束，而他则热切期盼着战争能够继续下去。他的行动正反映了秩序神教的行动方针：为战争煽风点火，让战争有机会制造更多的混乱。

在卡珊德拉杀死他之前，他还透露了一个情报：秩序神教已经盯上了卡珊德拉，正在追捕她。

阿斯帕西娅： 作为一位独立自主、备受尊敬的女性，阿斯帕西娅统领着希腊的知识分子社群；而她的搭档伯里克利则统领着希腊的政治社群。她洞穿一切的过人智慧和手中掌握的丰富资源让她的谈吐和思维水平都远远高出常人。阿斯帕西娅是秩序神教的前成员，在她看来，秩序神教的行事方式和表达方式都过于狂热。当秩序神教的目标开始转向控制未来，而不是利用伊甸碎片来帮助他们做最佳决策的时候，她便退出了神教。

克勒翁： 克勒翁强烈地反对具有贵族知识分子气息的伯里克利派别。他认为，民主是一种软弱的选择，而战争才更有利于雅典的稳健和发展。他的目标是对其他城邦进行完全制压，以此让雅典——还有他自己变成最强大的存在。在不断变化的政治环境中，他的理念和论调获得了下级阶层和平民们的支持。作为秩序神教的成员，他还扮演着更为重要的角色。

克莉西斯： 克莉西斯是一位侍奉赫拉的女祭司，也是秩序神教的成员。她会抚养那些被抛弃在神殿的孩子，并把他们培养成服务秩序神教的战士和混沌世界的代言人。当年密里涅在绝望中把阿利克西欧斯带到了神殿，希望这里的人能救活她的孩子。而秩序神教却欺骗了密里涅，让她相信阿利克西欧斯已经死去。接着，克莉西斯开始抚养阿利克西欧斯，让他成为秩序神教的最强战士，并将他塑造成了一件名为“德谟斯”的终极兵器。然而，她塑造德谟斯的工作完成得过于完美，不久之后他变得憎恨满腔、狂暴难驯，并彻底脱离了克莉西斯和秩序神教的控制。

伯里克利：伯里克利气质高贵，高瞻远瞩。他身先士卒，致力于建设一个崇尚知识、哲学与民主的新世界。然而，他却遭到了夹攻：城墙外有斯巴达人的侵袭，内有他的政坛死敌克勒翁，双方都对他构筑的黄金时代构成了极大的威胁。得益于与这位聪慧的政治家的接触，卡珊德拉提升了自己在政治方面的见地。

苏格拉底：作为雅典人气最高的哲学家，苏格拉底本人依旧不能完全断言自己看透了真实，或人类心智的本质。他一心求索，想要找到真理、正义和美好生活的定义。苏格拉底让卡珊德拉体会到了辩术的威力。她也明白，如果要理清自己对目标和命运的想法，需要寻求他的帮助。

希罗多德：希罗多德之前是一位云游四方的历史学家。虽然德尔菲先知降下了对卡珊德拉不利的神谕，他却毫不在乎，一心一意地追随着卡珊德拉的脚步。在希罗多德的帮助下，卡珊德拉对自己的家系传承有了更多的了解。希罗多德预见到卡珊德拉的所作所为会在文明层面上产生更大的影响，播下诸多意义重大的种子。于是他便立下志向，要追随她，并记录下她在历史上留存的痕迹。即使德尔菲的先知警告人们不要这样做，他依旧坚持不懈。

埃及的守护者

“作为一名守护者，你不仅要保存和发扬这些律条，你自己就是那些律条本身，明白吗？”

——底比斯阿蒙神殿最高女祭司 尼托克丽丝

在埃及新王国时期第十八王朝到第二十王朝期间，埃及的守护者们作为侦察兵和维护法老财产的维和力量活跃着，他们坚守着各个首府城市和陵墓等地。守护者们以血统沿承为基础，并随时向有需的地方流动，在各地扮演着侦察员、宫廷侍者、神殿雇工以及战士等各种各样的角色。而到了托勒密王朝，守护者的体制逐步被废除，取代他们的是一支专门为法老服务的罗马式军事力量。守护者的信条是，要去拯救任何需要帮助的人，同时可以杀死任何无法无天的人。守护者们也会立下如下誓言：守护无辜之人，绝不牵连守护者组织，同时绝不背叛神明及一切正确的事物。后来，随着埃及和罗马的联盟形成，以及克里奥帕特拉撤免巴耶克的职务，守护者最终还是离开了历史舞台。而他们的宗旨后来成了兄弟会戒律的源流之一。

阿蒙内特：必须要让那些与我们立下同样誓言的人了解我们的信条，这样他们才有一份真正的纲领。

巴耶克：无形者的存在将会扩展到约旦，并向犹太地区扩张。不论组织日后扩张到何处，我们的信条必须永远在至高处。

无形者

克里奥帕特拉与罗马结成联盟，艾雅将这种行为看作是对她最为珍视的国家和人民的自由的背叛和不忠。她还发现，一个名为上古维序者的阴谋集团将他们的邪恶影响传到了罗马和更远的地方。他们致力于在幕后操纵权力，而不是为了埃及人民的利益。

艾雅和巴耶克的苦痛经历让他们明确了自己的目的，要为人民带来自由，向独裁者发起反抗，并将其视为一个极其坚定的目标。他们共同致力于实现他们的目标，对如何实现目标达成了道德层面上的共识，于是他们合力建立了一个新的组织，名为“无形者”。这个组织的成员们有着共同的理想，随后这个组织不断发展，并最终发展成刺客兄弟会。

艾雅将自己的根据地迁到了罗马，开始在那里与和她志同道合的人们共事，如布鲁图斯和卡西乌斯。随后，他们做了一件艾雅极力反对的事情——在公开场合刺杀恺撒，而这次行动随后也带来了灾难性的后果。当独裁者被杀的时候，罗马人民并没有感觉自己得到了解放，反而陷入了慌乱。恺撒死后的混乱让艾雅坚信，要保守秘密，在暗处行动，才是对付滥用权力者的正道。这些理念后来被落实下来，成为无形者的核心信条之一。隐姓埋名，剔除人群中的压迫者，这样能够让民众更好地选择未来道路。之后，她以埃及神系中无形女神的名字“阿蒙内特”为自己重新命名，象征着保密和匿踪的承诺。

阿蒙内特和巴耶克意识到，他们需要正确定义传递给无形者们的任务，以便对成员进行引导，让他们对有关组织和目标的事守口如瓶，同时将注意力集中在保护无辜者上，防止他们被权力本身的诱惑侵蚀。他们也知道，随着组织的规模不断扩大，他们的影响终究会走出埃及，延伸到其他国家。为了让不同的组织的在同一道路上前进，阿蒙内特和巴耶克为组织制定了基本理念和目标。

巴耶克与艾雅

生卒年： 约公元前 80 年—不明

活跃地： 埃及，罗马

历史时期： 古埃及时期，古罗马时期

所属组织： 无形者

巴耶克和艾雅的个人行为准则和道德规范塑造了一个投身于正义事业的力量——无形者。这个组织不断发展，成为我们所知的刺客兄弟会。

巴耶克是一个拥有柏柏尔血统的埃及人，他出生在锡瓦——埃及与利比亚边界线附近的偏僻绿洲。他是袭承守护者血脉的最后一人，是埃及旧王国时代的守护者，他们的责务是守护埃及的庙宇，人民，以及他们的生活方式。巴耶克的妻子是亚历山大城的艾雅，虽然艾雅没有正式继承守护者的血脉，但她也和巴耶克一起学习了守护者之道。

后来，有战士要求进入当地的圣地阿蒙神殿，巴耶克拒绝了他们的要求。这个决定最终导致他的儿子惨遭杀害，悲痛不已的他也因此和艾雅分手。但是巴耶克内心仍然希望，杀害他儿子的凶手被一一手刃之后，他的儿子会以某种方式活过来，他也能和艾雅破镜重圆，然后过上轻松的日子。不过，当巴耶克在亚历山大城见到艾雅时，艾雅却让他重新审视自己的目标。艾雅认为，克里奥帕特拉是解放埃及免遭压迫的关键。为了让她登上王座，艾雅愿意去做任何事情。于是巴耶克便和艾雅一起为克里奥帕特拉服务，并对上古维序者展开了猎杀。然而，随着事情的进展，巴耶克意识到埃及人民有选择自己前路的权利，但是他们需要领军人物，来对抗不平等政体造成的日益增长的压迫。巴耶克原来只是为了个人的复仇心，但随着时间的推移，他的想法渐渐发生转变，开始为自己的利益而斗争。克里奥帕特拉被推上王位之后，选择与被上古维序者控制的恺撒联盟。随后，她便抛弃了艾雅和巴耶克。对艾雅来说，她认为这不仅是个人层面上的背叛，更是对全埃及和人民自由的背叛，这是艾雅尤其珍视的东西。然而，艾雅还是压制着个人的苦痛情感，继续投身于自己的宏观目标：将埃及从压迫中解放出来，与暴君、独裁者和无处不在的操纵者们做斗争。这样的做法意味着要和埃及艳后的盟友为敌，她已经顺其自然了。

艾雅和巴耶克两人之前为了克里奥帕特拉和她反抗上古维序者的斗争已经献出了自己的一切。他们的苦痛经历让他们将自己的目标进行了重新定义，要为人民带来自由，向独裁者揭起反旗。他们知道，这种对个人目标的追求最终也能在大局上为埃及带来好处，同时对上古维序者的理念造成打击。

随后，巴耶克和艾雅建立了一个新的组织，这个组织的基石不再是血缘关系的继承，而是基于共同的理想。这个名为无形者的组织将会存续数千年，然后发展为刺客兄弟会。而选择改名为“阿蒙内特”的艾雅，也成为最著名的刺客形象之一，受到后人的尊崇。

主要盟友： 弗西达斯、布鲁图斯、卡西乌斯、霍普扎法、阿波罗多洛斯、塔希拉

主要敌人： 上古维序者、尤里乌斯·恺撒、弗拉维乌斯·梅特鲁斯、卢修斯·塞普提米乌斯、马提拉斯、比翁

上古维序者

“上古维序者”这个组织创立于数千年前。当时，他们的影响力和控制力都在飞速膨胀，势力范围从古波斯、古埃及一路扩张，最终在公元前五世纪时将触角伸入到伯罗奔尼撒战争期间和之后的希腊世界。在埃及的托勒密王朝时期，维序者们在幕后操纵着权力。作为一个隐秘而邪恶的组织，维序者的成员进行各种政治和社会任务，他们意图将埃及以及更多的地方收入自己的囊中。为了达成这一目标，他们占据了国家机关中的各种关键职位，并将法老的军事机构纳入自己的掌控之下，而各个神殿以及其他国家执政机关中的显要职位也已经被维序者的成员所占领。他们通过对政治、社会、宗教以及经济等各个方面施加压迫，来维持和平与秩序。维序者们将软弱无能、意志不坚的时任法老托勒密十三世变成了自己的傀儡。不过，在尤里乌斯·恺撒的支持下，托勒密十三世被他的姐姐克里奥帕特拉推下王位。之后，维序者们也改变了操纵策略，把重点转移到这两人的身上。

维序者巩固自己权力的手段之一便是收集各种具有神力的圣物，而锡瓦的神殿便是他们的主要目标之一。这座神秘的神殿一直都被掩藏在谜团之中，传说这里收藏着关于操纵时间和驾驭人心的方法。维序者们坚定地认为，为了达成自己的目标，任何阻挡在他们面前的人都应该被杀掉。

维序者的成员们在见面时会戴上面具，这面具也是他们证明自己忠诚的标志性道具。团体的领导成员都以埃及动物名称为代号，比如河马、山羊、鳄鱼等等。如果要代表整个团体，他们会用一条蛇来作为自己的徽章，因此他们也通常被称为“蛇”。

蛇[组织]

圣甲虫

狮子

胡狼

朱鹭

鬣狗

鳄鱼

秃鹫

河马

苍鹭

蜥蜴

蝎子

公羊

“你知道‘维序者’是什么吗？我们所行的事业可曾传入你们的耳中？我们团体的力量和地位不断增长。我们的目标是让社会从陈旧固化的旧体制当中脱离，将社会引入更加先进的全新形态当中。”

“有一件事我这辈子都没后悔过：你儿子的死让整个维序者组织，包括恺撒在内，向我俯首。我已经是罗马的主人了。”

——弗拉维乌斯·梅特鲁斯

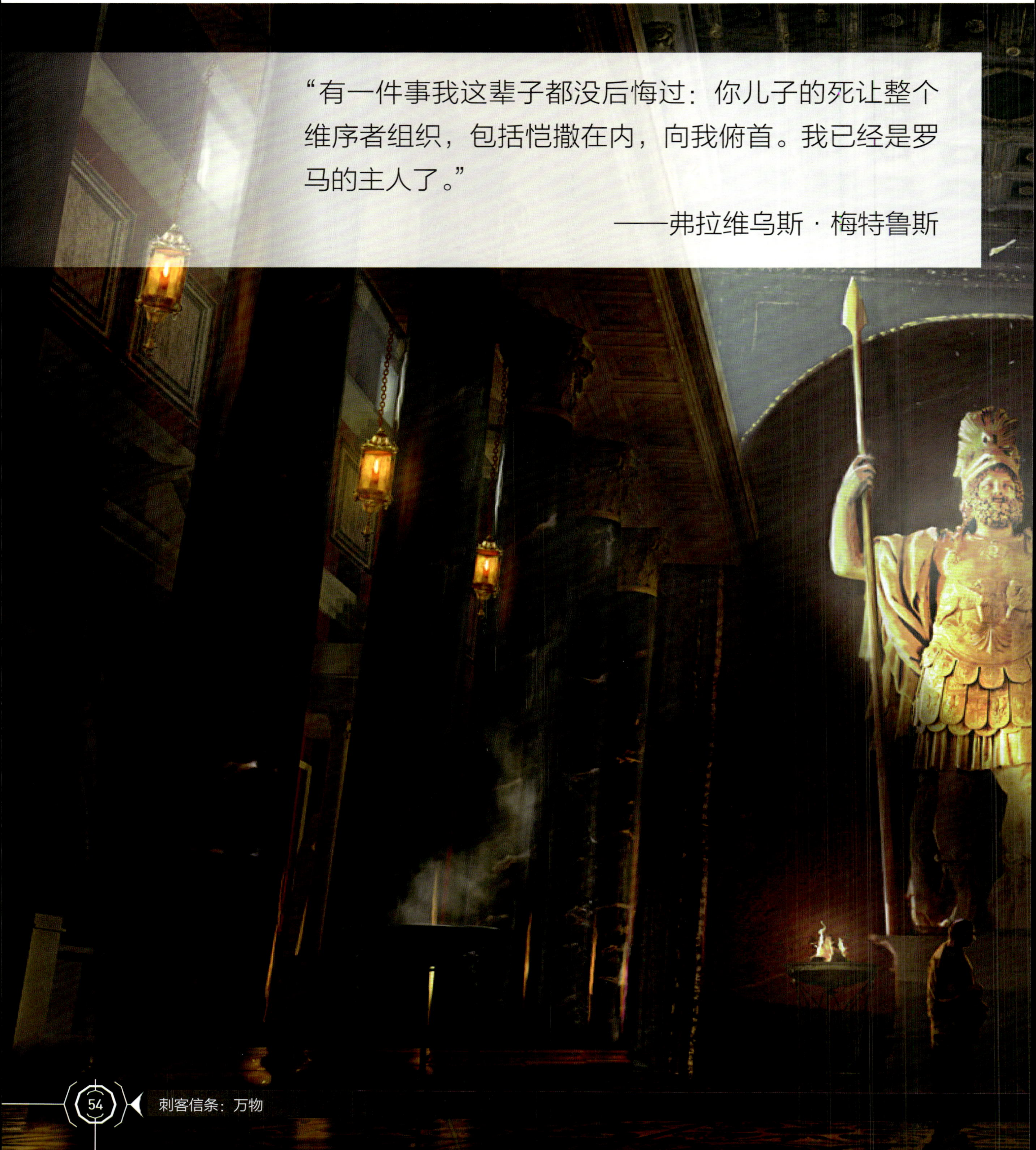

弗拉维乌斯 · 梅特鲁斯(狮子)

生卒年：约公元前 90 年—公元前 47 年

活跃地：昔兰尼加省，昔兰尼

历史时期：埃及托勒密王朝时期，罗马时期

所属组织：上古维序者

弗拉维乌斯是一位战功卓著，手握重权，而且影响甚广的罗马战士。虽说他是恺撒的盟友，但这种同盟关系是建立在弗拉维乌斯的财力和军事实力的基础上，而不是建立在信任、真诚和尊重的基础上。弗拉维乌斯知道，恺撒需要他的支持，而弗拉维乌斯也需要利用恺撒提升自己的地位。

弗拉维乌斯有着极大的野心，不论是个人层面还是攻治层面皆是如此，他会抓住一切可能的机会来提升自己的地位。同时，他将埃及人民视作可供罗马以及他本人压榨的资源，来为双方谋取利益。弗拉维乌斯以凶狠残暴闻名。他也认为恺撒对自己的敌人实在是过于宽容了。

弗拉维乌斯是罗马基里纳卡行省的总督。同时，在克里奥帕特拉执政期间，他也在维序者组织中占有重要的领导地位。后来，他和卢修斯 · 塞普提米乌斯一起，用一根从亚历山大大帝墓中取得的伊甸权杖和一颗伊甸苹果打开了锡瓦阿蒙神殿地下的伊述密室。随后而至的巴耶克将弗拉维乌斯击毙在密室当中，为他的儿子卡慕报了仇。

一时之敌友

阿波罗多洛斯（约公元前 90 年—公元前 47 年）

阿波罗多洛斯是克里奥帕特拉手下的首席参事和顾问，也是她手下情报系统的领导人。他在埃及全境都安插了线人，以确保自己能够通过他们的报告掌握托勒密支持者的动向。这些线人大多都是饱受托勒密十三世统治压迫的平民和商人。

阿波罗多洛斯是克里奥帕特拉的忠实支持者，在她还是少女的时候便忠心服侍她。他行事谨慎，口风严密，处事低调，其他人很难窥见他的真实想法。虽然他是廷上之臣，但是在需要散发魅力、展露本领的时候，他的表现也足以赢得盟友的信任。

弗西达斯（约公元前 88 年—不详）

弗西达斯是个强健而粗犷的人。比起宫廷中的那些幕后交易，他更喜欢身在户外和开阔海面上的感觉。早年他也是一名战士，后来他悄然退下前线，积累了大量财富，并用这些钱建立并维持着自己的一支舰队。作为克里奥帕特拉麾下的一位佣兵首领，他对年幼法老托勒密宫廷中那些政客操控朝政、支配埃及事务的手段深恶痛绝。虽然弗西达斯是个清心寡欲的人，但他的头脑却十分敏锐，在面对高压的时候，他依旧能够保持冷静；而在情形紧张的时候，他也能找准时机，利用恰到好处的黑色幽默来打开局面。作为舰队的领导人，他真诚的领导风格和严厉的处事手段，让舰队的水手们都变得自信而忠诚。克里奥帕特拉驾崩之后，屋大维开始侵略埃及，弗西达斯便将阿蒙内特和埃及艳后的儿子平安送出了埃及。

布鲁图斯和卡西乌斯

布鲁图斯（公元前 85 年—公元前 42 年）

卡西乌斯（公元前 86 或 87 年—公元前 42 年）

当时罗马元老院的参议院认为，恺撒的权威最终会对罗马的共和构成威胁。于是，布鲁图斯和他的连襟卡西乌斯与艾雅一起合作，努力将恺撒赶下台。

布鲁图斯之前也曾站在恺撒一边，但是恺撒对权力的欲望日益膨胀，布鲁图斯对他的怀疑也不断加重。恺撒的行为越来越像国王一样专制，于是布鲁图斯和卡西乌斯等参议员们开始密谋刺杀他，将他视为罗马共和的威胁。在亲眼看到未来的混乱局面之后，布鲁图斯便作为推手，以罗马风格将刺杀恺撒导演成了一桩规模盛大的事件，这种做法完全背离了艾雅以低调隐匿的方式除去恺撒的想法。不久之后，布鲁图斯才意识到，是因为自己公开杀死恺撒，才造成了他之前看到的未来的混乱局面。他们为了避免混乱的发生，下手除掉了恺撒——结果，他们的刺杀行为反而成为混乱的源头。于是，布鲁图斯和卡西乌斯离开罗马，继续与无形者们一起工作。不久之后，他们又赶回罗马，去拯救被马克·安东尼羁押的艾雅，使她脱离了死亡的威胁。在布鲁图斯出发去往克里特岛前，艾雅将一柄匕首还给了他，这柄匕首就是当时布鲁图斯交给她作为刺杀恺撒工具的。不过，匕首已经在她阻止布鲁图斯刺杀马克·安东尼的时候损坏了。

塞努

作为巴耶克的随行战鹰，塞努和这位经受了守护者训练的战士有着精神层面上的联系。在阿蒙先知神殿的战斗中负伤之后，塞努被送回锡瓦，交由巴耶克的盟友治疗。从那之后，它就一直停留在绿洲附近，等待着巴耶克的归来。巴耶克回到锡瓦之后，它便如同往常一样，重新伴随在他的身侧。塞努是一只白腹隼雕，作为一只体形归类在中大型的鸟类，它的身长约在 55—65 厘米之间，翼展大概有一米五，毛色以棕色与米色为主，杂有奶白和黑色。塞努和巴耶克在工作中紧密合作，经过长时间的磨炼，他们之间的精神连接能够让他通过塞努的眼睛进行观察，这使得塞努在侦察工作中有着极高的价值。

小法诺斯

小法诺斯是无形者的元老之一，也是艾雅的表亲。他是一名演员和剧作家，写下了许多批判托勒密十三世政权的作品。当艾雅在亚历山大城中遭人追逐，急需藏身处的时候，他让艾雅和阿波罗多洛斯取得联系，最终她被带到了克里奥帕特拉的面前。

塔希拉（未知—公元前 38 年）

塔希拉是巴耶克多年的老友。她在尼罗三角洲一带活动，一直致力于保护埃及的野生动物。她是无形者的元老之一，也是将组织总部从锡瓦迁往西奈半岛一事的执行者。这次迁移的目的是为了支援当地纳巴泰人于公元前 38 年对罗马人发动的起义。在临死之前，她一再敦促巴耶克，不能让无形者们的信条失去自己的本色。

萨布和阿莫丝

在巴耶克接任锡瓦的守护者前，担当这一职务的人便是萨布。他知道自己的儿子会继承自己的道路。然而，在巴耶克只有六岁的时候，一帮佣兵打进了锡瓦。此后，萨布便不希望让巴耶克成为守护者，不愿对自己的儿子进行训练和引导——因为这场侵袭让他对自己家人的安全和生存都产生了担忧。相反，巴耶克的母亲阿莫丝在被迫防御并杀人之后，强烈支持儿子的训练。然而，不论如何，她都没能让自己的丈夫克服恐惧，并对巴耶克展开训练。无奈之下，他们只得请别人对巴耶克进行训练，直到萨布解开自己的心结。

盖米拉特（未知—公元前 38 年）

盖米拉特是西奈半岛地区的纳巴泰反罗马起义军领袖，这支队伍在他的领导下反抗罗马压迫者。同时，他们也是塔希拉带领的无形者队伍的盟友。大约在公元前 38 年，盖米拉特得到情报，盖乌斯·尤里乌斯·路菲欧制定了侵攻西奈半岛的计划，他将这份情报传给了无形者，使他们成功阻止了这场入侵。不过，无形者们并不知道，盖米拉特一直在蓄意挑衅西奈各处村落中的罗马人，借开启战端的方式，吸引那些致力于为亲人或爱人复仇的人们加入他的军队。最终，巴耶克不得不带着懊悔之意了结了他的性命。这件事也更加强化了无形者们保护无辜之人的决心和力度。

一时之敌友

盖乌斯·尤里乌斯·路菲欧（未知——公元前 38 年）

路菲欧是一名罗马将领，统领着埃及境内的罗马军力，同时他也是维序者的成员之一。他打算逐渐削弱克里奥帕特拉和马克·安东尼在埃及境内的控制力，然后取而代之，登上统治者的宝座。路菲欧对维序者的事业深信不疑，而且他坚信这个组织会长久存在。除此之外，他也对维序者的新对手无形者有着浓厚的兴趣——两者有着相似的目标，都在追求与秩序相同的东西，但是他坚信，维序者的信仰和信念要远远强于无形者。

马克·安东尼（公元前 83 年——公元前 30 年）

马克·安东尼是一位罗马将领及政治家，他和恺撒的亲戚屋大维联手，追杀那些和艾雅一起策划并实施刺杀恺撒的反叛议员。随后，他为了争夺罗马的控制权和屋大维展开了斗争。他和克里奥帕特拉也发生了浪漫的爱情关系，两者联合起来对抗屋大维，支持马克·安东尼对罗马的主张。作为交换，埃及艳后让安东尼归还本属于埃及的东部土地。

“胡狼”卢修斯·塞普提米乌斯（约公元前 90 年——公元前 44 年）

此人是罗马军中的一位护民官，他的驻地在亚历山大城。他被安排在亚历山大永久驻扎，是保卫托勒密王朝法老与王妃的罗马军队的一员。

在此期间，他和宫廷中那些企图操纵法老的权势人物混到了一起。卢修斯体格硕大，肌肉发达，皮肤黑亮，在各个方面看都十分健壮。同时，他也心性多疑，擅长摆布旁人，有些偏执。只有当他身边都是盟友或共谋者，他才会安心放松下来。如果环境中有其他的人，他便会变得沉默戏谑，摆出一副冷漠的样子。

盖乌斯·尤里乌斯·恺撒（公元前 100 年——公元前 44 年）

盖乌斯·尤里乌斯·恺撒是一位罗马政治家及将领，在罗马共和的衰亡和罗马帝国的兴起中，扮演着非常重要的角色。公元前 49 年，当罗马深陷内战苦境时，恺撒发起了一场针对参议员的政变，他领军渡过卢比孔河，打算借此机会成为独裁官，将权力握在自己手中。理论上讲，独裁官是在其任职期限之内将权力集中在一人之手，直到社会足够安定，能够让参议院以及其它机构继续进行管理为止。第二年，恺撒遇上了克里奥帕特拉，并在埃及内战中支持了她，这一系列动作让她重新登上了王位。当然，这些都在恺撒的计划之中，目的是将埃及纳入自己的控制之下，扩大罗马的影响和力量。随后在公元前 44 年，参议院将恺撒推举为终身独裁官，此时他手中握有卓绝的军力和政治权利。随后，在一次出席参议院的路上，恺撒遭到了暗杀——执行这次行动的正是艾雅。同时，还有两位手握重权的罗马政客——布鲁图斯和卡西乌斯为这次行动提供了支援。

克里奥帕特拉（公元前 69 年——公元前 30 年）

克里奥帕特拉聪颖绝伦、魅力过人，她受到过高等教育，是当时最为聪慧、受教育程度最高的女性之一。她是一位精明强干的政客，对经济学和自己国家的资源有着深度的了解，这些知识让她在与自己的主要保护者——罗马谈判时占尽了上风。克里奥帕特拉明白，罗马的目的是吞并埃及；而她向罗马寻求保护的目的，是登上埃及的法老之位。于是，她和恺撒达成了联盟，在她的兄弟托勒密十三世被击败后，克里奥帕特拉便登上了法老的位置。同时，原本支持托勒密十三世的上古维序者也下了一招妙棋：他们改换方针，让已被吸纳进维序者组织的恺撒对埃及艳后施加影响。数年之后，阿蒙内特向克里奥帕特拉陈情，请求她向屋大维俯首，以保全埃及的残余部分，同时避免更多的埃及人因此丧命。埃及艳后同意了她的请求，并做了一个体面的退场决定：服毒自尽，借此来结束战争。但是，她也有一个条件：阿蒙内特必须保证将她的幼子恺撒里昂带走，并让他接受训练，成为无形者的一员。

第四章

刺客兄弟会

刺客兄弟会的成员遍布世界，是一个致力于维护全人类自由的秘密组织。他们的意识形态是从无形者之类的前身组织那里发展而来，这种意识形态的基础是，只有自由意志能够保证社会的发展，而新思维和革新的出现也必须有自由意志作为前提。但无论如何，他们的终极目的都是达成和平。他们支持民主政府的概念，因为在这种政体下，人们会共同选择自己的道路。

源远流长的兄弟会

兄弟会的意识形态根基和兴起的契机可以追溯到上古时期，但是我们今日所知的成形的兄弟会组织和其遵循的信条，都是在古埃及形成的。而形成这些因素的团体，便是锡瓦的巴耶克和亚历山大城的艾雅建立的无形者组织。

另外一个可以称作刺客兄弟会先祖的是巴比伦的伊尔塔尼，她在公元前323年对亚历山大大帝进行了刺杀。

塑造历史轨迹：刺客兄弟会在历史上的多次革命中都有着重要的影响，在美国独立战争、法国大革命，以及俄罗斯革命中都能找到刺客的身影。通过影响这些关键性的历史时刻，或者在这些时刻进行引导，刺客兄弟会做到了他们想做的事，就是塑造世界，让人类能够决定自己前进的道路，并将他们从圣殿骑士们施加的暴政和独裁中解放出来。

回归暗影

在哈桑 – 伊 · 萨巴赫（1050—1124年）的领导下，黎凡特刺客们将自己暴露在公众的视线之下，以此来激励其他人加入对抗压迫的斗争之中。一个世纪以后，蒙古人南下叙利亚，对黎凡特刺客兄弟会进行了攻击——黎凡特刺客兄弟会在1227年参与了击杀成吉思汗的行动，这次进攻便是为了报复而发起的。在那场战役中，蒙古人摧毁了数个明面存在的刺客要塞，随后便进攻了中心要塞马斯亚夫。马斯亚夫要塞自此荒废，从此黎凡特刺客们的脚步踏遍世界各地，以构筑新的公会。这些新成立的公会都得到了命令，要他们暗中行动，以保证正秘密扩张壮大的兄弟会的安全与存续。

文艺复兴时期

刺客兄弟会在文艺复兴时期占据了上风：他们将法国国王拉到了自己一边，让他将圣殿骑士组织定为异端，并强制解散了圣殿骑士组织。然而，圣殿骑士的影响无处不在，即便是刺客们也没能彻底斩断他们的根系。

大清洗

在2000年，刺客兄弟会遭遇了一场巨大的挫折：一个被圣殿骑士控制了精神，并变成一名沉睡特工的刺客丹尼尔 · 克洛斯解除潜伏，击杀了刺客的导师。圣殿骑士的这招妙棋直接导致了后来被称为大清洗的刺客扫荡行动，这场扫荡非常彻底，以至于整个刺客兄弟会差点因此绝灭。

十几年来，刺客兄弟会一直都支离破碎、羸弱不堪，刺客们分散在各地的孤立据点中。除此之外，他们也四处行动，应对各种严重威胁。在蕾拉 · 哈桑加入他们的行列之后，她运用自己在技术方面的才智来为刺客效力，这些事情传递了一个事实：一个更新更强的刺客兄弟会，正从暗影中缓缓崛起。

刺客信条

刺客兄弟会意识形态的核心被总括为三条原则性的刺客戒律，这些戒律是由当初无形者的领导人锡瓦的巴耶克和亚历山大城的艾雅（阿蒙内特）制定的。

刺客三诫：

1. 不得伤害无辜之人。
2. 匿踪于大庭广众之下。
3. 绝不牵连兄弟会。

这三条戒律最基本的目的，强调了保护被暴政荼毒的一般民众的重要性；为了实现全世界和刺客们内心的和平理想而工作的重要性；还有保证刺客本身和兄弟会隐秘性的重要性。

理论上来讲，这些戒律会让刺客在行动时做出正确的判断。虽然这些戒律一直得以传承，但直到今天，如何用这些信条来对刺客进行最佳引导，关于这一点始终有不同的见解，也可能导致不同的结果。在过去的几个世纪中，这种情况时有发生。

这三条戒律看似平实无华，然而，如果想要贯彻信条，实际上却暗藏着一系列复杂困难的伦理道德困境，刺客们必须进行永无止境的斗争。

戒律是意识形态层面上的指导方针，但是决不能将其视作四海皆准的绝对法则。因此，刺客们必须尽可能客观独立地去审度自己的每一种情况。这样做可能会让他们做出伪善的，或与先前做出的决定相悖的选择，同时造成认知层面上的矛盾。可见，做一个遵循原则的刺客并不容易。可以说，除了公认的戒律之外，也有许多并未得到组织正式承认的价值观，对刺客起到了重要的引导作用，比如：为了更好地实现目标而在黑暗中工作；作为刺客，一个人并不需要名声或外界的认同；也不必完全理解自己被指派去执行某个任务的原因。他们之所以在黑暗中工作，是为了保护自己，也是为了保护他人的安全。

要自由意志，不要混乱

自由意志并不代表人们可以无视后果和道德约束。相反，刺客的信条要求刺客们进行深度的自我约束和道德考量，同时要对其他文化、观点和信仰表示尊重，也要接受自己的错误。

“刺客信条教导我们，禁忌对我们来说是不存在的。我曾经以为，这句话的意思是说我们可以任意按照自己的意志去做事，去追逐我们的理想，为此不计代价。可实际上，信条是一种警告：理想很容易变成教条，而教条会变为狂热。这世上并没有至高无上的力量坐在我们面前，向我们下达判决；也没有超然的存在监视我们，为我们犯下的罪孽降下惩罚。到头来，能让我们自己免受困扰侵袭的，也只有我们自己。我们选择的道路最后会不会让自己付出过高的代价——这种事情只有我们自己能决定。我们相信自己是救赎者，是复仇者，是救世主。我们向那些反对我们的人挑起战端，而他们也反过来对我们做出同样的事。我们梦想着……哪怕要在一场无法留迹史册的斗争中献出生命，也要在这世间留下自己的足迹。我们所做的一切，和我们所代表的一切，都从我们自身开始，以我们自身为终。”

——亚诺·多里安

信条三讽

为了明示这种异见的存在，阿泰尔·伊本－拉阿哈德写下了信条三讽，来反映对信条进行推论而得的必然结果。

1. 我们追求和平，却将杀人作为手段。
2. 我们想要启蒙人智，却要求成员服从于一位大师，以及一套规则。
3. 我们想要向人们揭露盲信的危险性，自己却也在做着盲信的行为。

阿泰尔用这些推论印证了刺客与生俱来的矛盾性质。阿泰尔在自己的手札中指出，为了完成自己的工作，达成更大的良善，他们会对自己的规则进行改变。许多刺客们都发现，在这样一个矛盾重重，可能造成叛逆和不满情绪滋生的架构下行动，实在是过于艰难了。

刺客存在的这种矛盾本质和对信条的遵循都意味着一件事，那就是他们绝不能想当然地规定行事的正确方法。诚然，信仰可以一而再再而三地被挑战，以保证这种信仰能够在正确的轨道上延续下去。这种冲突直到今天也从未止息。

尊重死者

刺客兄弟会在达成目标的过程中，可能会刺杀特定的人。不过如果刺客们因敌人的死亡而欢欣，会因此遭到同僚的劝诫：敬重生命是他们必须永远牢记于心的准则。

“安息吧。” ——埃齐奥·奥迪托雷

组织架构

在第三次十字军东征时期，世上最著名的刺客兄弟会当数马斯亚夫的黎凡特刺客兄弟会。直到十三世纪，阿泰尔·伊本－拉阿哈德下令遣散了黎凡特兄弟会，并让原有成员在世界各大城市建立起各自独立的公会。这些独立的刺客公会都由一名大师级刺客进行监管，公会成员间划定了明确的等级，这些等级就是一位组织的新成员从一名新兵一路经历学徒期并不断晋升，最后成为一名新晋刺客的过程。

不过，这些分支组织的阶位和原组织有些许差别，现代刺客们抛弃了先前使用的公会模式，以更小规模的组织形式进行活动，这种团体被称作刺客小队，通常存在于大城市或者有战略意义的城市。相对于有着严密体系的圣殿骑士组织，这种小型组织更像是各自为政的自由团体。有些小队处在相当偏远的位置，远离人烟，他们的据点是刺客生活的社区和训练场，例如戴斯蒙德·迈尔斯早年待过的“农场”就是其中之一。这一选择让他们远离了圣殿骑士们盘踞的城镇中心，高效地隐藏了自己的存在。

刺客兄弟会的领袖被称为“导师”。以前每个刺客公会都有一名导师存在，然而，二十世纪后，整个兄弟会只由一位导师进行监管。导师的身份和位置对刺客们也是秘密。然而，导师最终还是在迪拜倒在沉睡特工丹尼尔·克洛斯的袖剑下。

此后，盖文·班克斯和威廉·迈尔斯在“大清洗”过后便一起承担了代理导师的责任。此时的兄弟会在圣殿骑士组织的毁灭性攻击中分崩离析，正挣扎着从原本的废墟中进行恢复。2015 年，威廉正式接任兄弟会的导师一职，成为全世界刺客兄弟会的实际领导人。

刺客藏身处——在历史上，刺客们一直使用安全屋，也就是藏身处，来躲避敌人或和兄弟会面。

刺客议会——兄弟会的分支机构常会组织起一个议会作为他们的领导机构。议会由甄选而出的刺客大师组成，负责为导师出谋划策，或者在没有合适的导师人选时，代行导师的职责。

刺客站点——刺客站点的前身是巴耶克与艾雅在孟菲斯和罗马为无形者们建立的小型指挥中心。刺客站点遍布各个城市，除了发挥指挥中心的功能以外，还可以作为补给站点和藏身处使用。站点的领导人会对这些调度问题进行监管，并以当地的联络人和任务计划与执行过程中的支援者身份，充分发挥自己的作用。

训 练

学徒们为了成为刺客而进行学习，在这个过程中将接受严格的训练。

在刺客的训练中，**观察**是必修科目之一。所谓观察不仅仅是对某样物品或者某个人进行纯粹地注视；这种观察意味着要留心目标位置的环境，并尽可能地从中发掘细节，并通过侦察获取情报。所谓知己知彼，百战不殆，足够的情报就意味着能做出最恰当的选择。

潜行与伪装是刺客最重要的能力之一。在不被发现的前提下接近目标，将其解决后再逃脱现场，这是一名刺客的必备技能。接受训练的学徒会学习具体践行“匿踪于大庭广众之下”这个理念的方法，其中包括在人群中迅速高效地移动，同时避免吸引别人注意的方法，也包括随正在移动的人群进行移动，并模仿他们的衣着方式进行隐藏的窍门。刺客们都是让自己融入环境，并进行伪装的高手。接受训练的学徒们也会被教导，学会利用阴影或者其他路径，如屋顶和墙壁。

学徒们也会接受格斗以及使用多种武器——尤其是带刃武器的训练。这种训练模式源自无形者的创始人巴耶克和艾雅，他们的守护者背景也影响到了他们训练无形者的方式，并衍生出了一套对现代刺客的招式依旧留有影响的战斗动作。兄弟会使用的战斗方式中，最具有标志性的就是使用一种名为袖剑的武器，这是独一无二的。除此之外，刺客们也使用自己趁手的兵器。而他们的战斗风格也受到当地文化或地理因素的影响。

并非所有的刺客都必须练就一身高强的武艺。不过，基础等级的体能和自卫训练还是得到了普及。作为一名优秀的领导者必须意识到，组织需要有一些刺客掌握更加专业的能力，比如**研究，谍报，或者技工方面**，这样才能够发挥更高的价值。

自由奔跑也是训练中的关键要素。这是一种杂技式的移动手段，它需要的技巧包括：为自己在城市或天然地形中寻找路径，在类似墙壁的垂直表面上移动，进行水平或者垂直跳跃，潜水，翻越障碍，在有扶手的地方摆荡，下落，翻滚，这些都是刺客们使用的自由奔跑技巧。自由奔跑原本不需要装备的辅助，但为了提高刺客自由奔跑的能力，他们开发了多种辅助工具，这些工具包括：钩刃，鞭子，以及能够用于发射抓钩或绳索的发射器等设备，这些设备被许多刺客运用在了实践中。

现代刺客训练

对现代刺客来说，了解多种学科知识可以派上很大的用场。接受训练的学徒们经常会得到鼓励，让他们将自己的兴趣进行扩展，使之成为能对兄弟会起到作用的技能，例如：史学，工程学，黑客技能以及格斗，这些都是非常有用的技能。

刺客们选择的战斗方式往往能够反映出他们的文化渊源或地理特征。不过，无论情况如何，大量的体能训练依旧很有必要。在二十一世纪环境下，刺客们以前教授给学徒们的招数已经无法全部适用。许多新刺客从自己身边的指导者和刺客同伴那里学习，一边学习，一边保全自己的性命。

标志性技能

刺客兄弟会的根源可以追溯到先行者时代，当时出现了伊述与人类的混血种。因为体内富集了足够浓度的先行者DNA，所以拥有这种血统的现代刺客可以通过一些的手段习得自己祖先掌握的技能。

鹰眼视觉是编码于人类DNA中的第六种感官，这种能力出现的部分原因是对DNA中的先行者部分进行基因工学改造，部分原因是人类和伊述混血种的出现。

鹰眼视觉可以让使用者利用直觉进行感知，或者以各种方式知晓其他人与物和他们的关系。信号、颜色、光线、文字，以及其他形式都会被记录在鹰眼视觉里，这种反馈的媒介取决于使用者本身对鹰眼视觉的使用水平，或刺客潜意识中所偏好的信息处理方式。刺客们在各方面运用了这种能力，例如：寻找隐藏通路，从幻象中找出真实，定位和跟踪目标。

随着血系传承，先行者们的血统逐渐淡化，这种能力也越发稀有了起来。拥有鹰眼视觉的个体现在已经成为一种颇为罕见的存在，刺客中的大部分人都没有体现出这种能力。

理论上讲，鹰眼视觉这种能力已经沉淀在了人类基因中，任何人都有习得使用这种能力的可能。（通过出血效应——一种暴露在阿尼姆斯环境中所带来的副作用，也可以激活这种能力。因此我们也可以推论，在刺客组织以外，也有拥有鹰眼视觉的人。）

鹰眼视觉的反馈手段不仅限于视觉；使用者获取的声音也可以（或作为目视的补充要素）取代目视的功能。

非同寻常的牵绊

锡瓦的巴耶克与自己的爱鹰塞努有着一种特殊的联系——巴耶克可以通过塞努的眼睛进行观察，从而对他下方发生的种种活动进行调查，并收集各种高价值的情报。这种与鹰产生共感联系，并可以利用其视觉的案例在刺客群体中也是一分罕见的。另外两个已知的例子是卡珊德拉和拉通哈给顿的女儿优妮修忒。卡珊德拉和她驯养的鹰伊卡洛斯也同样有着共感关系；优妮修忒和她的小鹰也展露出了这项技能，这让她的父亲拉通哈给顿欣喜异常。

从各个方面推论，鹰眼视觉和鹰之感官应该是这种超能力的一种表现或者派生形式。

鹰之感官是鹰眼视觉的一种更加完善和强大的表现形式，拥有这种能力的个体可以进行一种更加强力、精准，且更加详细的感知。有些具有鹰之感官的个体甚至可以进一步发展这种能力，使之能够用于预测单个目标的下一步行动，也就是——预测未来。

信仰之跃是一种杂技式的自由奔跑动作，在进行这种动作时，刺客会从一个位于高处的建筑凸出部分上垂直跃下，身体在空中进行完全翻转，并毫发无伤地落入稻草堆、水体，或者软质材料中。这种动作也可以通过从墙头或横梁上跃下，或者从一处可以站立的地方直接将整个身子向前倾的方式进行。这种动作不仅是新刺客获得位阶的仪式，也经常被用来逃脱险境。

二十世纪之后，信仰之跃的使用频率低了许多，诸如夏洛特·德·拉·克鲁兹这样的现代刺客也曾经使用过这种动作。现在的刺客们依旧会使用信仰之跃，而且会用滑翔衣之类的装备和技术产品做辅助。

标志性武器：袖剑

刺客们完成了自己的训练之后，便会得赠一柄他们的标志性武器——袖剑，这种武器由一柄隐藏的刀刃以及控制其伸缩的机械部分组成。袖剑的装配位置是使用者的手腕，一般被藏在护腕或手甲中。世上第一柄袖剑由大流士制造，他用这柄武器对万王之王薛西斯进行了刺杀。这柄袖剑后来几经辗转，传到了他的后代艾雅手中。艾雅将袖剑送给了巴耶克，随后给自己也准备了一柄。在无形者成立之后，袖剑也成为他们的首选兵器。

与一般的远程兵器或大规模杀伤性兵器不同，袖剑的使用需要刺客们利用潜行和伪装的手段，先对目标进行定位、跟踪，并出其不意地进行击杀动作。使用袖剑对目标进行击杀，实际上是向其盟友和追随者们传递了这样的信息：他们当中的每一个人，都已经置身于危险之中。

对一位刺客来说，对自己的袖剑进行特别改造是很常见的。改造可以转变功能，体现独特的设计，比如：用两个或者更多的剑刃、抓钩、钩索发射器、折叠或回旋刃，或者额外加装爆炸装置。

有些刺客能够在两臂同时装备两副袖剑，不过，拥有这种能力的人十分罕见。大部分刺客还是会将袖剑装备在自己的左臂上，而有些经验老道的刺客随时都可以变换方向。

“这些年来，袖剑一直是我们的忠实战友。有些人说袖剑定义了我们，在我看来，这句话大概是正确的。”

——阿泰尔·伊本－拉阿哈德

历史上第一次出现关于袖箭的记载是在公元前五世纪，作为刺客先祖的大流士使用自制的袖剑刺杀了万王之王薛西斯一世。

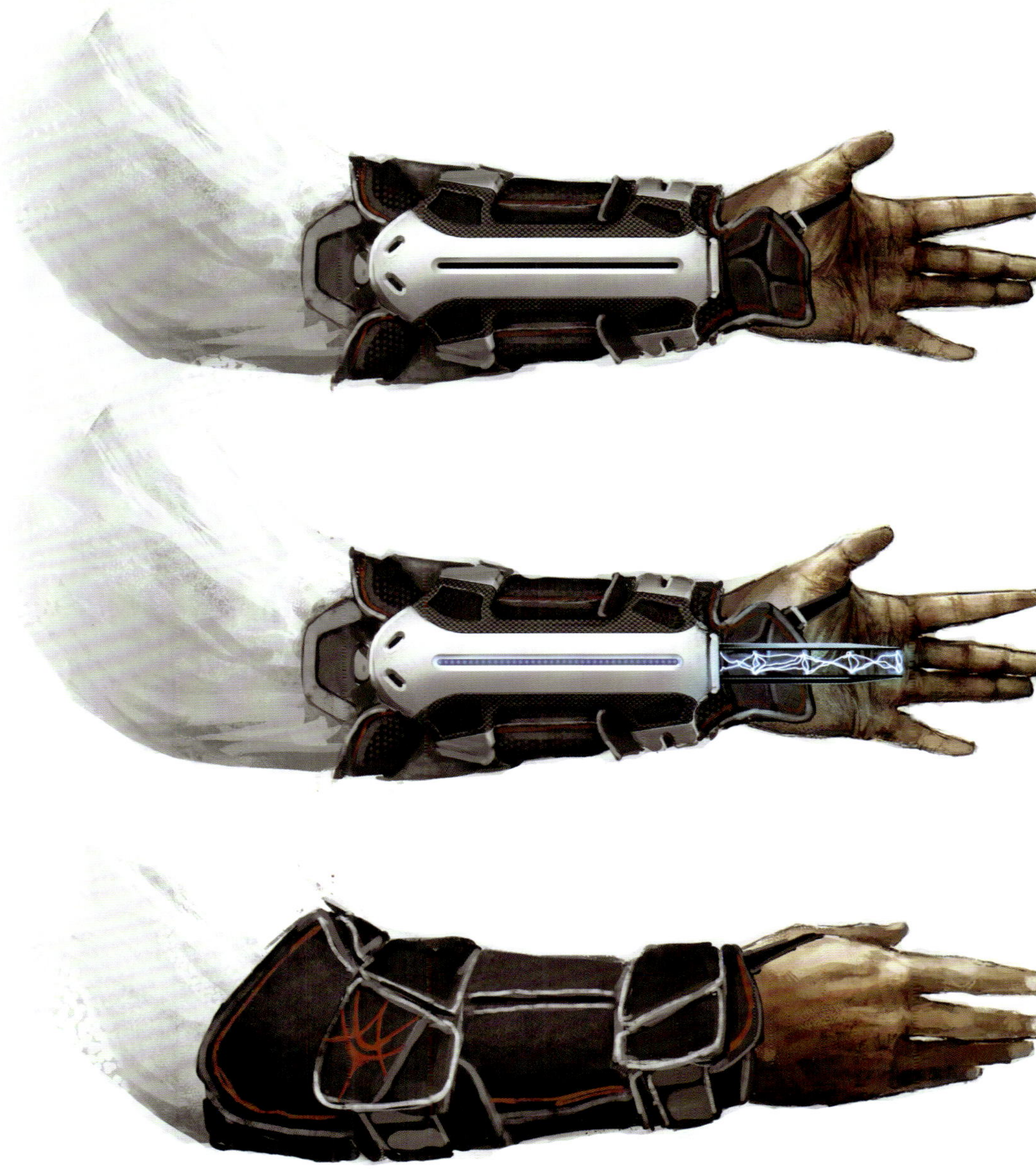

在二十一世纪袖剑出现了一种电击袖剑的变体。这种武器用两股电击叉替换了原本的刀刃，当这一部分被刺入敌人的肉体后，便会放出电流，对敌人进行电击。

加入兄弟会

加入刺客兄弟会的程序在世界各地都不同，随着时间的推移，这种流程也在不断改变。然而，有一件事是不变的：一旦经历了这种流程，便相当于立下了持续终身的誓言。

刺客兄弟会的前身组织之一——无形者是一个由志同道合、为同一个理想而战的人们集合而成的组织，当时他们的形式并没有那么正式，入会仪式也没有那么重要。不过，这个组织得到了进化，变成一个形式更加正式，有规章可循的兄弟会之后，仪式的意义便得到了进一步的强调。

从实际执行的层面来说，刺客兄弟会举行入会仪式这件事，昭示着一个新人结束了自己的学徒期，从此成为兄弟会的正式成员。在正式的仪式中，这位新刺客将被授予刺客们的标志性武器——袖剑，以及一整套带有附喙兜帽的传统风格长袍。在十八九世纪，诸多刺客公会进一步分散之后，这种庄重的入会仪式已成为过去式。

成为新刺客的人可以是兄弟会成员家庭中降生的晚辈，也可以是从外界招募的普通人。如果学徒是刺客的家庭成员，他在很早就会开始接受作为以刺客事务为核心的教育。有时也会有个体从外界加入兄弟会，这种情况大多是因为这个人的潜能受到了兄弟会的青睐。而这些新人在被承认为兄弟会的正式成员之前，都会在监视下行动。

“大清洗”过后，刺客兄弟会的组织分崩离析，在组织内部已经很久没有过任何仪式性的活动，在有些人看来，这象征着兄弟会失去了自己的目标和方向。其实，现代兄弟会招募新人的方式与当初的无形者更加相像：寻找志同道合的人，让他们成为自己的盟友，或让他们成为兄弟会的成员。这样的方法朴素且实用，专注于秘密招募和任务训练——在某种意义上，这也算是兄弟会返璞归真的象征。

“你走出黑暗，步入了光明之中。在光明之中，你又将重回黑暗。你可做好了准备，去踏上那鹰的道路？”

——米拉波

鹰

鹰是一种目光锐利的掠食性鸟类，也是和刺客兄弟会密切相关的标志性动物。从伴有鹰啸的信仰之跃，到饰有喙状部分的传统兜帽，以及纹章之中，鹰的意象得到了重复强调。刺客与鹰之间有一种精神层面的联系，甚至还有人与鹰有更深层的交流与联系。卡珊德拉和伊卡洛斯，巴耶克和塞努都达到了这种层面的连接，尽管这非常罕见。

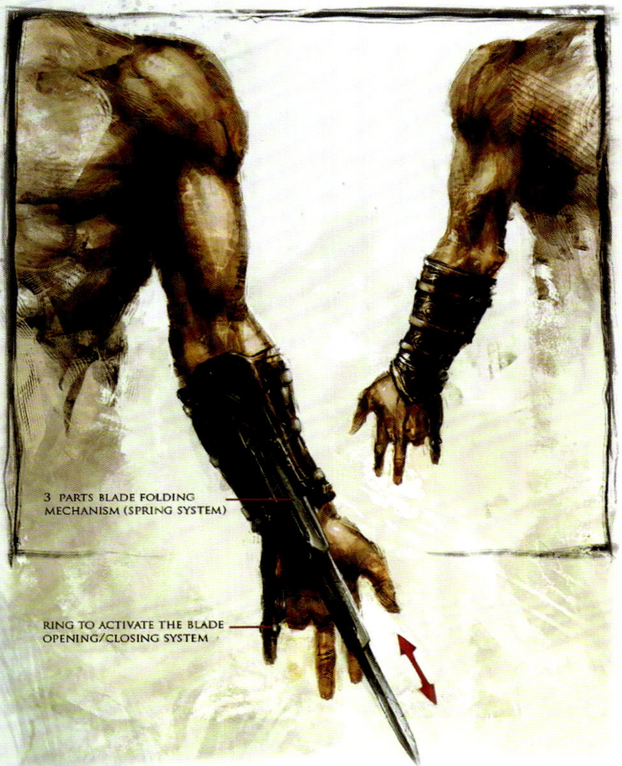

纹 章

刺客兄弟会纹章是一个经过修饰变形的 A，这个外廓的形状来自于一个鹰颅项链，在艾雅准备启程去往罗马之前，巴耶克把项链抛在了艾雅的旁边，颅骨留在沙地上的印记便成了纹章的起源。

历史不断变迁，刺客们的纹章基本上维持了原本的形态，不过许多刺客公会在其基础上创作了自己的纹章变体。文化差异也会导致纹章产生变体，这能反映出公会所在地的艺术及装饰风格。刺客纹章在盔甲、陵墓、旗帜，以及其他刺客装备上都起到了装饰的作用。而到了现代，也有刺客把刺青或珠宝制作成纹章的样式。

指 印

若要使用早期版本的袖剑，刺客们必须截去自己的无名指，才能保证剑刃正常伸出。断指行为是入会仪式的一部分，同时也是为了纪念巴耶克在第一次使用大流士的袖剑时失去无名指这件事。后来，阿泰尔·伊本－拉阿哈德对袖剑进行了重新设计，免去了截断无名指，一是为了避免对肉体进行损伤，二来是为了避免截断的无名指暴露刺客的身份。数百年后，列奥纳多·达·芬奇根据阿泰尔留下的手札对袖剑的结构做了进一步的研究和改进。虽然袖剑在得到改进之后，大多数刺客用刺青或者烙印表明身份，但有些刺客还是沿承了截去无名指的传统。

“没有比为探求真理而战更光荣的事情了。”

——阿泰尔·伊本－拉阿哈德

阿泰尔·伊本–拉阿哈德

主要刺客人物

生卒年： 1165—1257

出生地： 叙利亚，马斯亚夫

历史时期： 第三次十字军东征

所属组织： 黎凡特刺客兄弟会

阿泰尔出生在一个刺客家庭，他年仅二十五岁就登上了刺客大师的高位，也是当时得到这一位阶的刺客中最年轻的一位。在第三次十字军东征期间，阿泰尔接到任务，要他在耶路撒冷从圣殿骑士的手中夺回一颗伊甸苹果。

他莽撞行事，傲慢地打破了兄弟会的三条戒律，将马斯亚夫的刺客兄弟会组织的位置暴露给了为寻找伊甸苹果攻来的圣殿骑士，此地的刺客们因此全部身陷险境。此后，阿泰尔便被夺去刺客大师的头衔，被打回新兵阶级重新来过。为了洗刷自己的耻辱，他必须通过执行一系列的任务挽回自己的荣誉，让撒拉逊人和十字军相互掣肘，阻止十字军取得对圣地的控制。

他发现自己的导师阿尔莫林正在与圣殿骑士合作，打算将伊甸苹果用于其他的目的。于是他暗杀了变节的阿尔穆林，取回苹果，并知晓了其他伊甸碎片的位置。同时苹果还赋予阿泰尔许多先行者的知识，并向他发出了第二次灾难的警告。

之后年岁和智慧皆有增长的阿泰尔成了黎凡特刺客兄弟会的导师。在此期间，他施行了多种改革和进步性的措施，让黎凡特刺客兄弟会内部的体制更加平等，整体思想也更加开明。阿泰尔还投入大量时间对伊甸苹果中的信息进行了研究，并借此对刺客的装备进行了重新设计。随后，他将自己生平所得的研究成果和各种情报写成了一本加密手札，而通过苹果得到的信息也在其中。

主要盟友： 玛利亚·索普（妻子）、达里姆及赛夫（儿子）、马利克·阿塞夫

主要对手： 罗贝尔·德·萨布莱、阿巴斯·索菲安、拉希德丁·锡南（阿尔莫林）、成吉思汗

埃齐奥·奥迪托雷

主要刺客人物

生卒年： 1459—1524

活跃地： 意大利

历史时期： 意大利文艺复兴

所属组织： 意大利刺客兄弟会

埃齐奥·奥迪托雷·达·佛罗伦萨能从一个逍遥自在、不负责任的年轻人成长为一名高明的刺客领袖，与他的热情有着不可或分的关系。

埃齐奥出生于刺客家庭，不过之前的他对兄弟会的存在没有任何认知，直到他十七岁那年，自己的父亲和兄弟们被当众处决之后，他才开始对自己的家系传承有所了解。

埃齐奥的叔叔马里奥·奥迪托雷将他带离佛罗伦萨，并在自己的据点蒙特里久尼教导他刺客之道。后来，圣殿骑士的袭击杀死了他的叔叔，偷走了他家族拥有的伊甸苹果，埃齐奥召集了一群值得信任的人帮助他，反对罗马腐败的圣殿骑士。

埃齐奥用多年时间对抗作为圣殿骑士和教会高层的波吉亚家族。他也对流落在各处的阿泰尔手札进行了定位和收集，并通过列奥纳多·达·芬奇的帮助对手札进行了解读，改良了兄弟会使用的技巧和科技。

后来，埃齐奥获悉了马斯亚夫地下藏有阿泰尔秘密图书馆的消息，并循着线索一路来到中东，参与了刺客和圣殿骑士们在这里围绕图书馆和可能藏有的财宝展开的竞争。1512 年，埃齐奥最终集齐了钥匙，进入图书馆中。然而，这里没有书籍，也没有遗存的智慧，只有阿泰尔本人的遗体，他手中有一枚收录了他临终记忆的封印以及藏匿在机关中的伊甸苹果。

苹果被启动后，显示出了一段先行者录制的信息，埃齐奥从这段信息中得知，他将作为先行者和一位未来刺客之间的传声筒，成为用于传递知识和情报的媒介。此后，他将自己的经历和先行者传达给他的信息写成了一本名为《先知手札》的札记。

从马斯亚夫归来之后，埃齐奥便选择结束自己的刺客生涯，与索菲亚·萨尔托结婚，组建了家庭。

主要盟友： 马里奥·奥迪托雷、克劳迪娅·奥迪托雷、索菲亚·萨尔托、列奥纳多·达·芬奇、巴尔托洛梅奥·德·阿尔维阿诺、尼可罗·马基亚维利、卡特琳娜·斯福尔扎、拉·沃尔佩、优素福·塔齐姆、洛伦佐·德·美第奇、苏莱曼一世、皮里船长

主要对手： 罗德里戈·波吉亚、切萨雷·波吉亚、老胡安·波吉亚、帕奇家族、巴尔巴里戈家族、艾哈迈德王子、曼努埃尔·帕里奥洛格斯

“在我年轻时，我曾拥有自由，却未睹未视；我曾拥有时间，却未知未觉；我曾拥有爱，却未感未识。”

——埃齐奥·奥迪托雷

“如果没有体验过复仇带来的渴望，你便无法了解它能燃起何等的怒火。”

——少芸

少 芸

主要刺客人物

生卒年： 1505—不明

出生地： 中国

历史时期： 明朝

所属组织： 中国刺客兄弟会

少芸出身于宫闱之中，她身手敏捷，行事谨慎，声誉良好。正德皇帝驾崩之后，她发现了一个秘密:名为“八虎”的圣殿骑士集团正与刺客兄弟会在暗地里进行着战争。

在少芸十六岁那年，刺客从宫中将她救出，之后她便加入了兄弟会，以此来报答组织的救命之恩，对抗圣殿骑士组织。

圣殿骑士组织利用阴谋消灭了中国刺客兄弟会的绝大部分力量。幸存的刺客们只得藏踪匿形，或者远遁海外，到相对更加安全的国家落脚。在此期间，少芸去往意大利，打算从其他刺客和盟友们那里取经。最后，她找到了退隐的刺客埃齐奥 · 奥迪托雷的居所，并向他请教了在中国重建兄弟会的建议。两年后，少芸回到中国，经过周密计划后，对“八虎”依次进行了刺杀。中国刺客兄弟会终于宣告正式重建，而少芸成为兄弟会的新导师。

主要盟友： 朱九渊、埃齐奥 · 奥迪托雷

主要对手： 张永

爱德华·肯威

“想把我当自己人可没那么容易，你说是不是？”

——爱德华·肯威

主要刺客人物

生卒年：1693—1735

出生地：威尔士，斯旺西

活跃地：加勒比区域

历史时期：海盗黄金时代

所属组织：不列颠刺客兄弟会

爱德华出生于威尔士，早年的他一心追逐名利，将妻子抛在家中，自己出海当了一名私掠者。在一次船难中，他遇上了刺客邓肯·沃波尔，将他杀死后又假冒其身份，因此知晓了刺客的存在。之后，爱德华与兄弟会合作，利用自己的私掠船寒鸦号攻击了西班牙和英国圣殿骑士，借此来消除他们的影响力。

在这期间，爱德华发现了圣殿骑士的另外一个目的：找到一处被称为“观测所”的先行者设施，以及名叫巴塞洛缪·罗伯茨的海盗——他是先行者艾塔的转生体。一路追查后，爱德华找到了这处先行者设施。

爱德华为刺客们工作了一段时间，并接受了他们的思想，使用了他们制造的武器，之后他正式加入刺客组织，而此时，他之前所珍视的人都已经离他而去。于是，他决定接受刺客的训练，来为自己之前的行为赎罪。

爱德华获得了对自己海盗行为的赦令，回到了英国本土，并最终成为不列颠刺客兄弟会的领导人之一。从那之后，他便开始发展商业活动，为刺客们的工作提供掩护。同时他找出了多个先行者神殿的位置，搜集了有关大神殿位置的情报。除此之外，他还找到了一件伊甸裹尸布，这件伊甸碎片的能力非常强大，最终爱德华决定将其继续藏匿起来，让它永远远离刺客和圣殿骑士们的视线。

爱德华从小就以兄弟会训练刺客的方式训练他的儿子海瑟姆。而爱德华本人却在自己的女儿珍妮被绑架的当夜，被闯入家中的圣殿骑士夺去了性命。

主要盟友：阿德瓦勒、“黑胡子”爱德华·萨奇、玛丽·里德（詹姆斯·基德）、本杰明·霍尼戈尔德、杰克·拉克姆、阿·塔拜

主要对手：巴塞洛缪·罗伯茨、劳雷亚诺·德·托雷斯－阿亚拉、朱利安·迪卡斯、哈哈伍兹·罗杰斯

阿德瓦勒

“那位是阿德瓦勒，他曾经是个奴隶，后来他在西印度群岛将自己和成百上千的同胞从奴役中解放了出来。可以说，他的存在本身，就是刺客信条的具现。”

——爱德华·肯维

主要刺客人物

生卒年：1692—1758

活动范围：加勒比地区

历史时期：海盗黄金时代

所属组织：西印度群岛刺客兄弟会

阿德瓦勒最早是一名特立尼达裔的奴隶，被爱德华·肯威救出后，成为寒鸦号的舵手。此人性格严肃，意志坚定，在寒鸦号的运行中起到了极大的作用。一开始他是为了反抗暴政才成为海盗，但这种做法并非他后来的本意。后来，他支持了太子港逃亡黑奴的起义，随后劫获了一艘名为信者号的运奴船，解放了上面的黑奴，并将这艘船纳入自己的名下。

1720年左右，阿德瓦勒加入了西印度群岛刺客兄弟会，并在导师阿·塔拜的手下接受了训练。后来他激励爱德华·肯威加入刺客的行列，后者也接受了他的建议。在西印度群岛地区的兄弟会，阿德瓦勒抵御圣殿骑士的进攻，期间救出了被关在罗亚尔港的爱德华·肯威，随后又支援了刺客们阻止圣殿骑士控制观测所的行动。

七年战争初期，阿德瓦勒支持刺客们的法国盟友，在路易斯堡对英国皇家海军进行了打击。这一举动引起了圣殿骑士组织的注意。后来，谢伊·科马克和海瑟姆·肯威对信者号进行了追踪，阿德瓦勒被迫驶入河谷，最终只得搁浅船只拯救自己的船员。后来，在与谢伊和海瑟姆的战斗中，他们合作分散了阿德瓦勒的注意力，最终杀死了他。

主要盟友：爱德华·肯威、阿·塔拜、阿基里斯·达文波特、巴斯蒂安娜·约瑟夫、奥古斯汀·迪欧福特

主要对手：拉法叶侯爵

艾芙琳·德·格朗普雷

"我在追寻自由，但我并不是为自己，而是为那些基本权利得不到承认的人。我是他们的坚盾，他们的利剑，也是他们唯一的希望。"

——艾芙琳·德·格朗普雷

主要刺客人物

生卒年： 1747—不明

活跃地： 新奥尔良

历史时期： 路易斯安那起义

所属组织： 路易斯安那刺客兄弟会

艾芙琳是法国商人菲利普·德·格朗普雷和女黑奴让娜的女儿。她生长在特权阶级的家庭中，在自己生母失踪后，她一直被继母玛德琳·德·利斯尔抚养。

艾芙琳的身份让她能够以独特的视角观察自己所处的社会，看到那些固有的不公和不平等现象，这也让她做出给压迫画上终止符，为了实现自由理念而战斗的决定。1759 年，她试图释放一名年仅十二岁的奴隶时，遇到了路易斯安那刺客兄弟会的导师阿加特，之后她成为阿加特手下的学徒。

后来，艾芙琳发现了一桩圣殿骑士的阴谋，他们计划将路易斯安那的奴隶们送往墨西哥，让他们为发掘先行者造物劳动。于是她违背了阿加特的意愿，一路追查，最后发现阴谋网的中心正是她的继母玛德琳。在追查过程中，她同样也找到了两处先行者设施的位置和伊甸碎片的两个构成部分。

艾芙琳随后重新回到自己的工作中，追查路易斯安那方面圣殿骑士活动背后主谋。在同僚康纳·肯威的帮助下，艾芙琳发现自己的继母玛德琳·德·利斯尔正是幕后主谋。当她打算对阿加特发出警告的时候，他却指责她身怀二心，一番辩争之后，激动的阿加特选择了自杀。随后，艾芙琳假装同意继母的要求，打算加入圣殿骑士的行列。在随后举行的入会仪式中，她当场刺杀了连玛德琳在内的全部圣殿骑士，以保证伊甸碎片不会落入他们手中。

主要盟友： 阿加特、热拉尔德·布朗、埃莉斯·拉弗勒和娄希隆、让娜、康纳·肯威

主要对手： 巴蒂斯特、玛德琳·德·利斯尔

艾芙琳独特的身份背景让她可以进行三种伪装：刺客，奴隶和贵妇人，她可以融入三种不同社会阶层的环境。每种伪装都有着独特的力量。

拉通哈给顿（康纳·肯威）

“我的敌人不是一个国家，而是一种观念。”

——拉通哈给顿（康纳·肯威）

康纳最趁手的兵器是一柄印第安战斧，这柄斧子的斧头形态与刺客的徽记十分相似。

主要刺客人物

生卒年：1756—未知

活跃地：北美地区，莫霍克山谷

历史时期：美国殖民地时代，美国独立战争

所属组织：殖民地刺客兄弟会

拉通哈给顿是英籍圣殿骑士海瑟姆·肯威和莫霍克人及刺客盟友卡涅齐欧的儿子，从孩童时代开始，他就坚信圣殿骑士是摧毁自己村落，并造成自己母亲死亡的幕后黑手。

拉通哈给顿年少时，曾与一块水晶球状的伊甸碎片有所接触，这块碎片启动了一幕幻象，在幻象中，他像一只鹰般在天空中翱翔，并得到了指引，要他去寻找一个特殊的徽记。幻象还让他相信了一件事：他的村庄是一片圣地，必须不计代价地保护它，从此，拉通哈给顿把自己的毕生精力投入到了阻止圣殿骑士主导的征服北美的阴谋中。

拉通哈给顿在寻找徽记的途中找到了一位刺客组织前领袖，阿基里斯·达文波特，并坚持要让他对自己展开训练。这样他便可以投身于抗击圣殿骑士的斗争，让北美洲摆脱他们的控制。1770 年，拉通哈给顿完成了自己的训练，成为一名正式刺客，从此获得了一个新的名字：康纳。

此后，康纳便开始为这个新成立的国家努力，解除圣殿骑士的威胁，并支援爱国者们推翻英国在当地的统治。后来，他与乔治·华盛顿之间的关系出现了问题：康纳之前一直在为华盛顿工作，然而他对爱国者们对待土著居民的方式失望透顶，从此和他分道扬镳。之后他向自己的父亲——圣殿骑士殖民地最高大师海瑟姆·肯威伸出了橄榄枝，他希望他们可以暂时放下分歧，为了新国家全体人民的福祉携手并进。最终，刺客与圣殿骑士双方的本质区别迫使康纳不得不对自己的父亲痛下杀手。

康纳所做的工作推动了这场革命，赋予了所有男女政治权利，并成功地摆脱了圣殿骑士的控制。然而到头来，他还是觉得自己的这场抗争失败了，毕竟，北美的少数民族和土著民们并没有获得同样的权利。不过他忠实践行信条，让一件事成为现实：牺牲少部分人，让大多数人得到拯救。

虽然阿布斯泰戈试图将康纳描绘成一个失败者，但后来他和一位原住民女性结了婚，婚后生活十分幸福，并育有三个孩子。康纳的部族在对女性的训练方面持反对意见，但康纳还是私下里对自己的小女儿优妮修忒进行了跟踪和捕猎方面的训练，在这个过程中，他意识到女儿和他一样拥有过人的感知力。

主要盟友：乔治·华盛顿、本杰明·富兰克林、阿基里斯·达文波特、塞缪尔·亚当斯、拉法叶侯爵

主要对手：海瑟姆·肯威、查尔斯·李

亚诺·多里安

“我们所做的一切，和我们所代表的一切，
都从我们自身而起，以我们自身为终。”
——亚诺·多里安

主要刺客人物

生卒年：1768—未知

活跃地：法国

历史时期：法国大革命

所属组织：巴黎刺客兄弟会

亚诺·维克托·多里安是一名刺客的儿子，他的母亲发现丈夫查尔斯·多里安的刺客身份后离开了他们，他便和父亲一起开始旅行。后来，查尔斯·多里安在凡尔赛被谢伊·科马克刺杀，亚诺发现了他的尸体。随后，圣殿骑士大团长弗朗索瓦·德·拉塞尔将亚诺收为养子，并将他抚养长大。他与德·拉塞尔家的千金艾莉丝一起长大，青梅竹马，也渐渐发展成秘密的爱情。

1789 年，亚诺遭到栽赃，被指控为杀害自己义父的凶手，因此被投入巴士底狱。在狱中他遇到了刺客比雷克，并从他那里了解到了自己家族的刺客血统。贝莱克对他进行了训练，并随后趁乱一起从巴士底狱中逃出。之后亚诺加入了刺客兄弟会，开始为自己的生父和义父复仇。

虽然艾莉丝是圣殿骑士组织的一员，她还是看到了组织中的危险成分，于是她和亚诺合作，试图找出是谁在操纵法国大革命，并让圣殿骑士从中获利。

比雷克毒杀了他认为软弱无力的巴黎籍导师米拉波之后，亚诺与他进行了决斗，并最终杀死了他。

亚诺的行为被判定是完全出于私欲的复仇，于是被逐出了兄弟会。不久之后，他便和艾莉丝会合，并一路追查，找到了阴谋网的中心人物——圣殿骑士新任大团长，弗朗索瓦-托马斯·杰曼。后来，三人在圣殿塔的地下密室中进行了一场关于伊甸宝剑的正面对抗。艾莉丝和杰曼最终都死于这场战斗之中，伊甸宝剑也受到了严重的破坏。

艾莉丝的死让亚诺陷入了悲痛之中，他一时间停止了刺客活动。然而被大革命浪潮席卷的法兰西又将他拉回风暴之中。他采取各种行动，阻止拿破仑·波拿巴下令对圣但尼圣殿主教座堂进行地下发掘，寻找隐藏的先行者神殿，并进入其中获取隐藏的伊甸碎片。

艾莉丝临终之前，希望能够弥补圣殿骑士与刺客双方的鸿沟，亚诺一直致力于达成她的遗愿。

主要盟友：艾莉丝·德·拉塞尔、奥诺雷·米拉波

主要对手：弗朗索瓦-托马斯·杰曼、皮耶尔·比雷克、马克西米连·罗伯斯庇尔

阿尔巴兹·米尔

“信任是一种危险的习惯，哈米德。”

——阿尔巴兹·米尔

主要刺客人物

生卒年： 十九世纪初

活跃地： 印度，克什米尔

历史时期： 锡克王朝

所属组织： 印度刺客兄弟会

阿尔巴兹是一名出生于克什米尔的穆斯林，1819 年，在锡克王朝征服克什米尔的过程中，他的双亲都失去了生命。因此，他在成长过程中一直对兰吉特·辛格大君怀有强烈恨意。他原本是盗贼，有一次他意外被当地兄弟会的导师哈米德救下，随后又在他手下接受训练，成为一名刺客。

兄弟会得到了一张包含“光之山”在内的数块伊甸碎片信息的先行者地图。阿尔巴兹接到任务，要他从圣殿骑士手中保护大君的性命。之后，他乔装成克什米尔使节潜入宫中，被大君的女儿普娅拉·考尔公主所吸引，两人产生了情愫。

在对王宫的地下墓穴进行搜查寻找“光之山”的过程中，阿尔巴兹识破了保护“光之山”的幻象，并带走了钻石。然而他返回之后，被大君的卫兵们抓了起来。幸好，在这之前，他成功地对钻石进行了调包，策划了这场抓捕的圣殿骑士们最终拿到了假货。

普娅拉随后将阿尔巴兹从牢里救出，让他能够在圣殿骑士的袭击下保护大君。然而，等阿尔巴兹到达，一切为时已晚：大君已经饮下了掺有毒药的茶水，性命难保。在他死后，辛格让普娅拉带着“光之山”逃离，以免它落入圣殿骑士之手。

普娅拉在出逃的时候遭到了袭击，“光之山”也因此被毁，然而这件伊述造物却神秘地进行了自我修复。虽然刺客在这次事件中保住了“光之山”，但在 1841 年，它还是落入了圣殿骑士的手中。

阿尔巴兹和普娅拉婚后育有一子，名叫贾亚德普·米尔，也就是后来的亨利·格林。

主要盟友： 哈米德、普娅拉·考尔、拉扎·索勒

主要对手： 威廉·海·麦克诺滕、弗朗西斯·科顿将军、威廉·斯利曼

雅各布和伊薇·弗莱

雅各布："啊，伊薇·弗莱又要在家里过一个刺激的晚上了。"
伊薇："我找到了伊甸碎片的下落，这会儿正要出去呢。"

——雅各和伊薇·弗莱

主要刺客人物

生卒年： 1847—不明

活跃地： 英国，伦敦

历史时期： 维多利亚时代

所属组织： 英国刺客兄弟会

雅各布和伊薇·弗莱是刺客塞西莉和伊森·弗莱的孩子，他们很小的时候就开始接受兄弟会的刺客训练。伊薇全盘接受了父亲的教导，并将其奉为真理。而雅各布却对种种条框和强调隐秘行事的作风表现出了自己的不满。他们的态度也在刺客活动中得到了体现：伊薇将自己的精力放在了研究和隐秘行动方面，她认为寻找伊甸碎片要比铲除敌对的圣殿骑士更重要。雅各布的行动则更加遵从本能，他经常不做太多思索，一头冲进现下的状况之中。这对双胞胎互补短长，组成了一支极为优秀的队伍。

两人无视了导师的建议，一路前往伦敦，联系了当地的刺客亨利·格林，并开始执行他们为自己安排的使命——铲除深植在伦敦城内的圣殿骑士势力，结束他们对这里的支配。

为了达成这一目标，两人建立了名为“黑鸦帮”的组织，这个组织由诸多帮派构成，是对抗圣殿骑士手下暴徒帮的联合犯罪组织。黑鸦帮主要由雅各布领导，在他们的联合行动下，他们击破了圣殿骑士对工厂和济贫院的控制，并解决了社会上横行的压迫现象，诸如虐待工人及使用童工等。同时，在伊薇·弗莱的主导下，对伊甸碎片位置的搜索工作也在继续推进。她之所以如此注重这方面的工作，是为了阻止圣殿骑士找到伊甸裹尸布，并借此获取力量。

虽然两人的行事风格和执行的任务都不同，但他们最终还是通力合作，成功地将伦敦从圣殿骑士的支配中解放了出来，并在此期间救下了维多利亚女王的性命。在这之前，圣殿骑士控制伦敦长达一个世纪。因此，两人被册封为骑士，英国刺客兄弟会也因两人取得的胜利再次进入了全盛期。

伊薇后来与亨利·格林结了婚，随后去往印度，和印度的刺客兄弟会一起开展工作。1872 年，伊薇在伦敦逗留期间，和亨利一起试图帮助弗雷德里克·艾柏林阻止一名圣殿骑士特工的行动，这名特工试图从大英博物馆偷取馆内所藏的伏尼契手稿残页。然而两人的行动以失败告终。此后，伊薇和亨利便一起回到印度，并用印度兄弟会的训练方式对许多英国刺客进行了训练。

主要盟友： 亨利·格林（贾亚德普·米尔）、亚历山大·格雷汉姆·贝尔、弗雷德里克·艾伯兰

主要对手： 克劳福德·史塔瑞、露西·索恩

尼古莱·奥列洛夫

“在死亡面前，你绝不能退缩。你必须随时做好利落地取走一条性命——哪怕是我的性命的准备。”

——尼古莱·奥列洛夫

主要刺客人物

生卒年： 二十世纪初
活跃地： 俄罗斯
历史时期： 沙俄帝国，俄罗斯革命
所属组织： 俄罗斯刺客兄弟会

尼古莱是一名刺客兄弟会激进派分支成员的儿子，他的刺客经历十分艰苦。他曾经对持有伊甸权杖的沙皇亚历山大三世进行刺杀，最终没能完成任务。

1908 年，尼古莱被派去西伯利亚，试图从圣殿骑士手中夺取一根伊甸权杖，对这根权杖进行从尼古拉·特斯拉处盗取而来的电子技术测试，试图解开其中蕴藏的秘密。在尼古莱攻击通古斯设施的过程中，尼古拉·特斯拉从美国发射了一股超导能量，对这里进行攻击，将伊甸权杖和设施一并摧毁。在这场史称“通古斯大爆炸”的灾难中，只有尼古莱一人生还。

在俄国革命期间，尼古莱在拉斯普京的坟墓中发现一块尚有活性的伊甸权杖碎片。拉斯普京生前曾利用这些权杖碎片控制自己周围的人。他的遗体于 1917 年被尼古莱·奥列洛夫挖出，这块碎片也被回收。

1918 年，俄罗斯兄弟会派尼古莱去偷取当年埃齐奥·奥迪托雷赠送少芸的先行者之盒。当时，先行者之盒落在了沙皇一家手中，尼古莱在布尔什维克处决他们之前及时赶到，并接触了阿纳斯塔西娅公主所持有的先行者之盒。盒子与尼古莱挂在脖子上的伊甸残片产生了共鸣。然后他解锁了少芸的记忆，将其投射在阿纳斯塔西娅的脑海中。尼古莱带着阿纳斯塔西娅逃离了处决现场——此时的她受到了类似出血效应的影响，被这位中国刺客的记忆和所受的体能训练影响，获得了一部分她的能力。

俄罗斯兄弟会因此将阿纳斯塔西娅视作一块活体伊甸碎片，并打算从她身上提取记忆，而这个过程会彻底杀死阿纳斯塔西娅本人。于是尼古莱背叛了兄弟会，释放了她，希望她能够离开俄罗斯。

随后尼古莱带着自己的家眷穿越俄罗斯边境，逃到了美国。1919 年，他的妻女被卷入征兵暴动，随后被驱逐出境。他试图和儿子在森林中遁世索居，同时寻找其他家人的下落，但兄弟会最终还是找到了他，并要求他回到俄罗斯。

主要盟友： 阿纳斯塔西娅（安娜·安德森）、因诺肯季·奥列洛夫
主要对手： 沙皇亚历山大三世

其他刺客与刺客盟友

马利克·阿塞夫（1165—1228）

马利克聪明机智，尊崇信条三诫，一开始他对阿泰尔的行动十分挑剔，阿泰尔也因此觉得他过于严格。最后，两人终于达成共识，马利克从此成了阿泰尔的副手，协助他对兄弟会进行改革。马利克同时也是阿泰尔最亲密的朋友之一。然而后来，阿巴斯·索菲安将杀害阿泰尔小儿子的罪名扣到了他的身上，并囚禁了他。阿泰尔将马利克从牢里救了出来，阿巴斯却又派出间谍，对马利克进行了暗杀。

巴托罗密欧·德·阿尔维阿诺（1455—1515）

巴托罗密欧是一名威尼斯刺客，表面身份是佣兵头领，他和埃齐奥·奥迪托雷多次合作，将许多地区从压迫和暴政中解放。巴托罗密欧还出席了埃齐奥加入兄弟会的入会仪式。

在旁人看来，巴托罗密欧的人格带有高度侵略性，他心直口快，厌恶从小处着眼的战术。他十分骄傲，且高度重视荣誉。这意味着，要他承认自己需要帮助绝非易事。

玛利亚·索普（1161—1228）

玛利亚生性叛逆，意志坚定，在被逼出嫁后一年，她便乔装打扮，加入了第三次十字军东征。她在军中的卓越表现引起了圣殿骑士大团长罗贝尔·德·萨布莱的注意，随后大团长将她收作了自己的私人助理。后来，她又作为罗贝尔的替身行动，在此期间她遇上了前来刺杀罗贝尔的刺客阿泰尔·伊本－拉阿哈德。罗贝尔被阿泰尔击杀后，玛利亚在圣殿骑士中的地位岌岌可危。于是，她和阿泰尔心思各异，开始了一段微妙的合作关系，并报复了圣殿骑士。最后，玛利亚决定从圣殿骑士组织中离开。之后她与阿泰尔坠入爱河，两人结婚后，阿泰尔将玛利亚迎入了兄弟会的行列，这一举动震惊了许多保守派刺客。多年后，阿泰尔和篡夺了黎凡特兄弟会领袖位置的阿巴斯·索菲安起了正面冲突，而玛利亚也在这场冲突中失去了生命。

尼可罗·马基亚维利（1469—1527）

马基亚维利是一位人类学家、哲学家，以及外交官。他同时也是意大利刺客兄弟会的成员，明面上，他是佛罗伦萨共和国的一名文官，在马里奥·奥迪托雷牺牲后，马基亚维利接过了意大利兄弟会领导人的位置，并和埃齐奥一道与波吉亚家族展开了斗争。

达里姆·伊本－拉阿哈德（1195—不明）

塞夫·伊本－拉阿哈德（1197—1226）

阿泰尔和玛利亚育有两子，名叫达里姆和塞夫，他们同样加入了黎凡特刺客兄弟会。达里姆曾和自己的父母一道长途跋涉前往蒙古，参与并执行了刺杀成吉思汗的行动。在这段时间里，塞夫留在了马斯亚夫，却遭到了阿巴斯·索菲安的谋杀。阿巴斯这样做的目的是发起政变，将兄弟会的控制权掌握在自己手中。

马里奥·奥迪托雷（1434—1500）

马里奥是意大利刺客兄弟会的领导人，也是一名佣兵，以及蒙特里久尼城的统治者。1476 年，他的兄弟乔瓦尼死后，马里奥将他幸存的家眷带到了自己身边，并对侄子埃齐奥展开训练，一路引导他进入兄弟会。马里奥充满激情，喜爱饮酒与战斗，同时深切地关怀着自己的家人，对埃齐奥视如己出，并对他成为刺客的做法感到骄傲。然而，在波吉亚家族驱使教皇军对蒙泰利吉欧尼发起的一次围攻中，马里奥遭到了圣殿骑士的俘虏，随后惨遭枪击，壮烈牺牲。

克劳迪娅·奥迪托雷（1461—不明）

克劳迪娅是埃齐奥唯一的姐妹，直到波吉亚家族带领教皇军打进城之前，他们一家都生活在蒙特里久尼。在此期间，她一直做着会计工作。随后，她逃到罗马，为埃齐奥对抗波吉亚家族的事业提供了帮助。埃齐奥取得城中交际花派系的控制权后，她便作为妓院“盛开蔷薇”的负责人，为兄弟会运行由交际花构成的情报网络。1506 年，埃齐奥将克劳迪娅收入了兄弟会。之后，埃齐奥前往马斯亚夫，寻找传说中阿泰尔的图书馆后，她便暂时接过了意大利刺客的指挥权。

卡特琳娜·斯福尔扎（1463—1509）

卡特琳娜拥有弗利和伊莫拉的女伯爵爵位，也是意大利刺客兄弟会的重要盟友之一。虽然她是私生女，但她的父亲还是让她接受了传统教育，并在军略方面对她进行培养。按照列奥纳多·达·芬奇的说法，卡特琳娜“青春焕发，容貌动人，而她掌握的力量具有的危险性，也毫不逊色。”

卡特琳娜发现自己的丈夫是一名圣殿骑士后，便雇来奥尔西兄弟取走了他的性命，从此接过这片地区的统治权，开始训练自己的武装力量。她在政治方面表现得非常大胆和狠辣，这让她成为一位不容小觑的人物，也让她成为兄弟会最欢迎的盟友之一。

列奥纳多·达·芬奇（1452—1519）

如果要找出一位真正拥有文艺复兴风骨的人，那么这个人非列奥纳多·达·芬奇莫属。作为一位雕刻家、画家、工程师、建筑师和数学家，虽他在上述的任一方面都没有达到开山祖师级的地位，但是在刺客与圣殿骑士的斗争中起到了关键的作用。

列奥纳多有着强烈的求知欲，他乐观积极，热情洋溢，将自己的天纵之才贡献给了兄弟会。他对伊甸苹果进行研究之后，获取和利用其中的信息，帮助兄弟会设计和改良了诸多武器装备。

其他刺客与刺客盟友

皮里船长（约 1469 — 1553）

哈希·艾哈迈德·穆希丁·皮里是奥斯曼刺客兄弟会的成员，他年少时曾在自己叔父手下做过海盗。十五世纪九十年代，他加入了拜耶济德苏丹的海军，并成为一位声名显赫的提督和制图师。在他光彩照人的职业生涯结束后，他在君士坦丁堡落脚，从此开始专注于制图学的研究。作为一名刺客，他的主攻方向是炸弹制作，埃齐奥身在君士坦丁堡的日子里，皮里也传授了他这方面的知识。

拉·沃尔佩（吉尔伯托）

拉·沃尔佩是佛罗伦萨盗贼工会的首领，也是意大利刺客兄弟会的成员，他机变而聪敏，可以说他代表了刺客的典型形象。或者在人们的认知中，他是一位“能完成不可能任务的超能力者”。

拉·沃尔佩掌握着一套复杂的情报网络，并用它揭露了圣殿骑士的阴谋：他们打算对美第奇家族进行谋杀，以扩大自己在威尼斯地区的影响力。在埃齐奥接受训练的过程中，拉·沃尔佩也对他进行了教导和指引。1500 年，蒙特里久尼陷落后，他来到罗马，在这里建立起一套全新的情报网，以此来支援在罗马展开的反博吉亚斗争以及意大利兄弟会的重建工作。

尤瑟夫·塔齐姆（约 1467 — 1512）

尤瑟夫是君士坦丁堡刺客，他自信洋溢，魅力四射，致力于将自己的人生过得充实无憾。他倾尽全力维持奥斯曼兄弟会，但是因为缺乏与圣殿骑士斗争的经验，导致他陷入了危险的境地。尤瑟夫对埃齐奥的到来表示热烈欢迎，埃齐奥随后也帮助他与奥斯曼王子苏莱曼建立了同盟关系，并与对奥斯曼帝国造成威胁的拜占庭圣殿骑士们展开了斗争。

索菲亚·萨尔托（1476—不明）

索菲亚是君士坦丁堡城内一家书店的店主，埃齐奥非常确定，这家书店就建立在马可·波罗和尼克罗·波罗——亦即奥斯曼兄弟会创始人建立的贸易站点旧址上。埃齐奥在对其进行调查的过程中，与索菲亚建立了联系。在埃齐奥寻找马斯亚夫钥匙的过程中，索菲亚出于对知识的渴求，向他提供了帮助，并利用自己对古旧手稿和密码学的了解，为他解码了各种线索，最后两人一起来到了阿泰尔秘密图书馆门前。后来埃齐奥和索菲亚一起回到意大利，不久之后结了婚。

洛伦佐·德·美第奇（1449—1492）

佛罗伦萨的美第奇家族是奥迪托雷家族的盟友之一，他们与刺客兄弟会有着诸多联系。洛伦佐·德·美第奇是这个家族的成员之一，他是佛罗伦萨的政客、外交官以及佛罗伦萨共和国的实质领导人，他一直致力于维持意大利各个城邦间微妙而脆弱的和平局面。洛伦佐和刺客乔瓦尼·奥迪托雷一起合作，反对腐败的波吉亚家族。1492 年洛伦佐去世之前，乔瓦尼的儿子埃齐奥也一直是洛伦佐的私人刺客。

苏莱曼一世（1494—1566）

苏丹苏莱曼一世是一位伟大的统治者，正是他开创了“君士坦丁堡黄金时代”。1511 年，因为圣殿骑士针对他的刺杀行动败露，因此他被卷入了圣殿骑士和刺客之间的斗争。随后，他要求埃齐奥和奥斯曼兄弟会对圣殿骑士们的行动进行调查，因为这令他极其不安。1512 年，苏莱曼被立为苏丹王位的继承人，并于 1520 年正式继位。他即位后，在法律、官僚，以及司法系统都推行了体制改革。在他的统治下，奥斯曼帝国的版图也扩大到了前所未有的规模。

苏莱曼为人随和，思虑深远，在他的疆土范围内，各种文化与宗教间的差异性都因他的政策得到了尊重。

乔瓦尼·波吉亚（1498—1548）

乔瓦尼在孩提时代接受了伊甸裹尸布的治疗，之后他的人生便被这件伊甸碎片彻底改变了，他梦到了诸多过去的刺客，并和先行者康苏斯进行了对话，后来还具备了鹰眼视觉的能力。乔瓦尼的一生对伊甸碎片和先行者的研究有极高的价值。

其他刺客与刺客盟友

巴塞洛缪·罗伯茨（1682—1722）

罗伯茨是一名圣者，也是众所周知的史上最成功的海盗。他是先行者艾塔的转生体，因此同时遭到了刺客和圣殿骑士两方的追猎，他利用了爱德华·肯威，借他的力量确保自己进入观测所的通路，随后便调转枪口，将爱德华击伤，送去罗亚尔港换取赏金。

两年后，爱德华卷土重来，他击杀了罗伯茨，并实现了他的遗愿：销毁其遗体，以防圣殿骑士从中获得任何东西。

托马斯·斯托达德

托马斯是一位十七世纪的刺客大师，此人冷酷无情，天赋过人，是一名众所周知的伊甸碎片追踪者。1692 年，他追查到了正在进行女巫审判的塞勒姆地区，他与先期到达的刺客同僚珍妮弗·奎利一起调查后，他确信被指控为女巫的少女多萝西·奥斯本就是自己追查的对象。

"黑胡子"爱德华·萨奇（1680—1718）

西班牙王位继承战争结束后，爱德华·萨奇便作为海盗活动。他随后与本杰明·霍尼戈尔德，詹姆斯·基德，还有爱德华·肯威一起在拿骚成立了海盗共和国。黑胡子通身黑衣，面带大蓬黑髭，带领自己的安妮女王复仇号横行海上，他利用自己的恶名对目标进行恫吓，来让他们屈服。这样的恶名对他起到了极大帮助，以至于他根本不需要对俘虏痛下杀手。黑胡子在接受赦令并最终退休后在奥克拉科克湾遭到了英国海军的袭击，是役，安妮女王复仇号遭到摧毁。萨奇本人也在接舷战中寡不敌众，被斩去首级。

珍妮弗·奎利

珍妮弗原本是一名护士，她成为刺客的时间并不长。1692 年，她得到的第一项任务，就是去往正进行女巫审判的塞勒姆，帮助托马斯·斯托达德寻找伊甸碎片的下落。在这场行动中，她的理想主义和斯托达德的无情本性产生了摩擦。珍妮弗不慎将圣殿骑士们引向斯托达德和多萝西的所在地，最终自杀身亡。

詹姆斯·基德（玛丽·里德）（1685—1721）

玛丽·里德是西印度刺客兄弟会的成员，她女扮男装，用著名海盗威廉·基德的私生子身份作为幌子，打进了海盗内部。当初招募基德入伙的是图卢姆兄弟会的导师阿·塔拜。基德发现了爱德华·肯威身上的潜力，便将他带去图卢姆面见自己的导师，试图让他加入刺客的行列。执行兄弟会的任务时，爱德华和基德经常一起行动。其间，她向他袒露了自己的真实身份，并鼓励他改变自己的人生轨迹，让它向更好的方向延展。

后来，玛丽被抓捕并囚禁在牙买加，被判处死刑。此时她已经怀孕，刑期因此被推延。爱德华策划了逃狱行动，玛丽却在刚离开监狱的时候便丢了性命。玛丽的死对爱德华造成了沉重的打击。他最终履行了她的遗愿，投身善业，并最终加入刺客兄弟会。

邓肯·沃波尔（1679—1715）

邓肯是一名隶属于加勒比刺客兄弟会的英国刺客，作为导师阿·塔拜的副手，他却背叛了兄弟会，偷偷带出刺客方面的机要信息和一个血瓶，准备交给圣殿骑士加勒比分册。在前往哈瓦那的过程中，邓肯乘坐的船只遭到了海盗的袭击。他和袭击的私掠者成员之一——爱德华·肯威一起从船难中幸存了下来。然而，在两人打斗的过程中，邓肯最终死于爱德华的手下。爱德华随后对邓肯的随身物品进行了搜查，了解到了有关刺客兄弟会和圣殿骑士组织的诸多信息。出于贪婪和个人利益，他顶替了邓肯的身份，为了圣殿骑士许诺的丰厚报酬，只身前往哈瓦那，去赴圣殿骑士的邀约。

“白棉布”杰克·拉克汉姆

（约 1682—1720）

英国人占领拿骚后，有一群海盗拒绝了皇室的赦免，“白棉布”杰克就是其中之一。他和爱德华·肯威，还有查尔斯·韦恩一起，将杰克的船只皇家凤凰号改造成了一艘火攻船，并用它击破了拿骚周围的封锁线。几周之后，杰克和查尔斯所乘坐的船只在一场海战中发生了爆炸，于是爱德华把他们接上了寒鸦号。杰克却恩将仇报，在爱德华和查尔斯离开时夺取了船只的控制权，他们回来后，杰克将他们抛到了一处荒岛上。但不久后，杰克就失去了船只，接受了赦令，又回归海盗生活。后来，他被抓进罗亚尔港的监狱，最终被判处海盗罪，并被施以绞刑。

查尔斯·韦恩（约 1680—1720）

查尔斯·韦恩是一名嗜血成性，为人恶毒，有着可怕脾性的海盗。他和爱德华·肯威一起在海上进行了多次劫掠。拿骚海盗共和国被英军占领后，他接受了爱德华的提议，将大伊纳瓜岛作为行动基地。后来，“白棉布”杰克将爱德华和查尔斯抛到荒岛上之后，查尔斯非但不肯帮忙寻找食物和栖身之处，反而还从爱德华那里偷东西，表现出越发严重的偏执倾向。爱德华随后击晕了他，并将他扔在岛上自生自灭。爱德华本人则被一艘路过船只搭救。后来，查尔斯也被抓到罗亚尔港，在数月的监禁后被处以绞刑。

其他刺客与刺客盟友

阿·塔拜（约 1660—约 1745）

阿·塔拜是一位兄弟会出身的玛雅刺客，有许多知名刺客，如：阿德瓦莱、玛丽·里德，阿基里斯·达文波特都是他的门生。阿·塔拜性格严肃，头脑聪颖，对自己人民的传统有着充分的敬意。作为刺客加勒比兄弟会的导师，他颁布了政策，致力于向任何文化背景和性别的人们敞开兄弟会的大门。他认为加勒比刺客的使命就是保护观测所的先行者设施。起初，他对爱德华·肯威十分不信任：虽然爱德华杀死了兄弟会的叛徒邓肯·沃波尔，但他的行为使各地的兄弟会成员也陷入了危险之中。不过，随着爱德华阅历的增加、智慧的增长，阿·塔拜渐渐对他产生信任，并最终将他迎入了兄弟会的行列。

奥古斯汀·迪欧福特（约 1707—不明）

奥古斯汀是一名逃亡黑奴，也是太子港逃亡黑奴起义的领导人。他生性谦和，但是也有狡猾的一面。从出生起，他就意识到了奴隶制度的残忍本质。他对种植园的布局和日常安排了如指掌，并利用了自己的优势。阿德瓦勒漂流到太子港，并在起义结束前准备离开的时候，他力劝这位刺客留在这里，并建议他夺取运奴船信者号。行动成功后，奥古斯汀便作为信者号的舵手为阿德瓦勒服务。他们一起攻击了许多运奴船，解救了成百上千的奴隶。

巴斯蒂安娜·约瑟夫（约 1690—不明）

巴斯蒂安娜是太子港妓院的负责人，她头脑聪颖，并接受过相当程度的教育，这让她明白了一件事：自己经营的生意可能潜藏着的巨大政治能量。她财力雄厚，这使她能够出资为太子港的黑奴们赎取自由。而她拥有情报网，也对逃亡黑奴的起义进行支援。在这段时间里，巴斯蒂安娜作为圣殿骑士的信使为他们服务，并用获得的报酬解放更多的黑奴。她遇到阿德瓦勒后，说服他支援逃亡黑奴的起义，以此来与太子港的法国统治者拉法叶侯爵对抗。两人后来育有一子，名为巴巴图德·约瑟夫——他日后将会成为伊斯奥沙的父亲。

阿基里斯·达文波特
（约 1710—1781）

阿基里斯出生于西印度群岛，是加勒比与英国的混血儿，也是最后一个被传奇导师阿·塔拜收入加勒比兄弟会的刺客成员。他完成训练后，被派去北方，在美洲殖民地建立了一个全新的兄弟会组织——达文波特家园。然而，在七年战争期间，圣殿骑士几乎彻底消灭了殖民地的兄弟会。直到拉通哈给顿找上门来，要他对自己展开训练为止，阿基里斯都是殖民地唯一幸存的刺客。

霍普·詹森（1732—1759）

霍普是一名隶属于殖民地兄弟会的刺客，她是阿基里斯·达文波特的门生，负责把控纽约地下犯罪世界，这些犯罪组织形成了一套出色的情报搜集网络。霍普是谢伊·科马克的老师之一，然而霍普对他缺乏纪律性很不满意，无奈的她只能为谢伊平白浪费天赋而哀叹不已。谢伊离开兄弟会后，为了寻找伊甸碎片和先行者，罔顾其他人的安全。而霍普一直坚持保护先行者之盒，避免它落入圣殿骑士手中。

阿加特（约 1722—1777）

阿加特是路易斯安那刺客兄弟会的发起人和导师，也是圣多明尼哥兄弟会导师及逃亡黑奴起义领袖之一弗朗索瓦·麦坎达的门生。麦坎达帮助他逃离奴役他们的种植园，却将自己的恋人让娜留在了那里。几年之后，他对让娜的女儿艾芙琳展开训练，让她成了一名刺客。阿加特行事机密，有着强烈的支配欲，这使得他与违背他命令的艾芙琳之间矛盾重重。后来，阿加特开始怀疑艾芙琳的忠诚，最后却羞惭于自己的多疑，在与艾芙琳战斗后选择了自行了断。

利亚姆·奥布莱恩（1726—1760）

利亚姆是阿基里斯·达文波特在殖民地兄弟会培养的第一个门生。后来他为兄弟会吸纳了不少新人，其中就包括自己的童年玩伴谢伊·科马克。利亚姆耐心十足，善于思考，心神镇定，他坚定地遵守着刺客信条，对自己的刺客同僚也怀有足够的敬意。作为刺客，他有着高超的技术和丰富的经验。在谢伊因处理先行者造物的方式背叛兄弟会之前，两人是非常亲密的朋友。

让娜（约 1722—1777）

让娜和阿加特与巴蒂斯特一样，都是弗朗索瓦·麦坎达的门生。不过，在他们的训练开始向暴力方面发展后，她便开始感觉不适，并拒绝加入兄弟会，并在他们离开之前从麦坎达那里盗走了先行者造物的碎片。五年后，她作为黑奴被商人菲利普·奥利维耶·德·格朗普雷买下并带到了新奥尔良。在那里，她成了菲利普的私妾，并为他生下了女儿艾芙琳。让娜害怕刺客们最终会找到她，并夺回她偷走的先行者造物，于是便将其做成了项链，并把项链交给了艾芙琳。她接受了菲利普正妻玛德琳的要求，去往墨西哥，即便她对那里设置工作营地的目的感到怀疑。在那里，让娜与艾芙琳相见并指导了女儿，告知她如何找到奇琴伊察的先行者设施。

其他刺客与刺客盟友

本杰明·富兰克林

（1706—1790）

本杰明·富兰克林是一位政治家，科学家，作家，发明家，外交官，也是刺客兄弟会的盟友。他为殖民地争取在英国统治下的公民权利，并提议建立一个联合政府，更好地在七年战争期间保护殖民地的安全，同时他还参与了独立宣言的起草。富兰克林对伊甸碎片进行了试验，并设计了新的技术产品，在兄弟会对抗圣殿骑士的过程中起到了重要的作用。

吉尔伯特·杜·莫提耶，拉法叶侯爵

（1757—1834）

此人见多识广，有着丰厚的文化底蕴。七年战争期间，殖民地向法国求援后，这位法国贵族便起程前往美洲。他致力于为殖民地和法国双方都带来革新。在独立战争的大部分时间里，他都是乔治·华盛顿的副手。作为一位优秀的领导人和刺客的盟友，拉法叶侯爵和康纳·肯威在战争中经常为对方提供援助，并在蒙默斯帮助爱国者完成了撤退，拯救了很多人的生命。

塞缪尔·亚当斯（1722—1803）

塞缪尔·亚当斯是政治哲学和政治活动家，同时也是殖民地刺客兄弟会导师阿基里斯·达文波特的盟友。康纳被诬陷为波士顿大屠杀的首恶时，塞缪尔为他进行了辩护。塞缪尔也是爱国者团体“自由之子”的核心成员之一。他做事精明，头脑过人，教会了康纳妥协的价值。

米拉波伯爵奥诺雷·加百列·里克蒂

（1749—1791）

米拉波伯爵奥诺雷·加百列·里克蒂，简称奥诺雷·米拉波或米拉波，是一位法国政治家和作家，同时也是刺客法国兄弟会的导师。作为法国大革命的早期领导人，他力求让革命以和平方式进行。同时，他还和圣殿骑士巴黎分册的最高大师弗朗索瓦·德·拉塞尔一起，为刺客与圣殿骑士双方的和平努力构建基础。然而，米拉波随后被刺客大师皮耶尔·比雷克毒杀，只因比雷克认为他的和平同盟目标是不可能实现的，而且会对兄弟会造成危害。

拉扎·索勒

拉扎·索勒是出身低贱的哑童，哈米德的侍从。由于导师哈米德苛待拉扎，阿尔巴兹买下了拉扎，并向他许诺，只要拉扎帮助刺客找到并拿回“光之山”便归还他的自由身。

哈米德

哈米德是印度兄弟会的导师，他亲自招募并训练了阿尔巴兹·米尔。他为人严苛至极，甚至想处死刺杀失败的贾亚德普·米尔。在伊森·弗莱的求情下，贾亚德普免于一死，却还是被驱逐出了印度。哈米德身上有那个社会和时代特有的思想，尽管兄弟会教导过他要保护无辜之人，但他仍旧将低阶的侍从视为草芥。

普娅拉·考尔

普娅拉·考尔是锡克大君兰吉特·辛格的孙女。在一次外交活动中，她遇到了伪装潜入的阿尔巴兹·米尔。米尔潜入宫中偷取钻石“光之山”，并勾引了普娅拉。普娅拉对阿尔巴兹一见钟情，在得知圣殿骑士企图谋杀她祖父之后，她选择了跟米尔合作。她带着光之山逃离时，获取了通过伊甸碎片与先行者对话的能力。之后普娅拉为米尔产下一子贾亚德普。普娅拉给了他人生中第一把袖剑，并鼓励他前往英国。

贾亚德普·米尔（亨利·格林）（1843—不详）

贾亚德普·米尔是印度兄弟会刺客大师与锡克皇室的公主普娅拉·考尔之子。他从小就魅力过人，天资出众。他父亲的密友伊森·弗莱向他传授了刺客的技能，但相比暴力他更喜欢读书，刺客组织也认为他缺乏杀手的直觉。在一次任务失败后，贾亚德普被放逐到英国伦敦，与日渐式微的伦敦兄弟会共事。之后，他化名为亨利·格林，积极地发展伦敦地下线人网络。然而伦敦处在圣殿骑士的控制当中，他必须为此斗争。在此期间他结识了警长弗雷德里克·艾柏林。亨利是一个真诚且勤奋的人，他将弗莱姐弟当作刺客议会派来帮助他的援军。在两人的帮助下，他获得了维多利亚女王表彰他们为皇室做出的卓越贡献而授予的嘉德骑士勋章。最终他与伊薇·弗莱结婚，两人随后一起回到了印度。

其他刺客与刺客盟友

亚历山大·格雷汉姆·贝尔（1847—1922）

亚历山大·格雷汉姆·贝尔出生于苏格兰，是一位热情十足的天才发明家，工程师与革新者。他与亨利·格林一起，暗中削弱着克劳福德·史塔瑞对伦敦的控制。弗莱双胞胎来伦敦开展工作后，他便向这姐弟俩伸出了援助之手。贝尔为伦敦的刺客们提供了许多技术方面和特殊装备的支援，其中最有代表性的当数经过改良可以发射毒镖和钩索的袖剑手甲，以及可以麻痹敌人的电击炸弹。

伊格纳西奥·卡多纳（活跃于 1937 年左右）

卡多纳是一位活跃于西班牙内战时期的刺客成员，他隶属于西班牙刺客兄弟会。尽管他是男性，但他是少数能使用先行者造物“光之山”而不会丧命的人类之一（该造物是专为伊述女性使用而设计的）。他体内富集的高浓度先行者基因使他可以快速掌控这件造物的力量，但他的身体也会因此受到极大的损伤。在他与圣殿骑士组织的“黑十字”艾伯特·波登一次意料之外的合作下，他们决定把“光之山”埋在某个教堂废墟地下的乱葬岗之中。

伊森·弗莱（约 1825—1868）

伊森·弗莱是不列颠兄弟会刺客，他生前对贾亚德普·米尔与自家双胞胎进行了训练。他的配偶是刺客同僚塞西莉·弗莱，她在生下伊薇和雅各布时不幸死于难产。伊森有很强的正义感，但同时也容易把自己置于险境。他是刺客信条的忠实支持者，他认为一个刺客应该依靠自己的力量和人格来掌握自身的命运，而不是盲目地将导师的引导视为自己前进的方向。

弗雷德里克·艾柏林（1843—1929）

艾柏兰警长接受了弗莱姐弟的帮助，逮捕了数名与圣殿骑士下的暴徒帮勾结的犯罪分子。在雅各布·弗莱的帮助下，他挫败了圣殿骑士抢劫英格兰银行的阴谋。然而，雅各布刺杀英格兰银行主管兼圣殿骑士菲利普·图彭尼的行为，使得伦敦的金融状况陷入了混乱，与此同时，存放在英格兰银行的英镑印刷母版也不翼而飞。为了平息这场骚乱，艾柏林委托伊薇·弗莱寻回印刷母版，并摧毁已经印刷完的伪钞。1888 年，他被晋升为白教堂区督察，并在自己的辖区内与雅各布和伊薇二人通力合作，解决这里发生的“开膛手杰克”谜案。

因诺肯季（肯亚）·奥列洛夫

因诺肯季是尼古莱·奥列洛夫的儿子，1918 年，奥列洛夫一家移民到美国，之后因诺肯季出生。他的母亲和姐姐在征兵暴动中被驱逐出境后，他与父亲一起生活在一片小树林里，其间，他的父亲对他进行了严格的训练，以便他能在面对追捕尼古莱的刺客时能与之对抗。后来，终于有一名刺客循着他父亲的脚步找到了他们。因诺肯季在尼古莱的暗示下开枪，将那名刺客与自己的父亲一同击杀。

莉迪亚·弗莱（1893—不详）

莉迪亚·弗莱是不列颠兄弟会刺客。起初，她不情愿加入兄弟会，而是更想专注于自己的学业。但随着知识水平的提升，她察觉到了世上存在的不公，加上刺客与圣殿骑士的斗争使她痛失亲友，最终她选择了加入刺客兄弟会。之后，莉迪亚便在自己的曾姨母伊薇·弗莱手下接受训练。一战期间，莉迪亚主要活跃于伦敦，她最突出的贡献便是潜入并破坏了隐藏在伦敦桥上的德国间谍机构。

安娜·安德森（1901—不详）

阿纳斯塔西娅·罗曼诺夫是沙皇尼古拉斯二世最小的女儿。她在逃脱布尔什维克们对家人们的屠杀的过程中，突然与她随身携带的存放着中国刺客少芸记忆的先行者之盒产生了反应。之后在俄罗斯刺客尼古莱·奥列洛夫的帮助下，她躲开了圣殿骑士和刺客们的追捕，并最终改换名姓，逃到了德国。

尼古拉·特斯拉（1856—1943）

尼古拉·特斯拉是塞尔维亚裔美国人，是一名天才发明家，工程师与未来派信徒。世人普遍认为，尼古拉·特斯拉是商业电力和网络发展过程中最重要的贡献者之一。他 18 岁时，在克罗地亚的荒地中发现了伊甸苹果。之后他移居美国，并创立了数个研究电子和机械装置的实验室与公司。他的劲敌圣殿骑士的托马斯·爱迪生，为了不让特斯拉影响圣殿骑士的计划，开始抹黑和诋毁特斯拉的声望和发明。

1908 年，刺客组织向深陷危机的特斯拉伸出援手，并请他帮助刺客摧毁位于西伯利亚地区通古斯的圣殿骑士设施，他们在那儿将伊甸造物当作粒子激光武器。俄罗斯刺客尼古莱·奥列洛夫潜入该地并安放了引爆装置，然后计划由特斯拉远程遥控引爆并摧毁该设施。但不幸的是，伊甸造物并没有被及时带离，爆破引发了一场极为巨大的爆炸。在爆炸中，伊甸造物被毁，而数名刺客也因此丢掉了性命。

几年后，圣殿骑士与纳粹党卫军将领盖洛·克拉默合作，绑架了尼古拉·特斯拉。他们要求特斯拉研发阿尼姆斯的早期原型机“钟”。无计可施的特斯拉只得答应了这一要求，同时尽可能推迟工期，并暗中破坏他们的研究成果。最后，特斯拉被刺客救出，并回收了特斯拉保存的伊甸苹果。然而，兄弟会也想利用伊甸造物的力量来驱动“钟”。但特斯拉还是担心刺客们会出于私欲使用伊甸造物，害怕酿成无可挽回的悲剧。

最终特斯拉加入了圣殿骑士与刺客合作的“彩虹计划”，他们想利用“钟”改变历史，试图阻止第二次世界大战，但计划最终还是失败了。特斯拉被刺客艾迪·高姆刺杀，而高姆随后也了结了自己的性命。

艾迪·高姆（卒于 1943 年 10 月）

1940 年，刺客组织向正在对纳粹以制造原子弹为目的的“铀计划”进行渗透的艾迪·高姆提供了不少便利条件，因此他被迫答应为刺客组织提供帮助。作为潜入党卫军组织的间谍，他发现在挪威进行的所谓“铀计划”不过是为了研发“钟”装置打出的幌子。高姆后来正式加入了刺客组织，并启程前往挪威，与党卫军盖洛·克拉默将军对峙。期间他发现盖洛强迫特斯拉设计了“钟”，这种装置能够借伊甸苹果的力量探索使用者基因中传承的记忆。

1943 年，高姆与刺客同僚，同时也是他恋人的朱利安·达斯克救出了特斯拉，并把“钟”和伊甸苹果一起送给了高阶刺客兼美军军官鲍里斯·帕什。但随后他们发现，帕什正在暗中与圣殿骑士交易，他想用“钟”来改变某些促成纳粹暴行的特定历史节点。得知真相后，两人将枪口对准了帕什，达斯克在向帕什投掷手雷时丧命。高姆对刺客组织的幻想也随之破灭，他随后潜入了“彩虹计划”的船只，他杀死了特斯拉，希望能破坏“彩虹计划”，但实际上只是带来了更多破坏和痛苦。在一切破灭之后，高姆将枪口对准自己，结束了自己的生命。

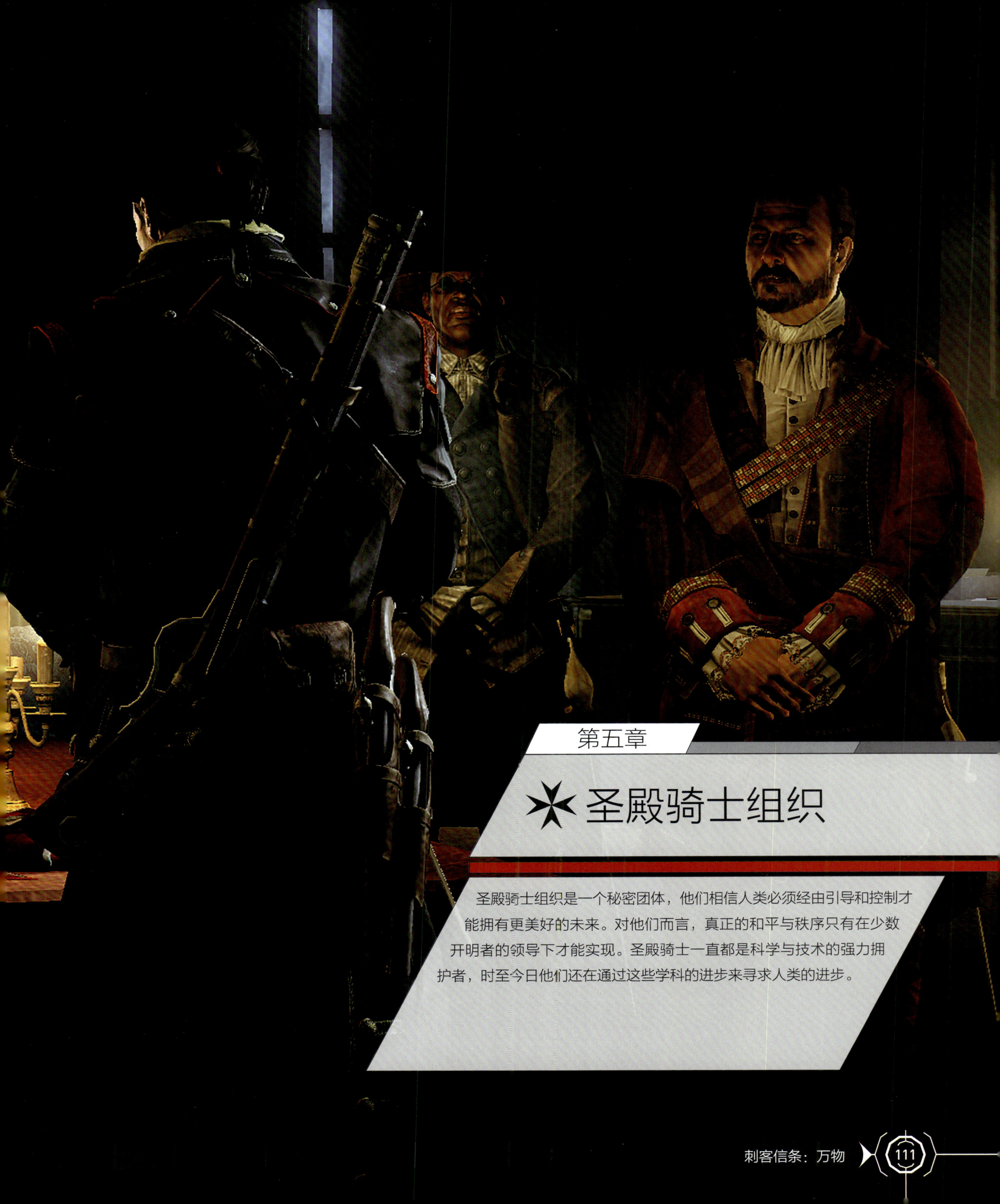

第五章

圣殿骑士组织

圣殿骑士组织是一个秘密团体，他们相信人类必须经由引导和控制才能拥有更美好的未来。对他们而言，真正的和平与秩序只有在少数开明者的领导下才能实现。圣殿骑士一直都是科学与技术的强力拥护者，时至今日他们还在通过这些学科的进步来寻求人类的进步。

"但现在你们是圣殿骑士，是世界的秘密和真实立法者。"

——劳雷亚诺·托雷斯·阿亚拉

圣殿骑士组织的历史

和刺客兄弟会一样，最早的圣殿骑士组织也裹着一层神秘的面纱。据传说，人类的祖先亚当和夏娃的儿子该隐，他谋杀弟弟亚伯的动机并非出于嫉妒，而是为了夺取伊甸碎片。而且，圣殿骑士组织的标志——红色的木质十字架，就是该隐的标志。

圣殿骑士组织源于古老的秘密团体，来自古埃及及其之后的上古维序者组织。在那之前，古希腊秩序神教的倒台对上古维序者而言是灾难性的打击，所以在伯罗奔尼撒半岛战争之后，他们必须建立一个强大的组织。

圣殿骑士组织的前身很有可能就是上古维序者。他们支持了推翻篡位者并夺回波斯帝位的大流士大帝。薛西斯一世远征希腊，镇压埃及与巴比伦的反叛运动时，他们同样也支持了他。亚历山大大帝在打造他的帝国时，也得到了圣殿骑士的支持。多亏他们，亚历山大才能拥有多件伊甸碎片，这使他年少有为，功勋卓著。

圣殿骑士组织与它的前身在历史长河中帮助了不少文明帝国。他们在罗马帝国活动频繁，在帝国寻求统一西欧之际，支持了恺撒和卡利古拉这样的人物。

古往今来，圣殿骑士大都受过高等教育，有时他们会因为丰富的知识和坚定的理想受到质疑。1118 年，伯纳德·德·克莱尔沃意识到骑士团需要有力的盟友来保护他们。他重建了骑士团，并在 1119 年特鲁瓦议会上提议，表面为了保护朝圣者，实则以天主教教堂的实体宗教形式让它站稳脚跟。这一举措确保了骑士团的安全，使它作为一个公共事业来运作，在接下来的两个世纪里都能够繁荣壮大。

诱惑：圣殿哲学很容易引诱人们追逐个人权力；圣殿骑士的终极目标并非权势，而是向世界强行施加秩序，以达到和平的目的。圣殿骑士组织同样专注培养控制政治傀儡和武器，但同时，他们也为自己日后的失败埋下了祸根。名为“黑十字”的存在，就是为了专门识别和铲除骑士团里因权力或伊甸碎片而腐败堕落的事物。

圣殿骑士组织的历史

圣殿骑士组织的黄金时期结束于十四世纪，当时法国的腓力四世将其控为异端，圣殿骑士也因此解散。大团长雅克·德·莫莱在木桩上被烧死之前，已做好计划让骑士们再次遁入暗处，保存实力。在接下来几个世纪里，圣殿骑士如日中天，在教会拥有相当的地位，处在不同的贵族圈子和人数众多的军队里，潜移默化地改变着世界。

圣殿骑士组织对伊甸碎片尤为感兴趣，他们原本的目标是那些控制人类的强大神器。有了这些神器，圣殿骑士便可以加强他们的意识输出，来缔造这个世界的秩序。

圣殿骑士的关键战略是通过建立和引导技术和产业发展，操纵世界经济，这样便可以强调他们的理念和目标。十九世纪，伦敦成为工业革命的中心，圣殿骑士控制了城市里的大多数基础设施和制造厂。他们也在北美事业中建立了一个主要据点，由骑士团里的几位核心人物坐镇，诸如托马斯·爱迪生以及亨利·福特。

二十世纪，科技研究被放在了圣殿骑士发展的核心位置。他们在二十世纪三十年代末建立了阿布斯泰戈工业，它成为圣殿骑士组织的对外身份，同时也是世界上最大的综合性企业之一。阿布斯泰戈的产品阿尼姆斯的发展，是一项探索指定个体基因记忆的技术，这成为刺客和圣殿骑士争斗的临界点。

二十一世纪之初，圣殿骑士组织在与刺客兄弟会的斗争中占了上风。2000 年，圣殿骑士的卧底丹尼尔·克洛斯刺杀了兄弟会的全球大导师。这一举动导致了大清洗，据克洛斯交给圣殿骑士组织的信息显示，许多刺客被发现并被杀死。经过这件事，兄弟会几乎土崩瓦解，幸存的成员均遁入暗处以保安全。圣殿骑士组织很确定，他们在当今社会已经占据上风。

圣殿骑士组织的结构

毫无疑问，圣殿骑士组织是一个有着高度组织性和纪律性的全球化组织。

初期，圣殿骑士组织可以分为两大部分：内殿团与外殿团。现代圣殿骑士组织的内殿团由九组经过选拔的圣殿骑士及其自己的组织机构，机构在统治，决策与实行方面起到了重要作用。内殿团成员拥有所有圣殿骑士计划的直接决策权，他们做决定并下达命令。内殿团做主要的决定与政策，由守护者审查，最后再由十字统领决定是否通过。

外殿团的圣殿骑士成员并不参与完整的骑士团运作，也无法触及内殿团的秘密。

圣殿骑士组织的职位包括：

- **守护者**在将内殿团所做的决策交给十字统领做最终定案之前，会对这些决定进行审核。组织内共有三名守护者。
- **十字统领**负责计划的最终决定。他有权否决由内殿团做的重要决策。他的身份是机密的，即便对其他圣殿骑士也保密，或许只有守护者才清楚谁是十字统领。
- **大团长**是圣殿骑士组织中可达到的最高等级之一。骑士团内有几位大团长，每人分别负责一块区域。大团长是特定分册的领导者，并统管那个区域内的圣殿骑士和他们的行动。
- **黑十字**负责审判和用武力控制不同区域的大团长及其下属，保证他们严格遵循圣殿骑士组织的哲学。黑十字的身份始终是机密，他甚至可以挑战内殿团，行使权力除掉骑士团内的腐化分子。在圣殿骑士组织的历史中，黑十字是个近乎传奇的名称，他们备受尊崇，并且保持着神秘的审判者形象。虽然黑十字的神话大约在二十世纪早期结束了，但在二十一世纪初，奥托·伯格提出，为了支持凤凰计划，要匿名重建黑十字。
- **圣殿骑士大导师**是圣殿骑士组织内拥有多个重要位置的中高层圣殿骑士，仅有几位圣殿骑士享有大导师的地位。

圣殿骑士组织的等级分类与刺客兄弟会大致相似，由新人阶层开始进阶，直至大导师等级。

圣殿骑士组织的一个派系或是部门被称为**分册**。分册由所在区域决定，例如殖民地分册和巴黎分册。

2018年内殿团成员

- **利蒂希娅·英格兰：**阿布斯泰戈工业运营部门的负责人

- **中村光子：**阿布斯泰戈工业血样采集研究主管

- **尤哈尼·奥托·伯格：**阿布斯泰戈工业特别运营

- **西蒙·海瑟威：**阿布斯泰戈工业历史研究部门负责人

- **阿格妮塔·赖德：**阿布斯泰戈金融部门总裁

- **大卫·吉勒曼：**阿布斯泰戈工业阿尼姆斯项目主管

- **阿尔弗雷德·斯特恩斯：**已退休（前阿布斯泰戈工业运营部门负责人）

时至2018年，内殿团空出两个位置。阿布斯泰戈工业的总裁艾伦·里金，在2016年12月被刺客卡勒姆·林奇所暗杀，而阿尔瓦罗·格拉玛提卡则在2018年的凤凰计划失败时死亡。他们在阿布斯泰戈的职位——总裁及未来科技与研究部门负责人——这两个位置至今空缺。

2016年，尤哈尼·奥托·伯格独自恢复了他自己在黑十字的职位，试图将现代圣殿骑士纳入正轨。2017年，奥托·伯格正式担任黑十字职位。他的身份属于机密，他是第一个成为内殿团成员的黑十字。他与安德烈·波登合作，后者一直支援他，直至2018年计划结束。

长老会影响并引导骑士团的活跃政治组织，诸如内殿团，但不会直接控制他们。长老会是从管理体系里分离出来的，它的一部分功能就是保证骑士团组织的完整性，其作用类似于黑十字。早些年长老会对黑十字的任务具有相当的影响力。目前长老会由艾伦·凯领导。

入会仪式

圣殿骑士入会仪式的记录表明，这些年来仪式一直都在变化，且通常会根据入会者量身定做。仪式通常包括：宣誓维护圣殿骑士组织的哲学，对圣殿骑士组织的活动和圣殿骑士伙伴的身份保密，然后授予圣殿骑士戒指。

圣殿骑士戒指

圣殿骑士在入会时会被授予一枚戒指，这象征着佩戴者成为一名骑士团成员。戒指的设计通常很简洁，并且附有圣殿骑士的红色木质十字架标志。

在十八世纪前，戒指开始发挥它的用途。已故圣殿骑士的戒指会转交给新的成员，它承载着前一任主人的功绩。

到十八世纪末，法国的入会仪式中逐渐用精心设计的、银质圣殿骑士十字架形状的胸针取代了戒指。十字架中弹射出的微型剑可以被当作武器，比如在谋杀大团长弗朗索瓦 · 德 · 拉塞尔的时候就使用了这种胸针武器。

洞察之父

圣殿骑士时常将洞察之父挂在嘴边，特别是在入会仪式或说祝祷时。这个说法涉及骑士团的理念和他们的逻辑思维。洞察之父指的是一个特殊的神还是具体某位圣殿骑士尚不清楚，他们追求的是工作中的逻辑具象化，并经此改造世界。有时，圣殿骑士与原教旨圣殿骑士会将特定个体描述为洞察之父的化身，例如萨普提米亚斯在他与艾雅的最后一战中，就将恺撒描述为洞察之父。

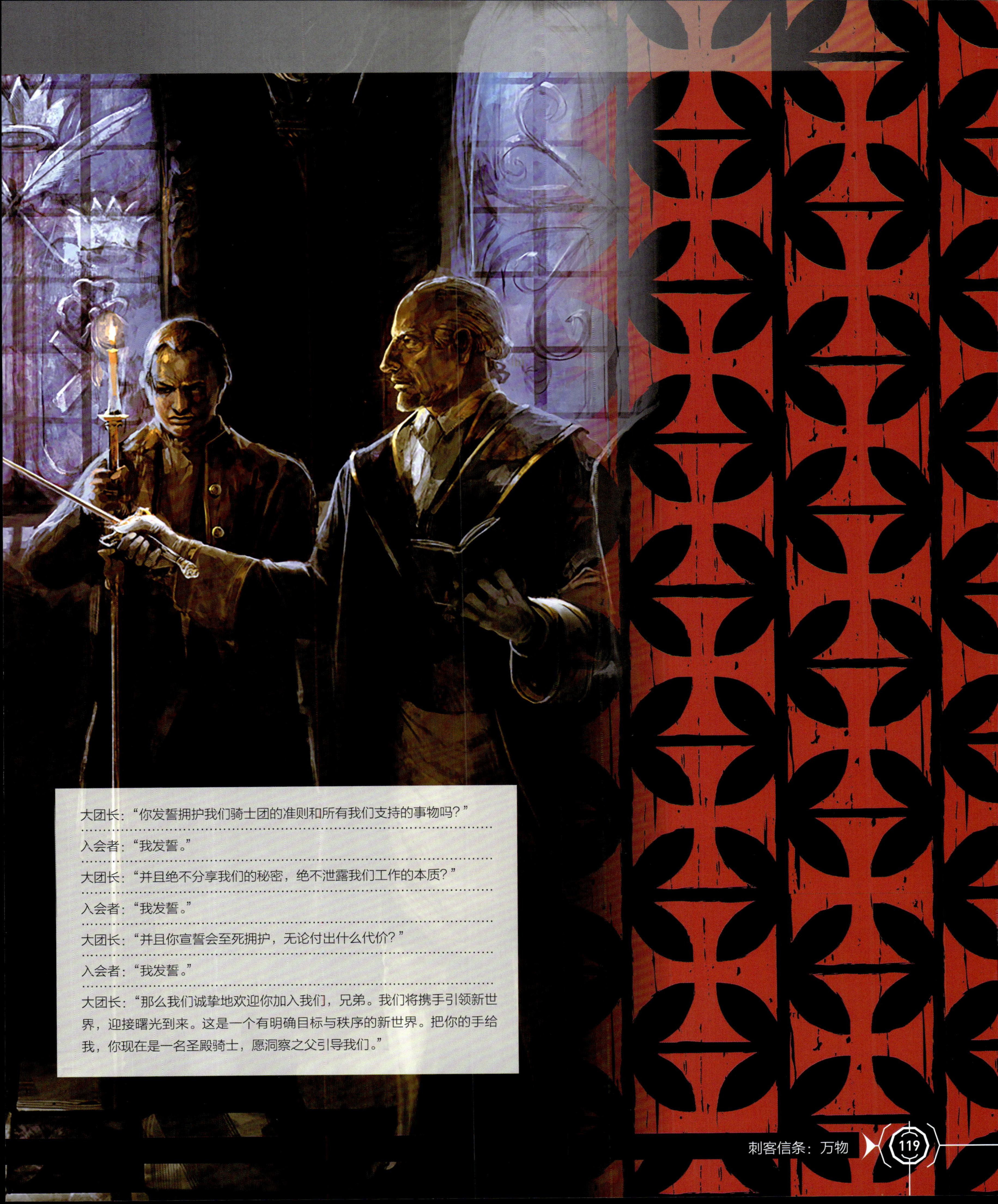

大团长：“你发誓拥护我们骑士团的准则和所有我们支持的事物吗？”

入会者：“我发誓。”

大团长：“并且绝不分享我们的秘密，绝不泄露我们工作的本质？”

入会者：“我发誓。”

大团长：“并且你宣誓会至死拥护，无论付出什么代价？”

入会者：“我发誓。”

大团长：“那么我们诚挚地欢迎你加入我们，兄弟。我们将携手引领新世界，迎接曙光到来。这是一个有明确目标与秩序的新世界。把你的手给我，你现在是一名圣殿骑士，愿洞察之父引导我们。”

罗贝尔·德·萨布莱

“刺客，你不知道你踏进了什么样的浑水里。如果你转身回到你的导师那里，并为我转达一则信息，我便饶你一命：圣地输给了他与他的人。趁他现在还有机会，他应该赶紧逃命。如果留下来，你们都得死。”

——罗贝尔·德·萨布莱

主要圣殿骑士和反派

生卒年： 1150—1191
出生地： 法国安茹
所在地： 圣地，耶路撒冷
历史时期： 第三次十字军东征
宗教派系： 黎凡特分册

罗贝尔·德·萨布莱出身于贵族家庭，他管理着法国安茹地区的萨尔特省。1190 年，他成为圣殿骑士骑士团的大团长，同时兼任理查一世及其十字军军队的近身顾问。他在圣地的目标是控制这片饱受争议的地区，并将之纳入圣殿骑士的管辖范围。他招募了许多萨拉森人与十字军，一同加入圣殿骑士的事业，将他们联合起来，以对抗刺客兄弟会。

德·萨布莱一直在追踪伊甸苹果的下落，他赶在阿泰尔之前到达了所罗门神殿下面的密室，但最终伊甸碎片还是落入了刺客之手。他追着伊甸苹果回到了马斯亚夫的刺客城堡，里面的内应将他与他的军队放进了城堡里。

罗贝尔·德·萨布莱最终死于与阿泰尔的对战，这场决斗由理查国王下令进行，并由他决定哪一边才是正义之方。在他死之前，他向阿泰尔透露了阿尔·阿尔莫林的背叛。德·萨布莱的死打乱了圣殿骑士控制圣地的计划。

核心盟友： 理查国王、萨拉丁
主要敌人： 阿泰尔·伊本－拉阿哈德

“埃齐奥，我们圣殿骑士懂得人性，这就是我们充满蔑视的原因！”

——罗德里格·波吉亚

罗德里格·波吉亚

主要圣殿骑士和反派

生卒年： 1431—1503

出生地： 西班牙

所在地： 意大利

历史时期： 意大利文艺复兴时期

宗教派系： 罗马分册

1476 年，罗德里戈成为圣殿骑士组织大团长以后，利用他在教堂的影响力，秉持着圣殿哲学，毫不留情地除掉了一些政治领袖，将意大利置于圣殿骑士的势力之下。他的势力扩大成为欧洲最有实力的圣殿骑士之一。

尽管用了不正当的手段操纵投票和贿赂，1492 年罗德里戈还是成为天主教会的领袖，即教皇亚历山大六世。当选教皇之后，他便能够进入梵蒂冈下方的先行者密室，同时也得到了教皇权杖，一件伊甸碎片。多年以来他一直在寻找一个伊甸苹果与之配对，以此获得来自密室的巨大力量。但他追求个人权力的愿望落空，于是他便转而将其用于壮大圣殿骑士组织。

罗德里戈在西斯廷大教堂遇到了埃齐奥。他夺过埃齐奥的苹果，将两件伊甸碎片合并到一起，并用它们打开了教堂下方的梵蒂冈密室。然而，罗德里戈却无法打开里面的门，在与埃齐奥的又一场恶斗之后，他承认他对上帝或是教会早已没有任何敬意。他只是一心想接近伊甸碎片和密室，并认为他作为一名预言者，他所坚信的便是他的命运。

他在密室落败后，他的儿子切萨雷开始与他作对，最终控制了罗马。罗德里戈害怕切萨雷会妨碍他的终身事业，于是决定囚禁他的儿子。切萨雷察觉到了这个计划，吐出了毒苹果并强迫自己的父亲将剩余部分吃下，毒死了他。波吉亚领导的这段时期被称为“骑士团的黑暗时代”。

核心盟友： 帕奇家族、巴尔巴里格家族、乌贝托 · 阿尔贝蒂

主要敌人： 洛伦佐 · 德 · 美第奇，马里奥 · 奥迪托雷，埃齐奥 · 奥迪托雷

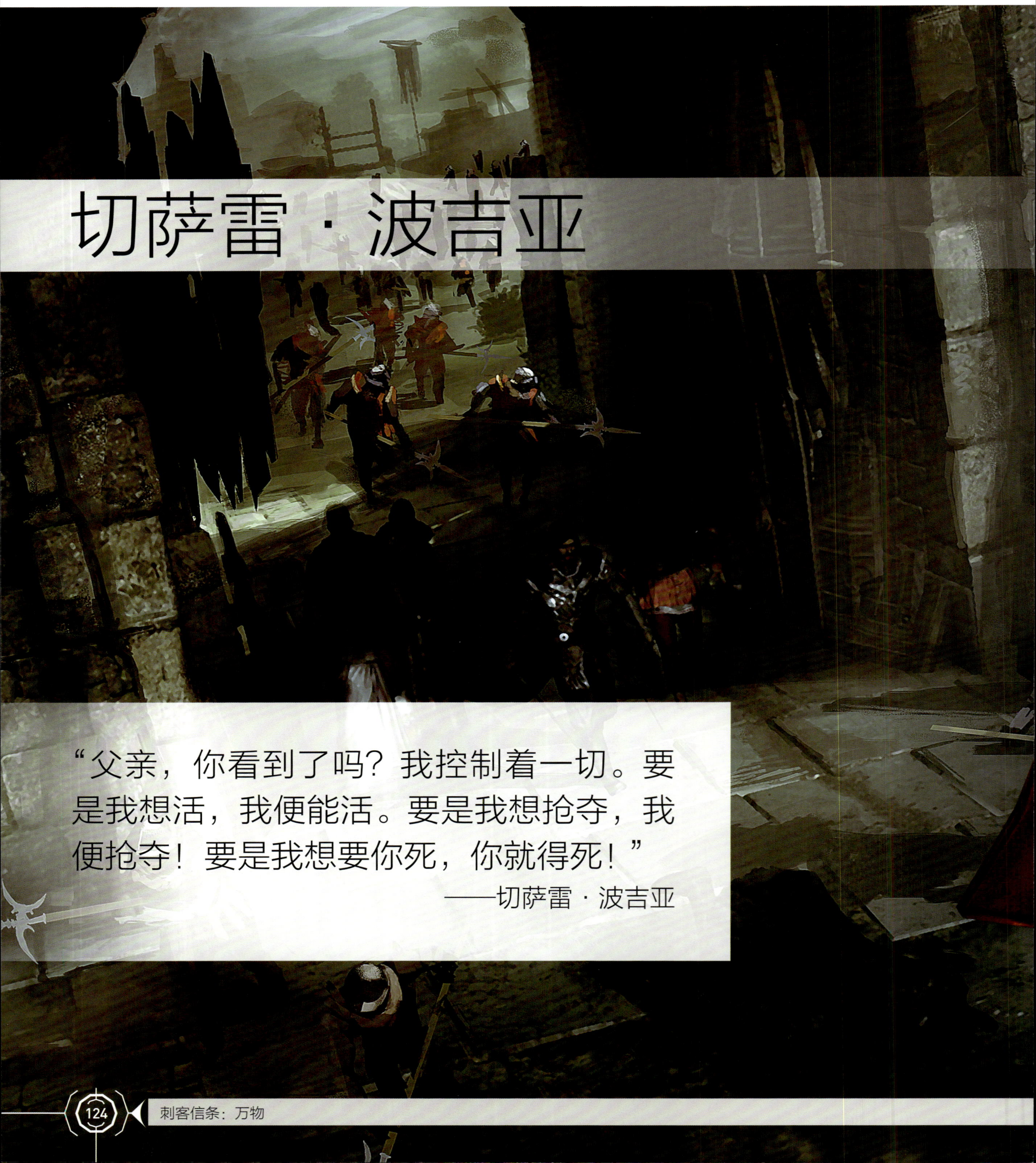

切萨雷·波吉亚

"父亲，你看到了吗？我控制着一切。要是我想活，我便能活。要是我想抢夺，我便抢夺！要是我想要你死，你就得死！"

——切萨雷·波吉亚

主要圣殿骑士和反派

生卒年： 1475—1507

出生地： 罗马

所在地： 罗马

历史时期： 意大利文艺复兴时期

宗教派系： 罗马分册

切萨雷是罗德里戈·波吉亚的私生子，出生即进入了圣殿骑士组织。他是个野心勃勃的男人，1497 年，为了夺取教皇军统领一职，他谋杀了他的长兄胡安，他也因此成为意大利最有权力的人之一。1500 年，他率兵攻击了蒙特里久尼的刺客堡垒，得到了奥迪托雷家族保管的伊甸苹果，并杀死了马里奥·奥迪托雷。兄弟会花费了数年时间才从这次袭击中恢复元气。

切萨雷不仅是一名优秀的领导者和身经百战的剑士，同时也是个天才的操纵者，热衷于追逐权力。1498 年，当他的妹妹与刺客佩罗托·卡尔德隆私通怀孕后，切萨雷带走了她的孩子，并将之抚养长大。

1503 年，刺客的行动削弱了切萨雷的影响力，这就意味着他需要与父亲对峙，才能得到更多支援。两个人围绕着切萨雷贪婪的权力欲望争论不休，他向他父亲索要伊甸苹果。他妹妹卢克雷齐娅警告他父亲打算毒杀他，于是他强迫他父亲吃下了为他准备的毒苹果，将其谋杀。随后他夺取了意大利圣殿骑士组织的大团长之位。后来切萨雷准备夺取隐藏在圣彼得大圣堂之下的伊甸苹果，但是埃齐奥先发制人，将其拿走。切萨雷的影响力与权力不断减弱，最终他被他们家族的敌人，新教皇尤利乌斯二世的护卫逮捕。逃出监狱后，切萨雷准备召集新的军队，最后他加入了他的妹夫约翰三世在纳瓦拉的国民军。在比亚纳城堡的包围战中，埃齐奥与他对峙，并将他从城垛扔下去摔死。

核心盟友： 拉米罗·德·奥科、奥利弗罗托·达·费尔莫、佐·维特里

主要敌人： 埃齐奥·奥迪托雷

艾哈迈德王子

主要圣殿骑士和反派

生卒年：1465—1512

出生地：奥斯曼帝国，阿马西亚

所在地：君士坦丁堡

历史时期：奥斯曼帝国

宗教派系：拜占庭分册

艾哈迈德身为长子，被视为奥斯曼帝国的继承者。但他认为战争无趣，于是秘密支持与帝国作对的反叛势力圣殿骑士。对艾哈迈德而言，比起派系争夺的血仇，圣殿骑士的哲学——那种通力合作获得和平的方式更吸引他。然而，他只能暗中同情，注定不能公开支持亲信部队，这是一支强化苏丹王国意志的陆军军队，他们的目标与圣殿骑士背道而驰。这将艾哈迈德置于两大阵营中一个非常微妙的位置。

艾哈迈德在圣殿骑士组织中越来越有影响力，最终他成为拜占庭教区的大团长。1511年，艾哈迈德找到了马斯亚夫钥匙，他认为阿泰尔的图书馆能揭示虚构的先行者大神殿的位置，给予他力量，让他得到父亲的帝国，并将圣殿骑士的目标与之相结合。

最终，艾哈迈德的父亲宣布他的幼子塞利姆为继承人。艾哈迈德在与埃齐奥·奥迪托雷战斗后，在返回君士坦丁堡的路上被塞利姆所杀。

核心盟友：曼努埃尔·帕里奥洛格斯

主要敌人：埃齐奥·奥迪托雷，塞利姆

“我已经厌倦了那种可悲的血仇，父亲对付儿子，兄弟对付兄弟的无意义战斗。为了获得真正的和平，人类必须用一个躯体、一个头脑去思考和行动。”

——艾哈迈德

劳雷亚诺·德·托雷斯-阿亚拉

主要圣殿骑士和反派

生卒年： 1645—1722

出生地： 古巴，哈瓦那

所在地： 古巴，佛罗里达

历史时期： 海盗黄金时期

宗教派系： 西印度分册

托雷斯在西班牙长大，二十多岁时加入圣殿骑士组织，并在西印度群岛建立了圣殿骑士组织据点。他肩负着寻找先行者遗迹观测所的任务，这个任务花费了他二十多年的时间。

1693 年，他在圣殿骑士组织的支持下，成为佛罗里达地区的西班牙总督，并在这个位置上一直做到了 1699 年。1708 年，他被指派为古巴总督，并一直任至 1711 年，直到他受到贪污腐败的指控。1713 年，他被无罪释放并复职，两年后重新角逐总督一职并获胜，后来在 1716 年退休。

托雷斯虽然不知情，但他坚信爱德华 · 肯威就是叛变刺客邓肯 · 沃波尔，并将他吸收进入了圣殿骑士组织。当骗局最终被揭发，托雷斯便罚爱德华去做苦工。

在观测所做准备时，托雷斯号召他手下的圣殿骑士捐出他们的一滴血，以便通过观测所追踪和监视他们。

1722 年，托雷斯终于找到了观测所。他命令手下屠杀守护遗迹的原住民。他到达之后，触发了观测所的致命防卫机关，最终被爱德华 · 肯威所杀。

核心盟友： “鲨鱼”

主要敌人： 爱德华 · 肯威、阿德瓦勒

> “奴役一个人的身体会激起精神上的反抗。但如果奴役一个人的精神，他的躯体便会为之屈服。这样更有效率。”
>
> ——劳雷亚诺 · 德 · 托雷斯 - 阿亚拉

"我亲爱的，宝贝的继女。你之所以现在还活着，是因为我需要你，因为我还需要你。"

——玛德琳·德·利斯尔

玛德琳·德·利斯尔

主要圣殿骑士和反派

生卒年：1732—1777

出生地：新法兰西，新奥尔良

所在地：新奥尔良

历史时期：路易斯安那州起义

宗教派系：路易斯安那分册

1747年，玛德琳加入了南方殖民地新奥尔良的圣殿骑士组织，并被指派去寻找一件先行者之盒，据传此物在尤卡坦半岛。当时，她听说一个叫珍的奴隶，从圣多明戈的刺客导师那里偷走了一件先行者圣器，她便循着这条线索找到了珍的主人——菲利普·德·格朗普雷，他是一位商人，然后她成了他的未婚妻，并逐渐获得格朗普雷家的掌家大权。

1751年，她成为骑士团长，1752年玛德琳正式嫁给了菲利普·德·格朗普雷。当她得知一个先行者的预言碟在墨西哥的奇琴伊察，她便开始将新奥尔良和西印度的奴隶和流浪者转移到尤卡坦，让他们在当地搭营动工将它挖出。她委托拉斐尔·华金·德·费勒为她监督这项工程。珍担心刺客兄弟会可能会冲着她和她拥有的先行者圣器而来时，玛德琳巧妙地利用恐惧鼓励她；珍接受了玛德琳的建议重返墨西哥，成为第一批重返工地的奴隶之一。

玛德琳发现了珍的女儿艾芙琳的潜力，她向珍承诺会将她的女儿视如己出，抚养长大，并将她揽入圣殿骑士麾下。之后她怀疑艾芙琳已与刺客兄弟会结盟，通过监视她，她得到了兄弟会的动向。这一情报帮助玛德琳保住了她的路易斯安那州的圣殿首领的位置。当她发现圣殿骑士在干涉她丈夫的生意时，她开始慢慢给她的丈夫下毒。

1765年，艾芙琳发现了非法奴隶交易，在玛德琳控制的这个区域，圣殿骑士的行动开始崩解。1777年，艾芙琳发现了玛德琳的身份。玛德琳邀请她的继女加入圣殿骑士组织，她也同意了。不过，这只是个障眼法，最终，艾芙琳在入会仪式上刺杀了玛德琳。

核心盟友：拉斐尔·华金·德·费勒、雷金纳德·伯奇

主要敌人：艾芙琳·德·格朗普雷

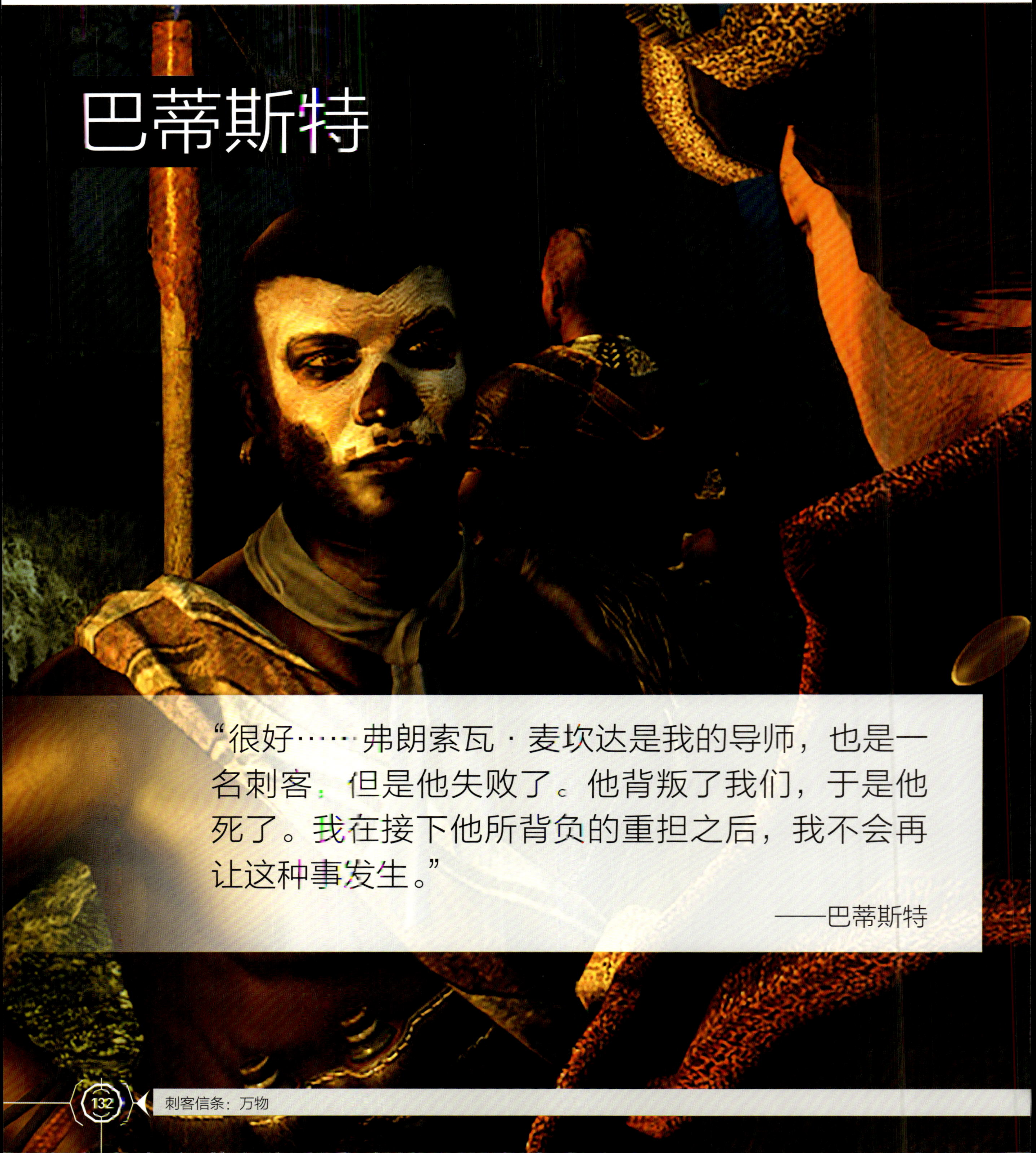

巴蒂斯特

“很好……弗朗索瓦·麦坎达是我的导师，也是一名刺客，但是他失败了。他背叛了我们，于是他死了。我在接下他所背负的重担之后，我不会再让这种事发生。”

——巴蒂斯特

主要圣殿骑士和反派

生卒年：1725—1766

出生地：圣多明戈

所在地：路易斯安那河口

历史时期：路易斯安那州叛乱

宗教派系：路易斯安那分册

巴蒂斯特与阿加特、珍一样，是一名圣多明戈农场的奴隶。他们遇到刺客弗朗索瓦·麦坎达，他教会他们读写，最后巴蒂斯特和阿加特还逃出了农场，加入了兄弟会。在麦坎达被捕并受刑后，巴蒂斯特用麦坎达教他的方式组织和训练了一队人马，他们纪律严明，价值观符合自己的要求。这支小队与误入歧途的巫毒教合并了。

1766年，巴蒂斯特与圣殿骑士进行了交易：如果他把阿加特交给他们，他们便引荐他进入骑士团。他一边寻找阿加特的藏身处，一边继续招募逃奴，并试图接管路易斯安那河口的走私生意。他还承诺要对新奥尔良的高层下毒，为奴隶们报仇。最后他被艾芙琳所杀。

核心盟友：拉斐尔·华金·德·费勒

主要敌人：艾芙琳·德·格朗普雷、阿加特

海瑟姆·肯威

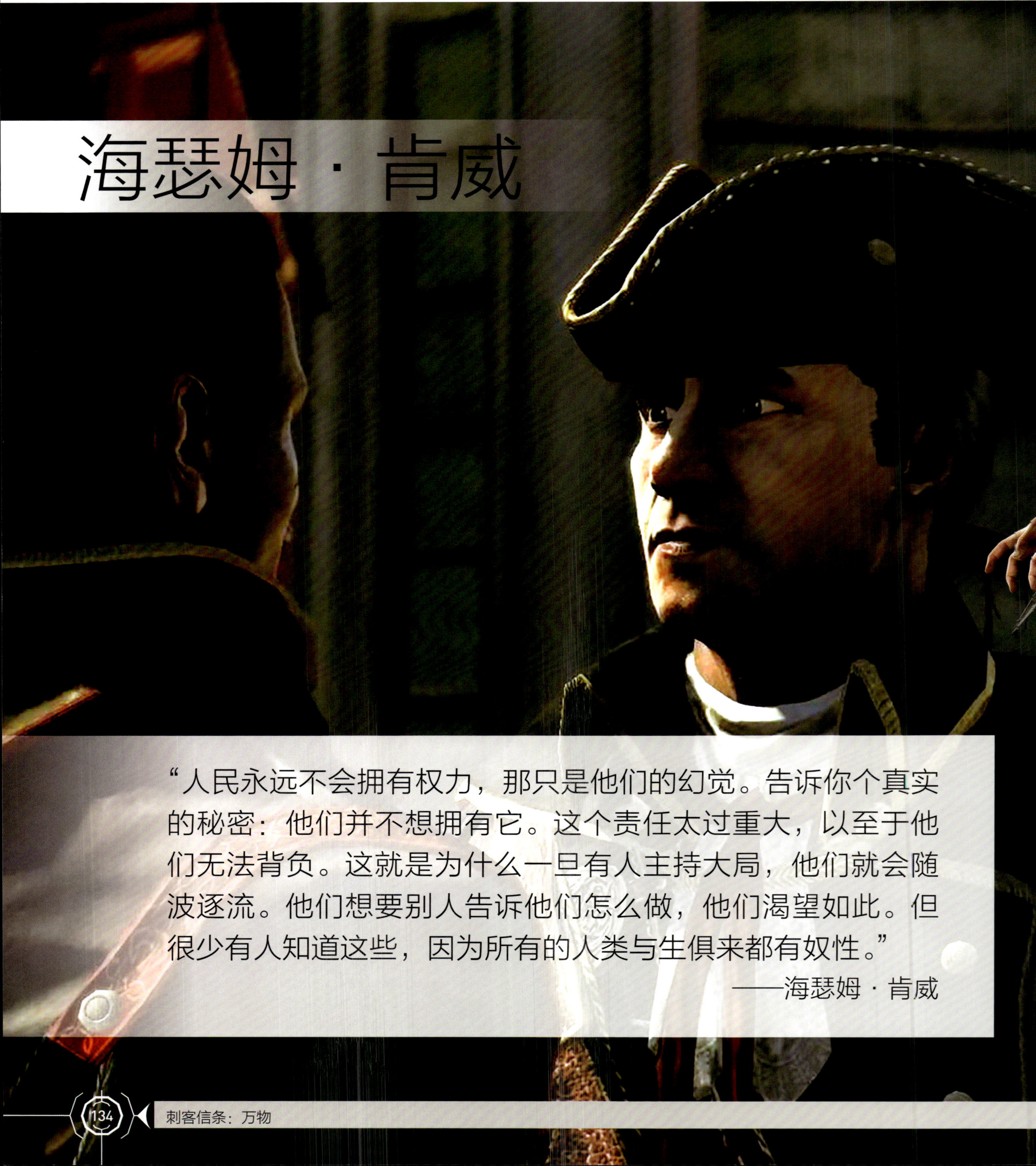

“人民永远不会拥有权力，那只是他们的幻觉。告诉你个真实的秘密：他们并不想拥有它。这个责任太过重大，以至于他们无法背负。这就是为什么一旦有人主持大局，他们就会随波逐流。他们想要别人告诉他们怎么做，他们渴望如此。但很少有人知道这些，因为所有的人类与生俱来都有奴性。”

——海瑟姆·肯威

主要圣殿骑士和反派

生卒年：1725—1781

出生地：伦敦

所在地：英属北美殖民地

历史时期：北美殖民地时期，美国独立战争

宗教派系：殖民地分册

海瑟姆是刺客爱德华·肯威的儿子，他培养了其独立思考和质疑他人的思维方式。海瑟姆的教养由雷金纳德·伯奇完成，他是肯威家族的挚友，并在爱德华被谋杀后袒露了自己圣殿骑士的身份。海瑟姆接受了圣殿骑士的教育，并且发现规范性的世界观很对自己胃口，1744 年他被引荐进骑士团。

1754 年他被派到英属北美殖民地，寻找一个疑似先行者密室的地方。他在那里建立了骑士团的北美分部，第一个永久的、有组织纪律性的北美圣殿骑士分部。海瑟姆一直监督着与原住民关系发展的进程，最终卡涅齐欧告诉了他们先行者遗迹的所在地。卡涅齐欧是一个莫霍克人，后来还与海瑟姆有了一个儿子。1755 年，卡涅齐欧发现海瑟姆对她撒了谎，他说远征时已经杀了爱德华·布拉多克，实际上并没有，她便对他隐瞒了孩子的事情。

海瑟姆没有获得进入遗迹的资格，并失去了原住民的支持，之后他便转而集中精力壮大殖民地的圣殿骑士分部。在他的领导下，北美分部前所未有地壮大，刺客据点也被扫除殆尽。

1788 年，他遇到了拉通哈给顿，也就是康纳，他认出康纳是他的儿子。接下来的几年，殖民地一直在努力从英格兰的统治下独立，两大势力试图携手合作，他们意识到他们的目标是一致的。尽管海瑟姆对对方的战术和领导方式颇感失望，但他和康纳在独立战争中兵同完成了好几项重要任务，他们相互都想转变对方的思维方式。但他们各自都有很强的惯性思维，最终两人在乔治堡中决斗，海瑟姆被他的儿子杀死。

核心盟友：雷金纳德·伯奇、查尔斯·李、谢伊·科马克

主要敌人：阿基里斯、拉通哈给顿（康纳）

谢伊·科马克

“这场追杀使我忘却了世界的边际。季节更替，将我拉入更深的黑暗之中，在那里我找到了真相；我在灰烬中找到了救赎；我必须焚尽我的过去将一切修正。我曾是名刺客，而现在我则是他们的猎杀者。我必须毁掉那群我曾称为‘兄弟’的人。万物不变……而我现在是一名刺客猎人了。”

——谢伊·科马克

主要圣殿骑士和反派

生卒年： 1731—未知

出生地： 纽约

所在地： 北美殖民地

历史时期： 七年之战

宗教派系： 殖民地分册

谢伊于 1749 年加入骑士团，和他的朋友利亚姆·奥布莱恩一起跟随阿基里斯接受训练。1755 年，谢伊被派到里斯本寻找阿基里斯认为的伊甸碎片。在进入圣殿之后，谢伊找到了先行者神器，只是当他一碰到它，便爆发了灾难大地震。

等他返回殖民地，谢伊咒骂阿基里斯不警告他挪动伊甸碎片的后果，由此殃及无辜大众。他离开了兄弟会，并偷走了伏尼契手稿，防止刺客找到其他的先行者遗迹。他在逃跑过程中被追杀并被击中，掉落悬崖，兄弟会以为他已经死亡。

谢伊被陆军上校乔治·门罗，一位圣殿骑士找到，并且照顾他直到恢复健康。在跟随门罗工作后，海瑟姆·肯威推荐他加入了圣殿骑士组织，根据他提供的先行者遗迹的资料，海瑟姆认为刺客会专注找寻先行者神殿与圣器，可能因此危害到更多无辜的人。

在七年之战期间，谢伊在海战中遇到了刺客阿德瓦勒。他跟踪他的船并刺杀了阿德瓦勒，不过在杀死他之前，阿德瓦勒告诉他阿基里斯与殖民地刺客兄弟会有办法找到更多先行者遗迹。

尽管因为找错方向而重新定位，谢伊最终还是追踪阿基里斯和利亚姆到了一处位于北极圈的先行者神殿，那里的圣器与引发里斯本大地震的那枚极为相似。在谢伊与利亚姆战斗期间，圣器受到干扰，引发了另一场地震，毁掉了神殿并给利亚姆造成了致命重创。

在谢伊行动期间，殖民地圣殿骑士对殖民地刺客进行了屠杀，但是谢伊阻止了海瑟姆·肯威杀死阿基里斯，他争辩说阿基里斯必须活着，才能向刺客同伴说明寻找先行者神殿可能遇到的危害。1776 年，谢伊去了巴黎，在那里他刺杀了亚诺的父亲，并为圣殿骑士找到了先行者之盒。

核心盟友： 乔治·门罗、克里斯托弗·吉斯特、海瑟姆·肯威

主要敌人： 阿基里斯、霍普·詹森、利亚姆·奥布莱恩

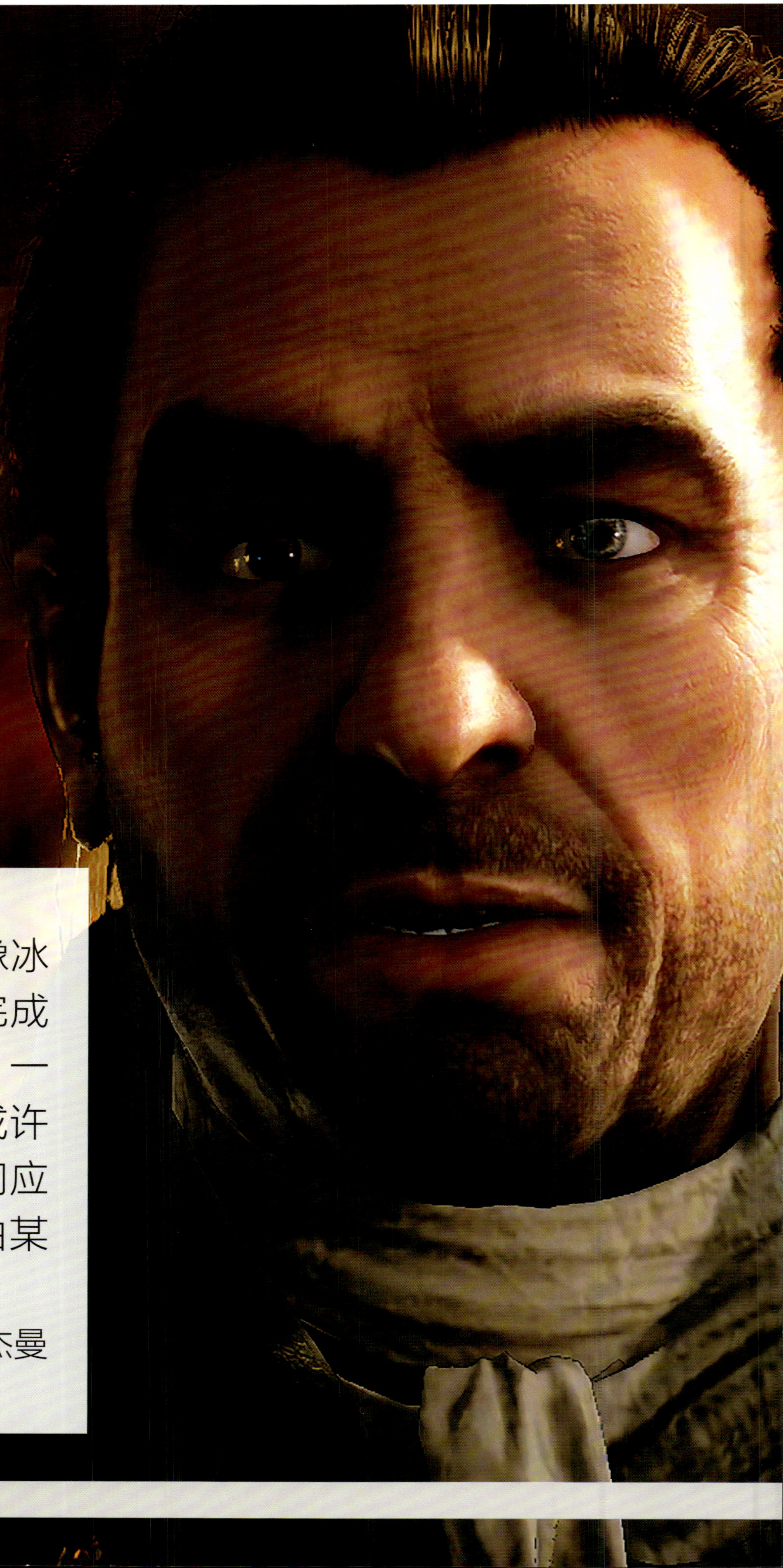

弗朗索瓦-托马斯·杰曼

“一想到：行军进展缓慢，但像冰川一般不可避免。所有你们完成的事情都会不可避免地延迟。一例死亡无法阻止这个潮流。或许不是经由我引领人类回到他们应属的地方——但一定会是经由某个人。”

——弗朗索瓦－托马斯·杰曼

主要圣殿骑士和反派

生卒年：1726—1794

出生地：巴黎

所在地：巴黎

历史时期：法国大革命

宗教派系：巴黎分册

杰曼是一位法国银器匠和圣人，他一直憧憬着先行者，并希望根据大团长雅克·德·莫莱手稿上的精妙叙述，用他富有争议的方式来改造骑士团。大团长弗朗索瓦·德·拉塞尔认为他的想法对骑士团而言过于激进，于是将他赶出骑士团。杰曼为了自己继续与德·拉塞尔抗争，最终在1789年刺杀了德·拉塞尔。

杰曼成为大团长后，在法国大革命中策划了多起事件，以削弱贵族阶层与君主政体的势力，同时制造混乱。杰曼打算推翻贵族阶层，并将权力交给中产阶级，创造一个圣殿骑士更易操控的资本家经济体系。数以百万饿死的民众与恐怖统治下的暴行对他而言无足轻重；从长远看来，圣殿骑士需要重组，必须有一个已经改进的系统。

杰曼在巴黎的神殿堡垒下方的圣殿密室里遇到了艾莉丝·德·拉塞尔与刺客亚诺·多里安，在那里他使用伊甸碎片让自己隐身，在恐怖统治期间他一直随身携带着神器，并打算用它与德·莫莱交流。最后一战中，艾莉丝设法破坏了伊甸宝剑，使其失去稳定，结果引发了爆炸，炸死了艾莉丝并伤到了杰曼。亚诺杀死了杰曼，在他将死之际，他解释了他的理论和动机。

核心盟友：马克西米连·罗伯斯庇尔、克雷蒂安·拉法叶、阿洛伊斯·拉图什

主要敌人：亚诺·多里安、艾莉丝·德·拉塞尔

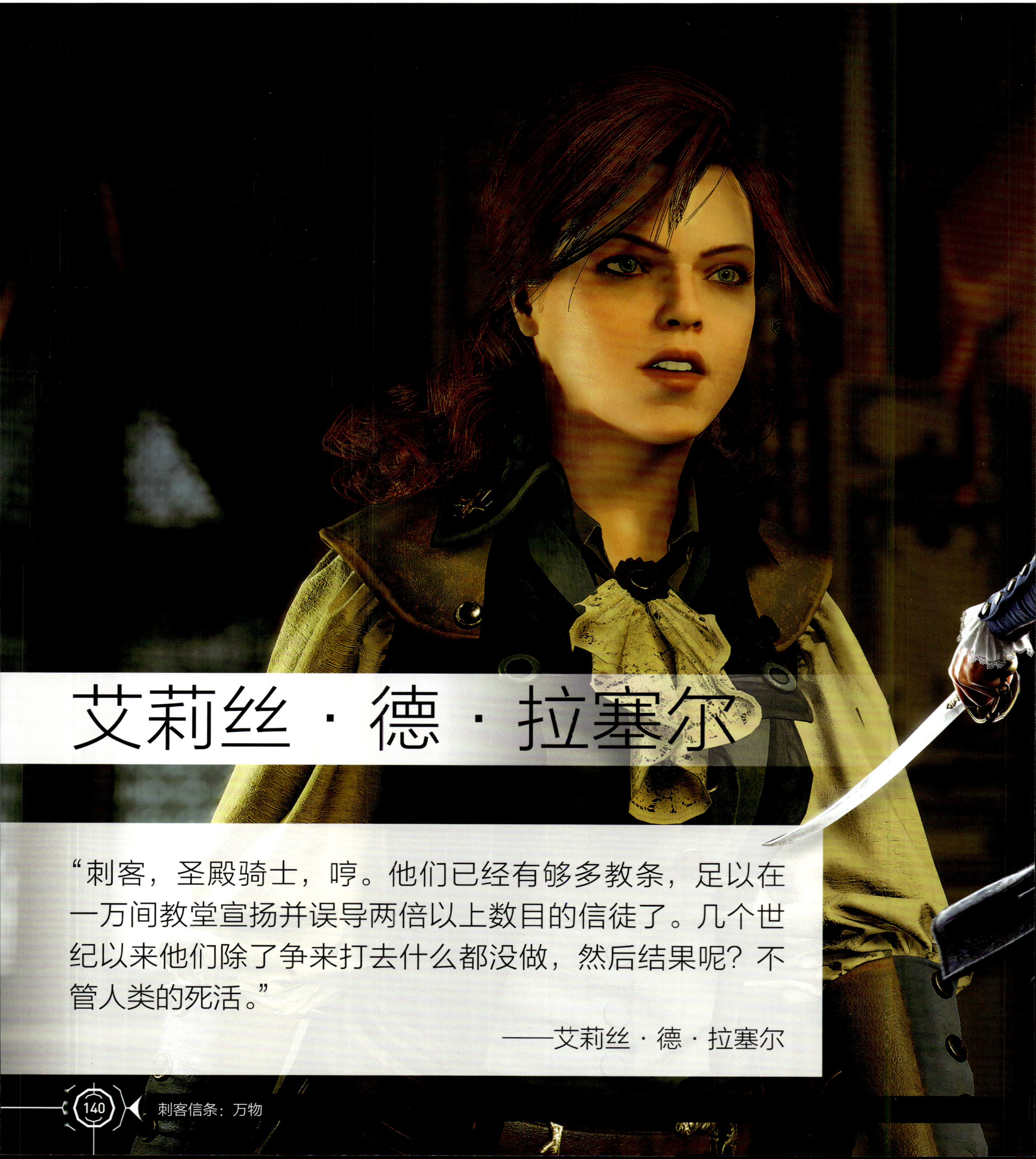

艾莉丝·德·拉塞尔

“刺客，圣殿骑士，哼。他们已经有够多教条，足以在一万间教堂宣扬并误导两倍以上数目的信徒了。几个世纪以来他们除了争来打去什么都没做，然后结果呢？不管人类的死活。”

——艾莉丝·德·拉塞尔

主要圣殿骑士和反派

生卒年： 1768—1794

出生地： 凡尔赛

所在地： 巴黎

历史时期： 法国大革命

宗教派系： 巴黎分册

艾莉丝在一个圣殿骑士家庭长大，从小学习圣殿历史，培养专注力与战斗能力，她被精心栽培并寄予厚望，希望她最终接过巴黎骑士团大团长的衣钵。她的养兄，亚诺·多里安是一名刺客后裔，虽然他本人并不知道；当她父亲要求她将他引领进骑士团时，艾莉丝拒绝了。

1789 年，艾莉丝被正式引荐进入骑士团。多年后她与亚诺重逢，这让她感到十分惊喜。但那份惊喜被她父亲的死所冲毁，而且亚诺是头号嫌疑人。随着大革命愈演愈烈，艾莉丝还在追查她父亲被杀害的原因，同时她揭发了骑士团内的一些激进派的行为。最终，她选择了与已经加入刺客兄弟会的亚诺联手。

艾莉丝渴望复仇，而亚诺与她不同，他追求的是正义。因为动机的不同，他们的关系变得紧张，尽管如此他们还是一起行动。最终他们发现弗朗索瓦－托马斯·杰曼隐藏在巴黎圣殿骑士组织的激进派组织，并将杰曼逼入绝境。艾莉丝破坏了杰曼的伊甸之剑，但伊甸之剑因不稳定发生爆炸，她受到冲击伤害而死去。她留了一封信给亚诺，里面提到她想让刺客与圣殿骑士联手合作，来平衡两大势力。这一目标也成为让亚诺从悲伤中恢复的动力。

核心盟友： 亚诺·多里安、伯纳德·拉多克

主要敌人： 弗朗索瓦－托马斯·杰曼

"先生们！这茶是从印度来的船带给我的，从码头运到工厂，从包装到运送，直至送到我的大门前。全靠那些为我工作的男女，那些受我恩惠的人。克劳福德·史塔瑞给了他们工作、时间，并引导他们的生活。他们将会在我的工厂里工作，他们的孩子也会如此。"

——克劳福德·史塔瑞

克劳福德·史塔瑞

主要圣殿骑士和反派

生卒年： 1827—1868
出生地： 伦敦
所在地： 伦敦
历史时期： 维多利亚时期
宗教派系： 英国分册

克劳福德·史塔瑞是一个极为守旧、重视规矩，并充满掌控欲的男人。他建立了一个产业帝国，依靠压榨手下和排除异己等手段，无情地控制着整个伦敦。他的圣殿骑士通信网一直运作着，保证下层阶级受制于他，或孱弱到无法与他们严苛的统治阶层抗衡。

史塔瑞破坏了刺客雅各布和伊薇·弗莱的行动，与他们同行的还有亨利·格林，他很确定这点打击对已渗透到伦敦各个阶层的圣殿骑士势力而言毫无影响。然而，当雅各布刺杀了他的侄子珀尔·阿塔韦后，史塔瑞便决心除掉这对双胞胎。很快，史塔瑞的部下露西·索恩又被伊薇·弗莱刺杀，这更让史塔瑞下定决心要除掉他们，并牢牢抓紧他对城市的掌控权。

史塔瑞出席了白金汉宫的一个舞会，他计划从一个隐秘的地窖里拿到伊甸裹尸布之后去刺杀教皇和首相。他将裹尸布裹在自己身上，然后使用裹尸布的力量来对付弗莱姐弟二人。等伊薇将裹尸布从史塔瑞身上扯下后，他们才有机会接近他，并给他最后的致命一击。

核心盟友： 露西·索恩
主要敌人： 雅各布·弗莱、伊薇·弗莱

"一切都会发生于暗处。弗莱小姐会被吊死在绞刑架上，等她的兄弟来救她的时候，我会把他撕成两半。"

——露西·索恩

露西·索恩

威廉·海·麦克诺滕（1793—1841）

弗朗西斯·科顿将军（未知—1839）

英国驻印度执政军事总督的副手及圣殿骑士的盟友威廉·海·麦克诺滕与他手下的圣殿骑士将军弗朗西斯·科顿曾合谋对兰吉特·辛格大君进行毒杀。科顿曾经与伪装的刺客阿尔巴兹·米尔有过接触，并对他产生了怀疑，在对其进行监视的过程中，他发现阿尔巴兹来到了宫殿地下的墓穴，并从中盗走了“光之山”。科顿立即带人逮捕了阿尔巴兹，并将他囚禁了起来。在大君女儿的帮助下，阿尔巴兹逃出了监牢，却没能阻止科顿给辛格大君下毒。随后，科顿试图逃离，却碰上了持有光之山的普娅拉·考尔公主。他用一颗子弹击碎了“光之山”，随后被其爆发而出的能量杀死。

艾伯特（艾比）·波登

（1893—不明）

艾比·波登是一名曾在二十世纪二十年代活动的圣殿骑士。他继承了圣殿骑士“黑十字”的职位，作为听命于内殿团的秘密监察官，他负责对腐败的圣殿骑士成员进行清除。2013 年，尤哈尼·奥托·伯格通过探索基因记忆发现，艾比·波登是最后一个接触“光之山”的人，因此被认定已经死亡。之后伯格用安德烈的血液进入了阿尼姆斯环境，这才发现艾比并没有死去，而且一直保存着“光之山”。伯格继续寻找调查，发现艾比已经将光之山给了鲁弗斯·格罗弗纳。后来，在西班牙内战期间，艾比又帮助刺客伊格纳西奥·卡多纳从格罗弗纳手中夺取了“光之山”。1937 年，两人将这件伊述造物埋在了一座教堂的地下，并在分道扬镳之前对几名当地的年轻人进行了训练，让他们守护这件造物。

乔治·门罗（1700—1757）

门罗起先隶属于圣殿骑士英国分册，后来又成了殖民地分册的成员。他表面上是七年战争期间的一名英军军官，正是他手下的士兵救起了被殖民地刺客们枪击坠海，已经被他们认定死亡的前刺客谢伊·科马克。门罗是一位温文尔雅的绅士，他相信圣殿骑士是一份高尚的事业。他发现了谢伊的潜力，并劝他加入圣殿骑士的行列。在他弥留之际，他把象征自己圣殿骑士身份的戒指交给了谢伊。门罗诚实可敬的人格特质在谢伊加入圣殿骑士的道路上提供了极大助力，让他最终接受了圣殿骑士的意识形态。

其他圣殿骑士与圣殿盟友

沙皇亚历山大三世（1845—1894）

亚历山大三世和他的父亲一样，曾是圣殿骑士的盟友。刺客兄弟会为了从圣殿骑士的控制下解放俄罗斯，刺杀了亚历山大二世，于是亚历山大三世便开始采取行动，对俄罗斯刺客们展开了追捕。后来，刺客们图谋将三世赶下皇位，他们的计划败露，被沙皇的秘密警察发现，许多密谋者因此被处以绞刑。1888年，亚历山大三世又成了刺杀计划的目标。这次刺杀的执行者是尼古莱·奥列洛夫，他在沙皇乘列车去往圣彼得堡的途中展开了行动，却被击退。最终列车脱轨，造成了史上著名的博尔基火车事故。

盖洛·克拉默

（不明—1943）

盖洛·克拉默是第二次世界大战期间德国党卫军的一名将领，同时也是圣殿骑士组织的一员，他致力于让德国落入纳粹的手中。不为人知的是，盖洛也是阿布斯泰戈工业的创始人之一。

在第二次世界大战期间，克拉默监督了第三帝国发起的名为“铀计划”的原子武器开发项目。这个项目其实是幌子，实际是对圣殿骑士的诸多计划进行资金援助。这些计划包括阿尼姆斯原型机“钟”的研发，以及约瑟夫·门格勒因对超人种族展开的基因研究等等。“钟”是后世被称为阿尼姆斯机械的第一迭代形态。机体由尼古拉·特斯拉进行设计，若要驱动它，则需要一颗伊甸苹果提供能源。

威廉·斯托顿

（1631—1701）

萨米尔·帕里斯

（1653—1720）

斯托顿是马萨诸塞州的一名治安官，同时也是一名圣殿骑士，他负责塞勒姆女巫审判。在获悉刺客们到塞勒姆寻找伊甸碎片后，他便开始煽动市民们对刺客进行搜索。而萨米尔·帕里斯则是一名清教牧师，也是一名圣殿骑士，并随后成为审判女巫的重要角色。虽然帕里斯反对斯托顿试图将女巫审判引导为刺客猎捕活动的做法，他还是在追查刺客托马斯·斯托达德和珍妮弗·奎利的过程中提供了帮助。然而，帕里斯依旧对斯托顿拷问刺客们的残暴手段感到不安，因此他枪击了斯托顿，并将监牢的钥匙交给了斯托达德，要他将囚犯们释放出来。帕里斯还提醒他，不要因为一个人的恶行，就评判所有的圣殿骑士。

查尔斯·李（1732—1782）

查尔斯·李是圣殿骑士殖民地分册大团长海瑟姆·肯威的副官。此人性情暴躁，容易冲动，而且睚眦必报。他之前是一名英国官员，随后又加入了大陆军，军衔仅次于华盛顿。查尔斯对华盛顿的领导地位颇有微词。1776年，华盛顿在纽约和新泽西的撤离行动中，查尔斯·李被英军俘虏，并将大陆军的机要信息泄露给了英国人。海瑟姆·肯威死后，他曾短暂出任殖民地分册的大团长，不久后被刺客康纳·肯威刺杀。

托马斯·爱迪生（1847—1931）

托马斯·爱迪生是一位美国发明家及科学家，他的诸多发明，如灯泡、留声机等，不仅改变了现代生活，也让他声名远扬。爱迪生也是一名圣殿骑士。他付出了很大努力，来诋毁他的竞争对手尼古拉·特斯拉的发明。最终他达到了目的，在圣殿骑士的帮助下，将特斯拉的伊甸苹果据为己有，并继续研发了各种让他取得声誉和成就的发明。

鲁弗斯·格罗弗纳（1895—未知）

在第一次世界大战发生之前，格罗弗纳便已经成了一名圣殿骑士，是由间谍大师领导的，以朱诺崇拜为核心教义的团体成员。之后，鲁弗斯逃出了英国，借此逃过了莉迪亚·弗莱对骑士团的清剿行动。随后，他又对前"黑十字"艾伯特·波登展开追逐，希望能从他手中盗取伊甸造物"光之山"。他追逐波登长达九年，最后找到并屠杀了他的家人。在波登悲不自胜的时候，格罗弗纳便盗走了伊甸碎片，然后逃到了西班牙。他假冒刺客诺伯特·克拉克的身份，怂恿携带有高富集度伊述DNA的刺客伊格纳西奥·卡多纳使用光之山。波登紧随而至，帮助卡多纳击退了格罗弗纳，后来格罗弗纳出逃美国。最终，两人将光之山埋在西班牙内战受害者乱葬岗的教堂遗迹之下。

第六章

技术与武器

刺客与圣殿骑士间的斗争随着时代的更迭也在不断地升级，他们在这场秘密战争中使用的技术和武器也是如此。阿尼姆斯也好，拥有标志性意义的袖剑也好，双方都在努力强化自己的军备和技术设施，以求将优势拉到自己这边来。

阿尼姆斯

介 绍

二十世纪七八十年代，受到先行者技术的影响，阿布斯泰戈工业在世界基因记忆科学领域的领军人物沃伦·韦迪克博士的领导下展开阿尼姆斯的研发工作。阿尼姆斯的目标在于利用虚拟现实技术对基因记忆进行模拟和探索。圣殿骑士们坚信，从这些模拟基因记忆中发掘出的信息，能够帮助他们找到更多关于先行者的遗迹和信息。随着阿尼姆斯技术越来越精良和复杂，其产生的效果也越来越好，现在的阿尼姆斯技术已经可以让使用者能够与其中模拟的历史进行交互。

阿尼姆斯涵盖的功能很快就超出了原本的预期：这种用来进行虚拟体验模拟的技术不仅能够用于查探基因记忆，同时也能够用于训练阿布斯泰戈的雇员，还会借电子游戏之名秘密从不知情群众处收集DNA记忆信息。除此之外，阿尼姆斯技术也在探寻记忆和人类意识本质的研究中起到了非同寻常的作用；他们进行了高风险的医学实验，研究抹除和改换记忆的方法；同时，他们还研究如何对人的精神冲动进行“改写”——这些研究都顺利取得了不同程度的进展。

阿尼姆斯可以将自身模拟的基因记忆与用户的经历和喜好进行适配。如果用户使用阿尼姆斯的经验尚浅，或者是想要一种无缝的互动体验，那么他们便可以对设备的设定进行调整，剔除那些相对有挑战性，或者会造成心理创伤的记忆片段。随着用户逐步提高自己与记忆片段的同步率，阿尼姆斯便会进行进一步的记忆模拟和探索。事实上，阿尼姆斯本身就搭载有一种智能算法，可以利用它功能性地去适配用户的偏好和体验的等级。

在对先行者的情报和遗迹的研究中，阿尼姆斯处于核心地位。

阿尼姆斯的工作原理

阿尼姆斯技术在功能上更类似于一种模拟或者投影装置。你的意识可以通过这种方式读取基因编码中蕴含的信息，并让结果反映到你的全部感官，同时以你为中心构建一个可供活动的三维环境。这个环境有很高的适应性，因此，随着记忆逐步“展开”，你所体验的“程序”也会发生微妙的变化。这些变化会作为“裂隙”出现，并给你更进一步探索某段记忆的能力。

四号实验体：

韦迪克博士在对四号实验体进行实验的过程中，取得了重大的科学突破。他在研究这个名叫丹尼尔·克洛斯的实验体时，除了查探他的基因记忆之外，还做了其他的事情。韦迪克博士在抹除丹尼尔·克洛斯部分记忆的脑科手术中，成功地运用了阿尼姆斯技术，将一段拥有特定触发条件且不可控的冲动植入了他的意识。四号实验体意识重编的成功，意味着韦迪克拥有了操纵他人意识的能力，这种能力最终让圣殿骑士在2000年对刺客的“大清洗”中取得了巨大胜利。

阿尼姆斯的发展历程

阿尼姆斯及其技术的研发都是由阿布斯泰戈和圣殿骑士领导的。不过数十年来，刺客们也成功获取了有关阿尼姆斯技术的各种资料，并自行制造，甚至改良了阿尼姆斯设备，以供自己的人员使用。而制造时用到的特殊材料以及软件等素材，都是通过对阿布斯泰戈机构的突袭、谍报以及黑客活动得到的。现在，在阿尼姆斯技术方面，他们已经可以与圣殿骑士对抗。

在二十世纪三十年代，圣殿骑士开始进行尝试，希望能制造一台用于探索祖先记忆的机器。当时他们使用的是尼古拉·特斯拉提供的设计方案，和在盟军处偷到的统合技术，以及一颗偷来的伊甸苹果。最早的原型机被叫作“钟”，这个名字源自于它钟罩般的造型，装置的原理是通过内置的反重力系统，制造一个通往使用者基因记忆中过去部分的黑洞。通过这个黑洞，使用者可以查探各种各样的时间。虽说改良这个装置用了数十年的时间，制造这台“钟”时所使用的科学知识也为后来阿尼姆斯机体的研发做出了重大贡献。

在阿布斯泰戈研发阿尼姆斯的过程中，研究者们发现，实验体在与阿尼姆斯互动时遇到了困难。不过，当阿尼姆斯迭代到 1.28 版本之后，研发者们对操纵界面进行了改良，最终的界面与电子游戏类似。自此之后，设备的灵敏度便得到了极大的提升。

在刺客们进一步改良阿尼姆斯的同时，他们使用的人机界面也开始允许用户与基因记忆模拟的环境进行一些互动。随着时间的推移，刺客瑞贝卡·克瑞恩开发出了版本号为 2.0 的新型阿尼姆斯终端，在使用此版本的阿尼姆斯终端时，用户可以控制记忆推进的程度。但是，对记忆本身的过度干涉可能会发生不同步的情况，而机体也会将记忆重置到之前的某个点上，让用户重新进行体验。在极端的不同步情况下，阿尼姆斯甚至可以将用户完全从记忆模拟中弹出。当然，2.0 并非阿尼姆斯终端的最终版本，瑞贝卡和其他刺客依旧会对其进行调校和改良。

数据转储扫描器（DDS）：

这种软件可以让用户重历各种事先录制的记忆片段，这种过程并不需要他们本身和这段记忆有基因层面上的联系。DDS 由阿布斯泰戈工业制作，用于执行“传承计划”项目，除此之外，该软件与虚拟战斗训练程序一起用于训练圣殿骑士特工。

阿尼姆斯欧米茄（2013 年版）：

此版本的阿尼姆斯在第十七号实验体项目进行期间，在阿布斯泰戈内部得到了应用，它的本来目的是供阿布斯泰戈的雇员使用，用来观看从十七号实验体，也就是戴斯蒙德·迈尔斯的记忆中获取的序列，让他们从中寻找可以作为未来游戏开发的潜在环境。实际上，这些记忆片段最终都用在了发掘先行者信息上。

阿尼姆斯家用机：

这个型号的阿尼姆斯终端是阿布斯泰戈娱乐研发的大众向产品，并于 2012 年向大众发售。家用型赫利克斯可以让用户体验经过删改的记忆片段，宣传可以寓教于乐，具有互动性和高沉浸性，旨在用一种“后圣殿骑士”风格影响大众。

2013 年，阿布斯泰戈与迈索尔高科技公司联合开发了名为“梵 V.R.”的量产型便携阿尼姆斯终端，这种终端可以在使用者不知情的情况下采集他们的基因记忆。

HELIX

阿尼姆斯技术和 DDS 软件的结合，最终促进了赫利克斯的诞生，2014 年，这款以数据云为基础的软件由阿尔瓦罗·格拉玛提卡研制而成。该软件向用户展示了许多历史时期中刺客与圣殿骑士的记忆片段——这些片段都经过了篡改，都用一种偏袒圣殿骑士，且有一定宣传性的叙事手法。赫利克斯项目中也有圣殿骑士的新成员参与，这些人在程序中体验的都是和他们没有血缘关系的记忆，以求寻找有关先行者和先行者造物的信息。赫利克斯基于数据云的特性让这款软件很容易受到刺客及其支持者的黑客攻击，而显然，这些人不会放过任何侵入赫利克斯系统的机会。

在 2016 年，阿布斯泰戈在一场机密试验中使用了额外资源，比如：书面报告，信件，以及目击者的 DNA 信息，来完善源流 DNA 提供的记忆，以及用来计算“可能性分支”的算法；这些资料被统称为“推定记忆”——他们对遗传基因进行了可信程度模拟，这种模式能够超越生育，并遗传给后代。

在 2017 年左右，阿布斯泰戈版本的阿尼姆斯终端也取得了巨大的技术进步——阿尼姆斯 4.3 和 4.35 的问世，这两个版本可以为用户提供完全的浸入体验。用户用束带悬吊在机体上，在同步的过程中，用户可以驱使自己的身体做出动作。阿尼姆斯 4.3 的浸入体验非常完整，同步记忆的过程能对用户起到训练的作用，这样一来，记忆模拟的质量便得到了优化，同时也带来了各种从出血效应的体验中期望得到的效果。然而，虽然有如此多的好处，这种阿尼姆斯终端对用户来说并没有友好度。4.35 版本的终端结构更加简单，同时也降低了机体对用户产生伤害的风险，这个版本的终端在“鹰巢”和伦敦圣殿骑士内殿团等设施中得到了应用。

同时，在 2017 年，阿布斯泰戈又开发出一种利用 DNA 来直接查看基因记忆的方法——这种方法和使用赫利克斯时一样，不需要他们与记忆的主人在基因层面上有所联系，同时也省去了处理和上传的时间；不过，只有一点瑕疵，这些记忆的精度可能有所不足。

2017 年，阿布斯泰戈雇员蕾拉·哈桑独自改装了一台外勤用的阿尼姆斯终端——阿尼姆斯 HR-8，并在一次埃及的外勤任务中对其进行了未经授权的测试运行。这台改装终端强化了访问未经处理且与用户无联系的基因记忆的能力，在运行的过程中，这台机体能够分离两种不同来源 DNA，并选择其中之一进行追溯——这些能力已经远远超出了阿尼姆斯原本的设计功能。

2018 年，此时的蕾拉已经加入了刺客的行列，她利用各种外来素材对这台阿尼姆斯 HR-8 进行了进一步的改进，让它的功能和记忆模拟质量得到进一步的提升。为了实现这个目标，蕾拉将阿布斯泰戈已经取得的技术革新成果应用在了这台终端上。这些改进让模拟体验拥有了更高的准确度和浸入性。即便是在使用不完整的，甚至是古代的遗存基因素材样本时，这台机体都能保证同步过程的完成。

阿尼姆斯大事年表

1943 年 10 月： 刺客兄弟会与圣殿骑士组织进行了一场名为“彩虹计划”（又名费城计划，或者费城实验）的联合行动，这场行动旨在改变过去，避免第二次世界大战中的种种惨剧发生。实验在美国海军名下的埃尔德里奇号上进行，过程中出现了约十八分钟的未来景象。但在实验过程中，他们使用的伊甸苹果遭到了严重的损坏。双方评估后认为，强行继续时间操纵实验会带来难以承受的风险，这场行动最后以失败告终，有关实验的一切信息从此被雪藏。

1952 年： 克林顿 · B. 罗森堡向阿布斯泰戈化学生命基金会寄去信件，向他们介绍了有关科学家莱纳斯 · 鲍林的研究工作以及他的成果——三螺旋 DNA 模型。此后，阿布斯泰戈开始将工作重心放到了基因方面的研究上。

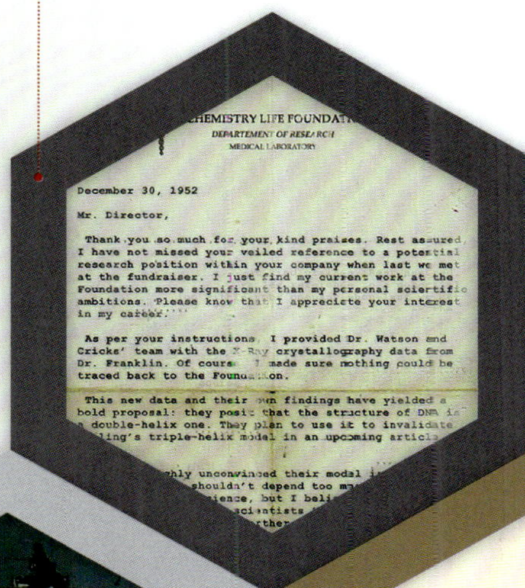

CHEMISTRY LIFE FOUNDA…
DEPARTEMENT OF RESEARCH
MEDICAL LABORATORY

December 30, 1952

Mr. Director,

Thank you so much for your kind praises. Rest assured, I have not missed your veiled reference to a potential research position within your company when last we met at the fundraiser. I just find my current work at the Foundation more significant than my personal scientific ambitions. Please know that I appreciate your interest in my career.

As per your instructions, I provided Dr. Watson and Cricks' team with the X-Ray crystallography data from Dr. Franklin. Of course, I made sure nothing could be traced back to the Foundation.

This new data and their own findings have yielded a bold proposal: they posit that the structure of DNA is a double-helix one. They plan to use it to invalidate …ling's triple-helix model in an upcoming article.

…ghly unconvinced their model i…
… shouldn't depend too m…
…ience, but I beli…
…scientists …
…rther…

1977 年： 刺客威廉 · 迈尔斯偷到了一份阿尼姆斯的图纸副本，并将其递送到俄罗斯普罗特维诺的刺客基地。这些图纸正是日后刺客们得以研发自己版本阿尼姆斯终端的基石。自此，阿尼姆斯的发展方向便分成了两个平行的支线。然而，考虑到阿布斯泰戈之前已经进行了研发并掌握了尖端技术，刺客们研发阿尼姆斯终端的速度肯定要比圣殿骑士慢一些。

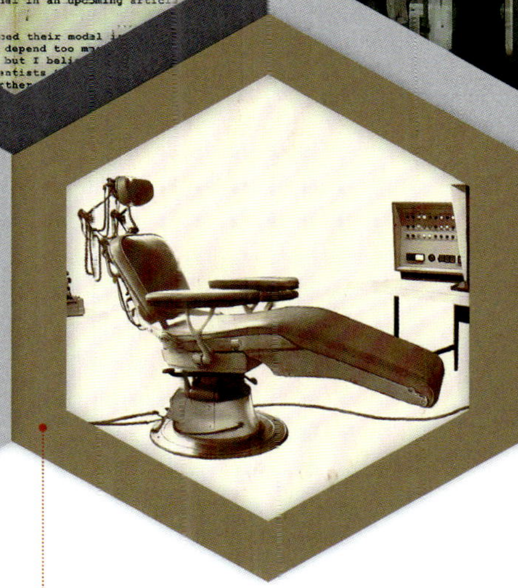

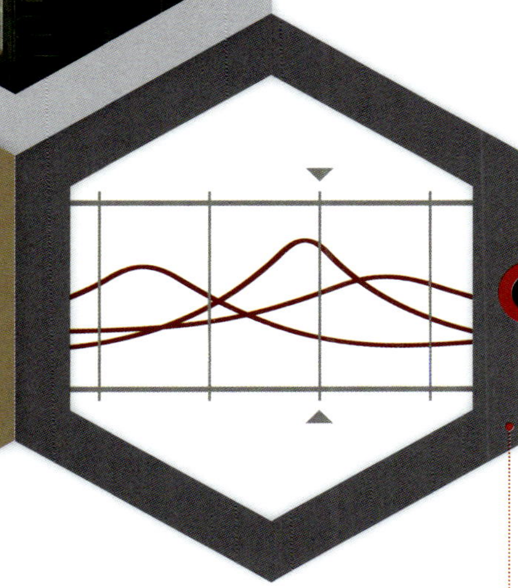

1976 年： 沃伦 · 韦迪克博士开始为阿尼姆斯的机器起稿蓝图，而在此之前，他得到了有关三螺旋 DNA 的新情报。

1943 年 2 月： 阿尼姆斯原型“钟”进行了试运行——这是一种用伊甸苹果和其他物件进行驱动的装置，实验所用的实验体是圣殿骑士捕获的英国刺客艾迪 · 高姆。

1978 年： 阿布斯泰戈制造出第一台阿尼姆斯终端，并启动了 DNA 记忆研究计划。

阿尼姆斯大事年表

1985 年：阿尼姆斯 1.09 终端完成，阿尼姆斯计划于这一年正式启动。

1980—1981 年：艾琳 · 波克用阿尼姆斯进行了测试：实验体是否能够通过终端访问与自己无关的基因记忆？这场实验后来被称为“代理计划”。1981 年，波克本人在自我检测流程中受伤，计划因此无限期停摆。

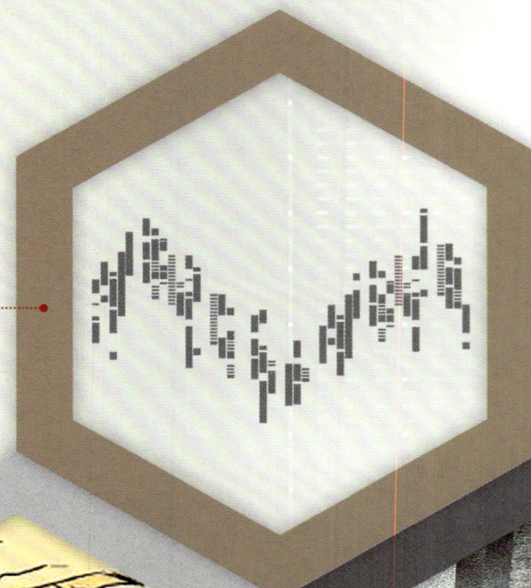

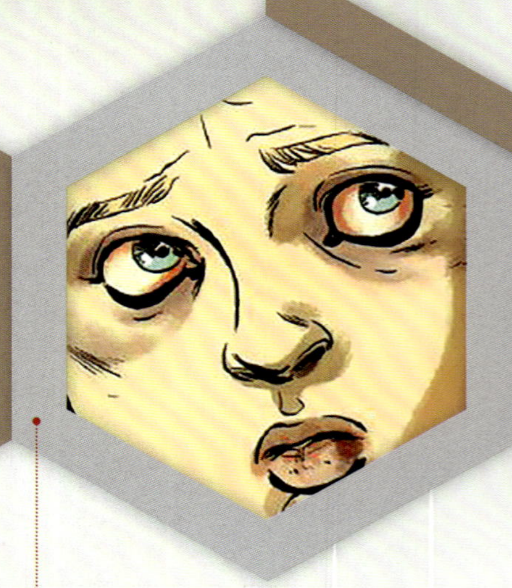

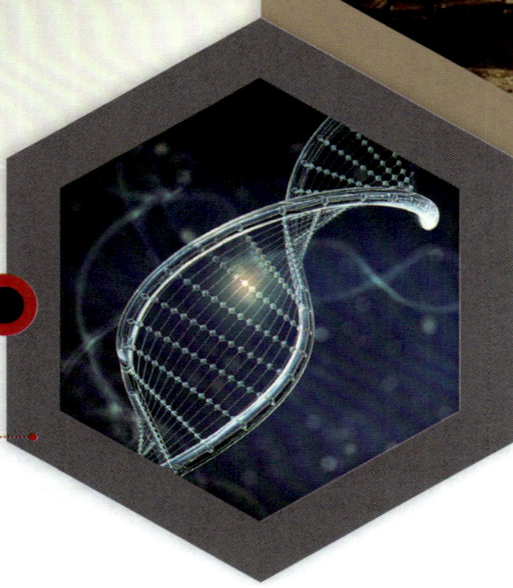

1983 年：阿布斯泰戈抓到了一位名叫丹尼尔 · 克洛斯的年轻刺客后裔，随后将其作为阿尼姆斯的实验体，他的代号是 4 号实验体。

1991 年：俄罗斯普罗特维诺的刺客兄弟会开发出了一种阿尼姆斯原型机。然而，志愿作为这种终端实验体的人最后都成了疯子，开发计划的主导人梅杰娅 · 沃罗宁娜自此决定，让自己成为唯一的实验体。随后她也没能幸免，在这台机体中失去了理智。23 年后，她的女儿加林娜 · 沃罗宁娜亲手杀死了她，为她的苦痛画下句点。

1980 年：阿布斯泰戈第一次用阿尼姆斯 1.0 进行人体实验，在机密档案中此次实验使用的实验体被称为 1 号实验体。根据记录，本次实验将实验体置于极大的痛苦与危险之中。随后，沃伦 · 韦迪克博士自愿成为阿尼姆斯计划的 2 号实验体，并在实验中对自己所携带的基因记忆进行了探索。

2002 年： 阿布斯泰戈开发出阿尼姆斯 1.28，这个版本的终端运行更加稳定，且同时被应用在几个实验体上。4 号实验体丹尼尔·克洛斯就是其中之一。

2011 年： 阿布斯泰戈劫持了克莱·卡茨马雷克，并将其称为十六号实验体，然后将他置于一台基本与阿尼姆斯 1.28 类似，只做了些许外观改动的阿尼姆斯终端中。

2012 年： 经过瑞贝卡·克瑞恩的指导，和安插在阿布斯泰戈内部的刺客间谍露西·斯蒂尔曼带回的阿尼姆斯数据，刺客兄弟会终于制作出了经过升级和完善的自己版本的阿尼姆斯机体。这种形似座椅的机体即阿尼姆斯 2.0，瑞贝卡将其称为“宝贝儿”。

2012 年： 阿布斯泰戈启动了虚拟战斗训练项目，通过阿尼姆斯技术对雇员进行训练，让他们形成可以对抗刺客兄弟会的战斗力。一段时间之后，阿布斯泰戈也会将这种

2012 年： 戴斯蒙德·迈尔斯被抓并成

阿尼姆斯大事年表

2012 年 12 月： 刺客们对阿尼姆斯进行了升级，并将其重新命名为阿尼姆斯 3.0。

2013 年： 阿布斯泰戈结合了阿尼姆斯和 DDS 技术，开发出能让任何人观看个体基因记忆的技术——阿尼姆斯欧米茄就此诞生。这种终端很快就成为游戏主机平台，并大受欢迎。

2014 年： 赫利克斯计划启动，这种基于数据云的阿尼姆斯版本，可以让群众用户在不使用阿尼姆斯终端的前提下，访问那些经过特定编辑和编排的基因记忆片段。阿布斯泰戈还私下对用户上传的基因记忆进行发掘，找出与伊甸碎片有接触的，或者与先行者文明、刺客和圣殿骑士有血缘关系的特定人物的基因记忆。

2014—2015 年： “梵 V.R.”针对北美市场的版本——阿尼姆斯 V.R. 开始发售。这款产品在商业上取得了广泛的成功，阿尼姆斯 V.R. 系列产品对应各种不同价位的产品，涵盖了从基本款到高度复杂款式的各种产品类型。

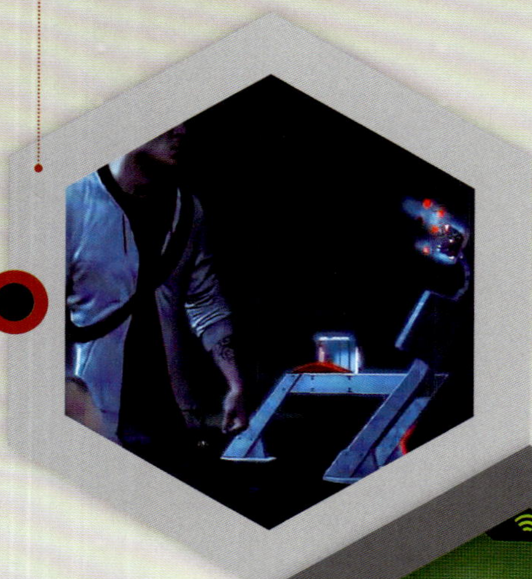

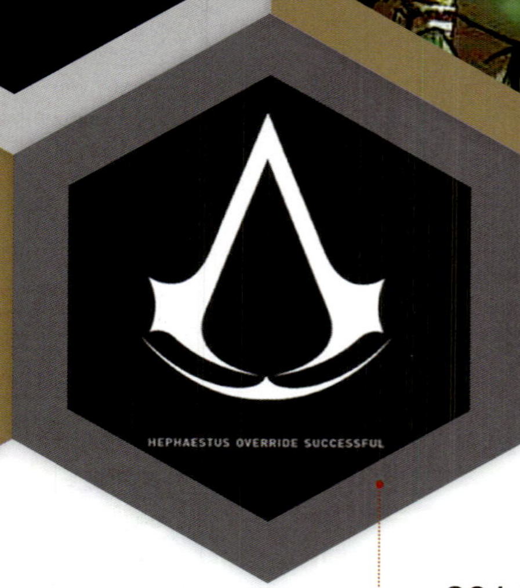

2014 年： 一组刺客成功入

2016 年：通过对 V.R. 技术的研究，阿布斯泰戈发现这种技术能够将阿尼姆斯的性能利用到极限，甚至可以结合浸入体验、机体动作和阿尼姆斯技术，为用户附加出血效应带来的效果。分布于世界各地的阿布斯泰戈机构都以此为基础，进行了新型阿尼姆斯的开发：

- 阿尼姆斯 4.3 和 4.35 版本，使用者不需要坐在座椅上，而是用束带悬吊在半空，并允许使用者同步模拟过程中的身体活动。同时，由于设备会根据每个个体的数据测量进行自我参数调节，实验体的模拟体验也因此变得颇为流畅。
- 在马德里应用的阿尼姆斯 4.3 对人体有着极大的损害，它通过脊椎穿刺的方法与人体连接。相比之下，在伦敦使用的阿尼姆斯 4.35 的人机连接界面就要友好得多——这个版本的机体不再用腰椎穿刺的手段，而是用头盔和外骨骼来达成人机之间的连接。而在美国的设施“鹰巢”中，阿布斯泰戈使用了阿尼姆斯 4.35，以供未成年的研究参与者使用。

2017 年：蕾拉·哈桑私自改造了一台 HR-8 型阿尼姆斯终端，当她投靠刺客兄弟会时，她将终端也带到了刺客手中。这台阿尼姆斯不仅具有阿布斯泰戈制造的终端的功能，还可以让使用者查看没有生物学联系对象的基因记忆，还有蕾拉在改造中添加的新能力。现在，她可以通过这台阿尼姆斯探索任何人的基因记忆——只要她手上有这个人的 DNA 样本就可以，这个人不需要是一位先祖，而且这种模拟的同步率之高，已经超越了迄今为止的所有认知。蕾拉进行的这种改装可以说是天才无比，这台阿尼姆斯甚至可以使用已经损坏的 DNA 样本，这种情况在当时任何其他阿尼姆斯机型上都是不可能实现的。这台经过改进的终端也可以同时对两套 DNA 进行追踪，这种能力已经超越了外勤用阿尼姆斯的极限。

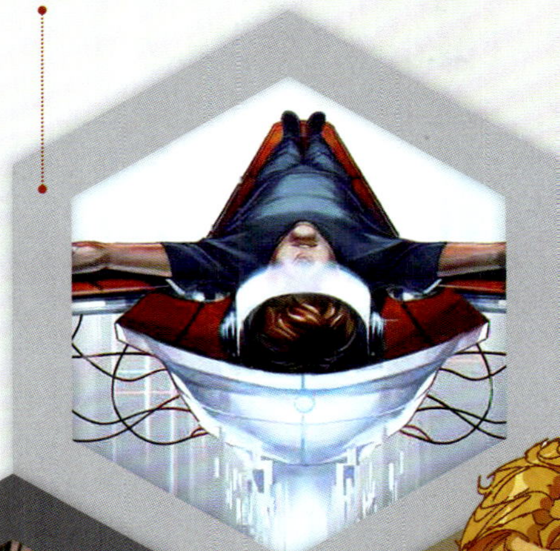

2016 年初：阿布斯泰戈前雇员塞巴斯蒂安·门罗偷走了一件珍贵的技术以及相关的研究成果，并用这些资源自行研发了一台独特的阿尼姆斯机体。这种机体可以让拥有共同祖先的人分享共同的记忆模拟进程。

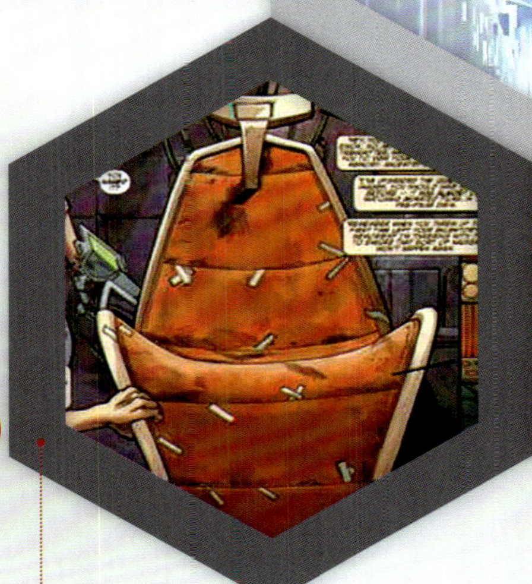

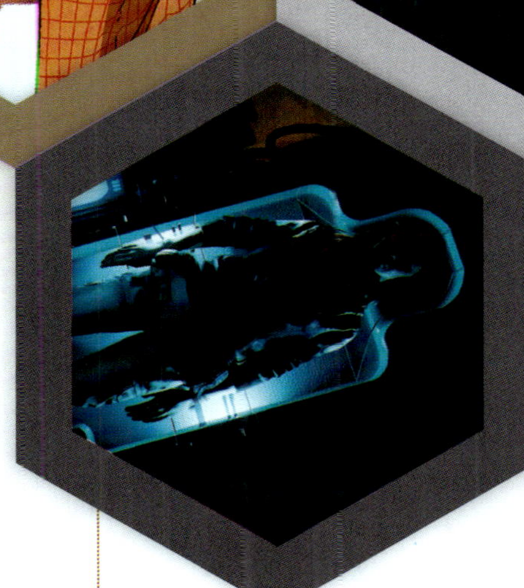

2015 年：一队刺客开发了一种名为“红骑士”的实用阿尼姆斯终端机型。这种机体绝大部分都是科迪·亚当斯在瑞贝卡·克瑞恩的协助下用旧型阿尼姆斯部件组装而成的，“红骑士”可以用长效电池进行供能，在移动中也可以使用。

2017 年：在索菲娅·里金的领导下，马德里阿布斯泰戈康复基金会中心开发了阿尼姆斯的新型号，即 HR-8 便携式版本。HR-8 外型像一座石棺，可以装在一个箱子里运输。大脑皮层连接被血液连接所取代，数据现在可以被传送到使用者的各个器官，而不仅仅是发送给大脑。

2018 年：蕾拉对手中的阿尼姆斯机体进行了进一步的改造：这次她使用了外来物品，如书籍和武器，进一步增强阿尼姆斯的功能。这次改进让阿尼姆斯的模拟体验更加准确，也拥有了更高的浸入性，同时将失去同步的可能性降到了最低。这台阿尼姆斯的人机界面也得到了进一步的简化，现在，使用者只需要一副头戴式的 VR 装置，并将其连接在电脑上，就可以访问所需要的数据。改进后的阿尼姆斯机体被称为“阿尼姆斯 HR-8.5 Beta”。

阿尼姆斯的应用和程序

阿尼姆斯问世以来，就不止应用于浏览基因记忆。而其中最常见的一种方式就是应用于虚拟训练环境。

“阿尼米”训练程序

在露西·斯蒂尔曼的帮助下，戴斯蒙德·迈尔斯从阿尼姆斯的实验室中逃出，不久之后，沃伦·韦迪克博士便开始在阿布斯泰戈的罗马园区实行虚拟战斗训练计划。作为圣殿骑士自主发起的秘密计划之一，虚拟战斗训练计划的目的是训练从阿布斯泰戈工业的雇员中选取的人员，培养他们的战斗技巧和自由奔跑等技能，用来对抗刺客兄弟会。

计划的第一阶段有多重主题，让受训者重新体验知名圣殿骑士和其他刺客兄弟会之外的人物在文艺复兴时期的基因经历，并让他们一同在虚拟战斗环境中进行训练。第二阶段也采用了同样的训练手段，不过训练的舞台从文艺复兴时期换成了十五世纪的奥斯曼帝国。

阿尼姆斯虚拟训练程序

刺客瑞贝卡·克瑞恩将阿尼姆斯虚拟训练程序创建为一个特殊功能，设置在阿尼姆斯 2.01 的系统中。这套教程性的任务集合还为戴斯蒙德·迈尔斯提供了一处位于实际记忆模拟区域外的空白区域，作为供他进行自由奔跑，战斗以及培养暗杀技能的训练场所。

阿尼姆斯计划已知实验体

0 号实验体： 艾琳·波克（代理计划的实验体）

1 号实验体： 继承了艾芙琳·德·格朗普雷血统的不明男性，最终在实验中死于突发癫痫。（1980 年）

2 号实验体： 沃伦·韦迪克（私自使用阿尼姆斯）

4 号实验体： 丹尼尔·克洛斯（1983 年）

12 号实验体： 不明个体，其先祖参与了费城计划中的实验，这场计划的目的是改变过去，以求修正现在。

15 号实验体： 不明孕期中女性个体（2010 年）

16 号实验体： 克莱·卡茨马雷克（2011 年）

17 号实验体： 戴斯蒙德·迈尔斯（2012 年）

2016 年，马德里，阿布斯泰戈基金会康复中心： 几个承袭了刺客血统的实验体在这里被用作多种测试和实验的对象。其中有一位名为卡勒姆·林奇的实验体领导了一场集体逃亡，带领其他实验体逃离了实验地。

阿尼姆斯计划

阿尼姆斯计划

代理计划：

代理计划的目的是探索不相关个体观察基因记忆的可能性。该计划的主导人是艾琳·波克。1980年，波克因为在实验中浏览记忆的副作用而受伤，代理计划从此被永久搁置。而代理计划所留存的材料后来成为十七号样本计划的蓝本之一。

有证据表明，沃伦·韦迪克破坏了代理计划，以保证自己的阿尼姆斯计划能够一直得到足够的预算支持。

传承计划：

该计划使用数据转储扫描器，分析几个特定著名人物与圣殿骑士有关的遗传记忆。2010年，该计划正式向公众开放，大众从此可以通过DDS体验各种历史人物的经历。2012年，计划因为安全方面的问题被无限期停止。

十七号样本计划：

在梅兰妮·勒梅的引导下，阿布斯泰戈利用代理计划遗存材料，开始对2012年死亡的戴斯蒙德·迈尔斯进行实验，从他的基因素材中提取基因记忆并进行探究。该计划的研究表明，在体验记忆模拟的过程中，并不需要用户与记忆的主人有直接的基因联系。十七号样本计划表面目的是为未来的游戏和电影发掘素材。爱德华·肯威的记忆便被单独提出，然后安排实验者进行了体验。然而，计划的实际目的是确定更多伊甸碎片和其他先行者之盒的位置。

索菲亚计划：

阿布斯泰戈如今正在进行的计划之一，该计划的目的是对人类细胞中的信息进行研究，并探索这些信息在生物学层面上的传递方式。如果通过这个计划能够对人体生理学有更多理解，阿布斯泰戈将在疾病防控方面取得革命性的突破。

凤凰计划：

该计划最初的目的是为三螺旋DNA绘制序列表，培育一具先行者的躯体，并通过阿尼姆斯探索其DNA中蕴藏的基因记忆。然而在计划的进行中，受到了“第一文明的仆从”组织的侵入，他们将这个计划当作他们的工具，将朱诺的意识带到躯体当中。2018年，计划的主导人阿尔瓦罗·格拉玛提卡利用从戴斯蒙德的儿子伊利亚处获取的素材——带有高浓度先行者DNA的血液和骨髓——成功地制造了一具躯体，朱诺借此复活，但旋即便被刺客夏洛特·德·拉·克鲁兹刺杀。随后，进行凤凰计划研究的实验室也被黑十字奥托·伯格和圣殿骑士们摧毁。

阿布斯泰戈的其他计划

彩虹计划：

这次计划由刺客兄弟会和圣殿骑士组织联合进行，目标是使用由尼古拉·特斯拉制造，以伊甸苹果作为部分动力源的阿尼姆斯原型机“钟”作为工具，将美国海军名下的护卫舰埃尔德里奇号送回，从根源上抹去二战中发生的各种惨剧。然而这场计划最终画下了失败的句点，船上呈现出了未来的景象，但只维持了约十八分钟。在此过程中，作为装置动力源的伊甸苹果遭受了严重损坏，彩虹计划就此失败。

阿卡夏卫星网络：

从2008年开始，这张卫星网络就利用通信和观测技术，为阿布斯泰戈从广泛的信息源中获取情报。

阿布斯泰戈之眼计划：

阿布斯泰戈之眼指的是一颗装有伊甸苹果的卫星，这颗卫星是阿卡夏卫星网络，以及阿布斯泰戈的人类监视网的基础。该卫星原计划在2012年9月进行发射，然而，原本计划放置在卫星中的伊甸苹果遭到了破坏，发射被推迟到了2012年12月。然而迄今为止卫星都没有发射，圣殿骑士们并没有找到可以取代伊甸苹果的物品。

术语和词汇表

基因记忆

基因记忆理论是在进化生物学领域提出的假说。该假说认为，DNA 除了具有生物物种生长和进化蓝图的作用，同时还能够作为存贮个体记忆、技能、经历，和向下一代传递信息的媒介。同时猜想也提出，基因记忆从父代传递给子代的过程，在受精的瞬间就已经完成了。

记忆回廊

记忆回廊是存在于模拟区域外的独立虚拟区域，大多数时候这片区域都以空白中立的形式存在，可以为用户在加载记录的内存时做缓冲，以适应虚拟体验。回廊也可以作为训练场，或者对记忆中获取的特殊数据进行检验。

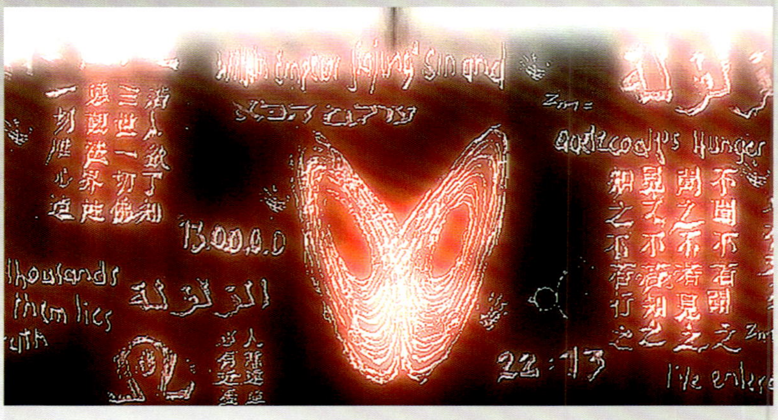

出血效应

使用阿尼姆斯机体时间过久，就会造成出血效应，即使用者当时的体验和他们经历的基因记忆出现混淆，在这个过程中，先祖的想法和技能会在使用者并未使用阿尼姆斯的时候“渗入”其人格之中，让他们无法区分先祖和自己的记忆，从而造成幻听或者幻视症状，或者先祖技能和能力会在阿尼姆斯外有所体现，这些都是出血效应的症状表现。暴露在阿尼姆斯环境下的时间越长，出血效应的程度越严重。

黑室

黑室又名阿尼姆斯岛，这个区域在阿尼姆斯的虚拟环境中起到安全模式环境的作用。克莱 · 卡茨马雷克将自己意识的 AI 复制品添加到黑室中，在他的肉体死亡之后，这个复制体依旧存在于岛上。后来，戴斯蒙德 · 迈尔斯的精神受到严重损害，陷入昏迷，无法与阿尼姆斯的人机界面进行接触，他便被阿尼姆斯送进了黑室，以稳定他的精神状态。

使用阿尼姆斯的危险和副作用

阿尼姆斯能为使用者提供的是完全浸入式体验，如果经历痛苦，或者可能留下精神创伤的基因记忆片段时，使用者也会因此受到精神、情绪和生理上的压力。如果年龄过低的使用者进入阿尼姆斯，也会有危险——这一点在使用中已经得到了验证，各种使用阿尼姆斯的副作用在更年轻的实验体身上体现得更快。经证实，过久暴露在阿尼姆斯环境下会导致各种不同程度的精神异常症状。这一点在阿尼姆斯计划的发展阶段体现得尤为明显——毕竟此时还没人知道使用阿尼姆斯会有怎样的危险和副作用。过度使用阿尼姆斯会导致严重的精神崩毁，也会导致心理状况不稳定。

对出血效应的利用

有些实验个体拥有了特别的力量：他们可以利用出血效应强化自身的技能，同时能够避免长期的不良影响。随着阿尼姆斯科技制品的不断完善和改进，使用阿尼姆斯的危险性也已经降低。奥托·伯格就曾经使用阿尼姆斯学习黑十字特有的技术。夏洛特·德·拉·克鲁兹也在阿尼姆斯中花了很多时间追寻“光之山”的下落，这也让她成功地在较短的时间里掌握了刺客们使用的技巧和技能。

同步

同步是让使用者的体验和先祖记忆进行对应的方式。在以段落进行划分的记忆流程中，会有一个逐渐调整到同步的状态。随着记忆序列的逐步同步，使用者的潜意识也会开始渐渐适应基因记忆环境，最后，他们会将这些记忆视作天然存在，而非外来的事物。如果使用者完全体验了先祖的基因记忆，并精确无误地还原了记忆中发生的事件，这样就是实现了完全同步。同步可以让使用者访问基因记忆中的所有部分，甚至包括记忆中被压抑克制的片段。

失去同步

当使用者以某种方式偏离记忆正轨的时候，便会失去同步。这种做法会让记忆脱轨，使其处于不稳定状态。不稳定的记忆片段会逐渐淡出，在音频或视觉上出现错误。如果记忆的不稳定达到一定程度，那么使用者就会完全失去与记忆的同步，阿尼姆斯也会将记忆片段倒回之前某个更加安定的点位上。如果发生失去同步的情况严重，阿尼姆斯甚至可能将使用者从虚拟体验中彻底弹出。

> 现在还有一种推论：特定种类的心理异常或者现象，比如前世轮回，多重人格症等，也许是出血效应的自然表现形式。

袖剑

袖剑是刺客们的招牌武器。这种武器由三个部分组成，平时收纳在一个护腕之中，在收纳状态下几乎看不见。需要使用的时候，刺客们会启动伸展刃部的机关，刀刃会沿着小臂延伸而出，长度达到刚越过指尖的地方。袖剑具有隐秘性和多用性，这使它成为刺客的显著标志。

早期型号

早期的袖剑有伸缩式的刀刃，被藏在一个大护腕中，刺客会把这个护腕戴在小臂上。刺客只要用小指上的小指环驱动，内藏的弹簧机关就会让刀刃伸出。他们只要将手指轻轻一勾，就可以使用袖剑。这种基本型号的袖剑更接近暗器。在近身战中，它并不是一个最好的方案，原因很简单：这种袖剑的刃身过于短小，能够制作护手部分的皮革种类也比较有限。这使这种袖剑在正面战斗中很难得到运用。

刺客们如果要使用早期型号的袖剑，还要做另外一件事，就是切除他们左手的无名指，以便在他们握拳的时候，剑刃能够从断指留下的缝隙中伸出。这样一来，袖剑不仅可以作为兵器，也可以代替断指的功能，成为刺客本身身体的延伸。不过这就意味着，只有彻底投身

于刺客，并愿意做出身体牺牲的人，才能使用这种武器。

重构版本（阿泰尔版）

直到公元十三世纪，阿泰尔·伊本－拉阿哈德在查探了伊甸苹果提供的信息之后，重新设计了袖剑。修改方案包括废除断指行为，用一种全新的弹出机关——因为最早期版本的袖剑需要切除无名指，这容易暴露刺客的身份。

阿泰尔同时为袖剑设计了附件：其中包括了一种微型火器——袖枪，以及为剑刃开槽来盛放毒剂。阿泰尔对袖剑的使用方式也进行了改进，这样另一条手臂也可以使用袖剑。

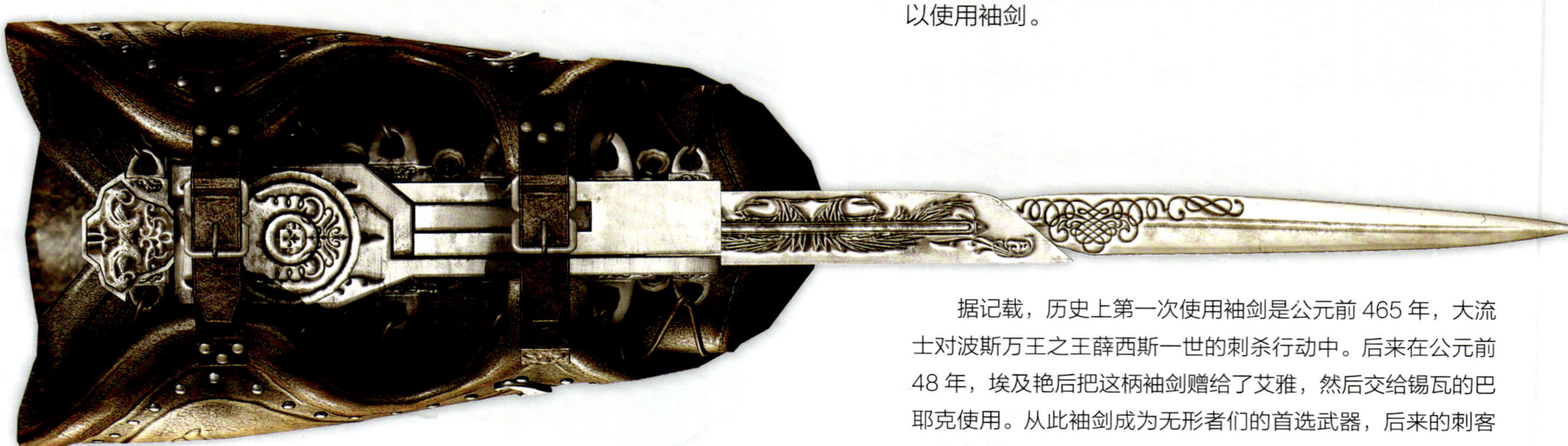

据记载，历史上第一次使用袖剑是公元前465年，大流士对波斯万王之王薛西斯一世的刺杀行动中。后来在公元前48年，埃及艳后把这柄袖剑赠给了艾雅，然后交给锡瓦的巴耶克使用。从此袖剑成为无形者们的首选武器，后来的刺客兄弟会沿袭了这一点。

重构版本（列奥纳多·达·芬奇版）

在文艺复兴时期，埃齐奥·奥迪托雷找到了阿泰尔手稿的所有散页之后，阿泰尔的图例又起到了指引和启发的作用。达·芬奇利用阿泰尔获取的信息将埃齐奥从父亲的遗物中回收的袖剑进行了修理和改装：护腕的外侧加装了金属板，这样可以抵挡外来的攻击；用强度更高的金属制造剑刃，在这两个部分的共同作用下，袖剑也可以运用于正面战斗之中。弹出机关也得到了改进，触发机构从指环变成了护手内侧的压动开关，通过弯曲手腕就可以控制收放剑刃。

达·芬奇同时为袖剑设计了多种强化和改装组件：毒镖发射器可以让使用者从远处进行暗杀，而袖弩可以发射小型的弩矢。

钩　刃

钩刃是刺客土耳其兄弟会开发出的变种，这种武器最早出现在十六世纪早期时埃齐奥·奥迪托雷的记录当中。这种武器可以作为第二把袖剑使用，同时装有弯钩和剑刃。在进行自由奔跑，利用滑索进行移动或在攀爬过程中，钩刃都能派上用场。这个钩子也能绊倒敌人，或者将他们钩到自己的面前。除此之外，还可以用它进行攻击和拿取小物件。

靴　刃

靴刃是中国刺客少芸曾经使用过一种变种袖剑，平时隐藏在靴底，通过弯曲脚部的方式可使其弹出。在普通武器施展不开的环境下，这种暗器能起到极大的作用。

旋转刃

十八世纪，袖剑也出现了新的变种——旋转刃。刺客们可以将刃身旋转九十度，作为匕首使用。殖民地时期的刺客拉通哈给顿使用旋转刃，用它战斗和为猎物剥皮等。拉通哈给顿的旋转刃一侧的刃上是锯齿，另一侧则是传统意义上的刀刃。

十九世纪变体

在法国大革命期间，刺客们使用一种名为幻影之刃的变种袖剑，这种袖剑的结构比之前的毒镖和袖弩结构更加先进和复杂。亚诺·多里安是使用幻影之刃的一位刺客。利用这种机械结构，他可以发射具有杀伤性的投射物，如带毒的毒刃。

印度刺客阿尔巴兹·米尔使用的是另一种名为三尖刀的袖剑变体，它可以弹出一把刀刃，也可以变形为一柄三尖叉。

英国刺客雅各和伊薇·弗莱使用的是带有袖剑的金属手套，袖剑装置在下方，上方则装有一个抛绳装置，这种装置可以发射带有绳索的钩，使用者可以通过绳索移动。

二十及二十一世纪变体

到二十世纪，服饰形态发生了变化，此时社会上通行的服饰设计已经不再适合佩戴护腕，人们也不再像以前那样普遍携带武器，因此袖剑不再是常用武器。

不过，刺客们还是对自己的标志性兵器进行了改造，以适应时代的发展。戴斯蒙德·迈尔斯使用过一柄结构高度简化的袖剑——这种袖剑只有刃身和伸缩机关，只用轻型皮带进行了固定。而肖恩·黑斯廷斯使用的则是一种电击袖剑，这种武器没有刀刃，取而代之的是两股电击叉。

虽然袖剑在现代得到了革新，有些刺客却还是选择使用传统构造的袖剑作为自己的武器。他们在享受武器设计者带来便利的同时，也对传统献上自己的敬意。曾被关在阿布斯泰戈马德里设施的卡勒姆·林奇就是这样一位刺客，他使用阿尼姆斯进行记忆体验的过程中，直接使用了自己的刺客先祖阿吉拉尔·德涅哈曾经用过的袖剑。而在刺杀阿布斯泰戈首席执行官兼圣殿骑士最高大师艾伦·里金的过程中，他使用了一把经过特殊设计的袖剑——这把武器可以轻松地进行拆解和装备，拆解出来的零件还可以藏在诸如鞋子、手机套、腕表、带扣、项链、书脊等普通物件中。2018 年，刺客夏洛特·德·拉·克鲁兹也使用了自己的袖剑，了结了重生伊述朱诺的性命。

列奥纳多·达·芬奇的发明

在文艺复兴时期的意大利，作为埃齐奥·奥迪托雷的密友，列奥纳多·达·芬奇在刺客与圣殿骑士的对抗中起到了重要的作用。埃齐奥为他带回了阿泰尔的手稿，对这些手稿进行解密之后，达·芬奇利用这些信息改进了袖剑。然而，他的发明工作远不止于此，他在技术方面的奇思妙想对刺客和圣殿骑士双方都有着极高的价值。

埃齐奥曾经用达·芬奇制造的飞行机器成功进入威尼斯总督府，但可惜的是，埃齐奥晚了一步——此时总督已经被圣殿骑士们毒杀了。

博吉亚的战争机器

十五世纪末，圣殿骑士们曾强迫达·芬奇为切萨雷·博吉亚设计了四种战争机器。

达·芬奇还发明了降落伞、炸弹、手枪等。

达·芬奇有个习惯，在自己的设计案中剔除关键信息，或者在设计里故意加入瑕疵，以防止别人抄袭他的设计。哪怕是刺客们，也曾经中过这一招：在殖民地时期的美国，有一位木匠打算为拉通哈给顿制造一台飞行机器，他使用的设计案就是当年流出的设计案复制品，这次尝试最终还是失败了，因为这份设计案缺失了关键的一条：需要热气的辅助，才能让滑翔机留在空中。

海军炮

这种装置由一门发射火球的小型火炮和一艘带有保持稳定的外延支架的小船组合而成。这种火器需要两个人来操作，一个人掌船，另一个人瞄准和发射。

坦　克

这种坦克相当于一个用木质护甲作为防护的移动火炮平台，其中装着的火炮可以向各个方向开火。

轰炸机

轰炸机是飞行机器的衍生版本，上面装有一门可用于攻击的火炮，发射火炮时产生的热量可以为其本身提供飞行动力。

机　枪

机枪是一种能够进行高速射击的火炮，需要安装在一驾马拉战车上。然而这台机器并不是全自动射击武器，只是它重新装弹的频率比同时期的枪械要低。这种装置需要两个人来操作：一人驾车，一人掌枪。

其他标志性武器和装备

刺客们的武器库中不仅有袖剑，还有其他五花八门的兵器。各地不同的文化背景和历史环境让他们在选择武器时有着非常丰富的选项。

印第安战斧

这是一种兼具工具和武器功能的单手斧，一般由美国原住民和欧洲殖民者使用。英国殖民地的第一位刺客约翰·德·拉图尔就使用了一把带有刺客徽记斧头的战斧。这柄斧子最后传给了殖民地的另一位传奇刺客——拉通哈给顿。

炸 弹

刺客们通常会挑选一些炸弹带在身上，比如烟幕弹、异臭弹、血弹，用于吸引注意力的樱桃弹，还有可以造成轻度伤害的蒺藜弹和霹雳弹。如果需要进行致命性伤害，他们还会选用破片弹和毒气弹，这两种炸弹可以快速杀伤一定区域范围内的人员。

刺客携带的典型装备组合中通常会有飞刀或者毒镖，以及一组由各色炸弹（如烟幕弹、毒气弹、恐吓弹、致幻弹或者破片弹）构成的投掷物组合，这些武器可以用于诱敌或者直接攻击。

剑杖

这是伊薇和雅各布·弗莱使用的常规武器之一。这种武器表面上像一根手杖，不过其中还藏有一柄短剑，杖身中还有一截可以按钮弹出的镰状刀刃。

攀跃手套

埃齐奥·奥迪托雷的装备中包含有一副金属拳套——这是一种有金属板作为内衬的皮质手套，在拳斗中可以起到加重伤害的作用。列奥纳多·达·芬奇后来对其进行了改进，使其在增强攻击力的同时，还能加强刺客在自由奔跑中的攀爬和跳跃能力。这种手套和副手袖剑后来被集两者功能为一体的钩刃取代。

先知手札 埃齐奥·奥迪托雷将自己经历的许多重大事件以文字的方式记录了下来，并整理成了一本《先知手札》总集。其中的内容包括他在梵蒂冈密室中与密涅瓦进行交流一事的详细记载，记录这些内容的目的是为了给后世的刺客同仁做参考。2002 年，丹尼尔·克洛斯在位于俄罗斯波修瓦剧院地下伊凡大帝的秘密图书馆——这里也是刺客们的档案馆，找到了这本手札。札记中所蕴含的信息，尤其是与密涅瓦的通信，以及其中提及戴斯蒙德的内容，使其成为圣殿骑士取得的一次重大发现。

阿泰尔手札

这是一套记载着阿泰尔的见闻，以及他对伊甸苹果的研究经过和其他数据的加密文档集合。这份手札记录了各种线索、图例，以及技术进步的诱发要素。虽然这本札记中并没有藏有武器，也无法作为武器使用，但其中蕴含的信息有着重大意义，刺客兄弟会受手札内容的启发，在技术层面上取得了多次重大突破。数十年后，阿泰尔的札记传到了多米尼科·奥迪托雷的手上，当时圣殿骑士所雇用的海盗正对他穷追不舍。多米尼科知道这些手札中藏有太多高价值机要信息，于是他按页拆分了手札，将分开的各个部分藏在奥特朗托港中一艘船上的不同箱箧之中。这样一来，这些残页将被送到意大利各处，圣殿骑士很难得到手札的全部内容。

舰 船

数 值
- 长 37 米左右
- 桅杆 1 根
- 帆 1 面

军 备
- 冲角（战船用）
- 弓箭
- 水兵

武 器
- 长矛
- 剑
- 弓箭
- 火箭

阿德瑞斯提亚号

巴尔纳巴斯在凯法罗尼亚岛上遇见卡珊德拉，并把她从恶徒“独眼巨人”的拷打中解救出来。他深信卡珊德拉是神明降下的救星，满怀感激的他主动提议，要为这位佣兵服务，并让她使用自己名下的船只——阿德瑞斯提亚号。借着这艘三列桨船和巴尔纳巴斯手下船员的帮助，卡珊德拉终于有了离开凯法罗尼亚岛的能力。

巴尔纳巴斯随后告诉她，自己在与海盗作战的过程中失去了许多优秀的船员——在斯巴达和雅典的战局激化，海上陷入混沌局面的同时，这些海盗也变得更加凶恶了。卡珊德拉答应替他为阿德瑞斯提亚号寻找船员，同时也会找机会对船进行升级。

阿德瑞斯提亚号的名字取自希腊神话中司掌报应和平衡的女神，虽然这艘船的尺寸较小，但船员们可以向敌人投掷标枪或者射出火矢，船本身也装有冲角，可以对敌船进行冲撞，并将其击沉。这让它在战斗中表现得非常出色。

三列桨战船

弗西达斯是克里奥帕特拉手下的海军上将，他的麾下有一整支三列桨船舰队，这些船只航行在地中海的海岸线附近。

三列桨船之所以得名，是因为它用三列船桨驱动，每名桨手控制一根桨，船上一共有 180 根桨，划桨产生的动力是船只前进的主要动力来源，因此三列桨船非常快速和灵活。三列桨船装有两根桅杆：一根主桅，还有一根较小的前桅，两根桅杆上都装有方形的船帆。这艘船由两个舵桨操纵，分别在船尾的两侧。这艘船的武器包括一副冲角，甲板上装配的弩炮以及投石机等。这艘船的船员总数在 200 人左右，包括桨手、指挥者及水手。

数 值

- 长 37 米左右
- 高 3 米
- 2 个桅杆
- 3 排 180 根桨
- 2 组转向舵
- 载员 200 人

军 备

- 冲角
- 弩炮
- 投石机

舰 只

在进行长途旅行或探索，并需要进行海上战斗的时候，船就成了必要工具。我们凭武器的选用就能辨识一些刺客的身份，同理，对常年出海的人来说，船只同样起到了标志他们身份的作用。

黑旗：寒鸦号最早使用的是一种黑色的旗帜，后来改为常见的海盗旗。在一场西班牙人的入侵中，爱德华保护了当地的玛雅刺客兄弟会，之后他就将旗帜改成了套有骷髅图案的刺客标志。

寒鸦号

寒鸦号本属于西班牙珍宝船队，是一艘在加勒比海和西班牙两地间往返的前桅横帆双桅船。在一场毁灭性的暴风即将摧毁舰队的船之前，爱德华·肯威和阿德瓦勒夺取了这艘船，并成功驾船逃离。随后，爱德华将其改名为“寒鸦号”——因为他自幼便喜爱小乌鸦。这个名字后来却屡屡让爱德华尴尬，毕竟比起其他那些拥有可怖名字的海盗船来说，“寒鸦”这个名字确实过于简单了。

数 值
- 长 60 米
- 高 48.5 米
- 宽 11.9 米
- 26 面帆
- 附有铁板装甲的强化船体

军 备
- 46 门侧舷炮
- 4 门艏炮
- 2 门旋炮
- 1 具冲角

特殊弹药
- 燃烧桶
- 高热炮弹
- 迫击炮弹

特殊装备
- 潜水钟
- 鱼叉
- 捕鲸划艇

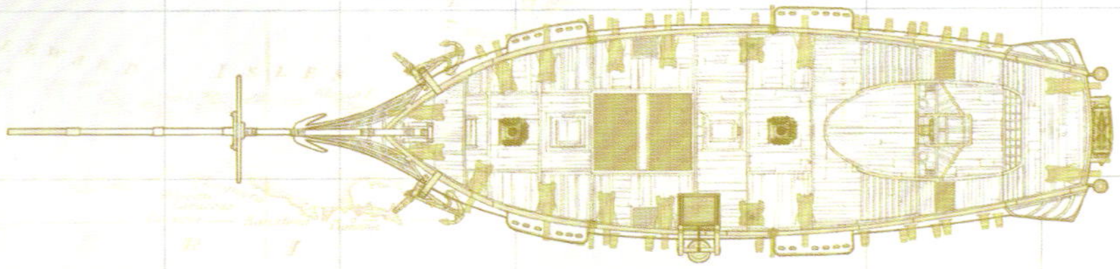

数 值
- 长 48 米
- 高 49 米
- 宽 11 米

军 备
- 帕克式左轮舰炮 4 门
- 臼炮 4 门
- 侧舷炮 34 门
- 迫击炮 2 门
- 破冰冲角 1 具

特殊弹药
- 发火油
- 圆形炮弹
- 迫击炮弹

摩莉甘号

这艘改装单桅纵帆船原本隶属于 1752 年北大西洋上的某个走私船队，在谢伊·科马克夺下其控制权后，这艘船便成了刺客名下舰队的一部分，而在谢伊被“认定”死亡后，船只的所有权便发生了更迭。不过，后来这艘船在纽约下锚的时候，谢伊又将其夺回，并从此将其用于自己作为圣殿骑士的事业，以及对英国皇家海军进行支援的工作当中。

圣殿骑士提供的资金援助让摩莉甘号成了那个年代装备最为先进的战舰之一。优美的船身造型，运用尖端科技的武器装备，这些要素都意味着它拥有着比当时的大部分舰船都要高的航速和机动性，以及超出平均水平的火力。

摩莉甘是爱尔兰神系中的战斗女神，其形象与乌鸦和渡鸦有着紧密的联系。

天鹰号

1749 年，这艘战舰在法国刺客兄弟会的监督下，在法国港口城市布雷斯特完成。之后这艘船在殖民地刺客兄弟会导师阿基里斯麾下服役。后来，这艘船由第二任船长康纳 · 肯威——也就是拉通哈给顿出资进行了修复。天鹰号虽然船体不大，但是速度奇快。作为刺客舰队的旗舰，天鹰号不仅参与了保护贸易航路的行动，还与英国及圣殿骑士海上力量进行麻雀战，同时也参加了切萨皮克湾海战。

数 值

- 重炮 60 门
- 旋炮
- 1 具冲角

特殊弹药

- 球形炮弹
- 锁链弹
- 霰散弹
- 高热弹

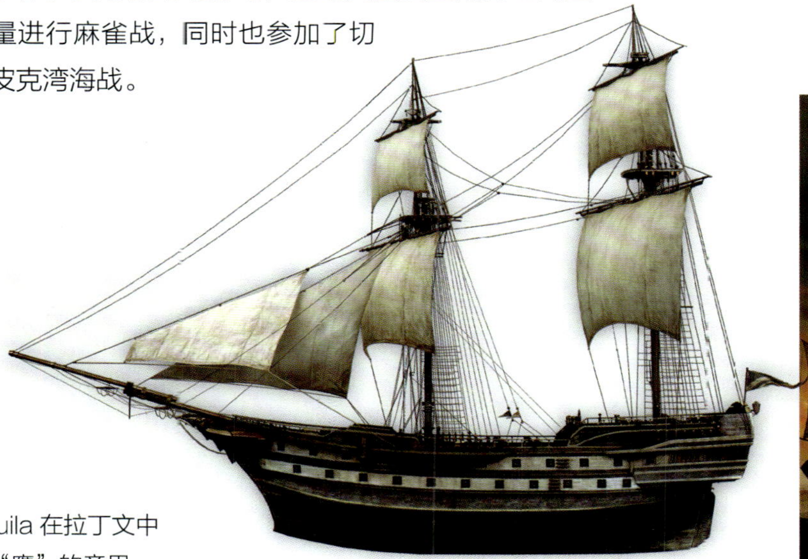

Aquila 在拉丁文中是“鹰”的意思。

阿泰尔 II 号

阿泰尔 II 号是现代刺客们夺取的一艘捕鲸船，现由船长盖文 · 班克斯和船员们驾驶，作为兄弟会的移动基地使用。这艘船对刺客们来说非常重要。有了它，刺客们就可以隐秘地在世界各地移动，必要的时候还可以频繁地改换自己的位置。这艘船使刺客据点之间更容易维持联系。

第七章

地点与时代背景

在历史上的各个时期，刺客和圣殿骑士间的秘密战争从来都没有停止过，而战争的火焰也不断延烧，波及了不同的区域。

主要历史时期

值得注意的是，在刺客与圣殿骑士斗争的过程中，最具影响力的时期往往和历史上重大的哲学、政治、社会，或者经济变革时期相对应。

毫无疑问，在历史上最混乱和动荡的年代，刺客和圣殿骑士的活动也更频繁。不论是刺客还是圣殿骑士，都可以在各种革命和动乱中获得利益：刺客们有机会向寻求颠覆暴政与压迫的人们伸出援手，而圣殿骑士们则会利用动乱推进他们的目标——将他们拥护的秩序观念强加于他人的意识之中。

在几个关键的历史时期，刺客和圣殿骑士活动的增多都有记载。而持续进行的研究和探索将能够发掘出更多有关刺客与圣殿骑士双方斗争的信息。

主要历史年代

中国：十六世纪——明王朝的衰落

法国、瑞士：十六世纪初叶——法国文艺复兴

希腊：公元前五世纪——古风时期后期，伯罗奔尼撒战争

黎凡特：公元十二世纪——第三次十字军东征

托勒密王朝的埃及：公元前一世纪——托勒密王朝结束

古罗马：公元前一世纪——罗马共和时代的结束，罗马帝国成立

意大利：十五世纪末叶至十六世纪初叶——意大利文艺复兴

君士坦丁堡：十六世纪——奥斯曼时期

布拉格：十六世纪，神圣罗马帝国——哈布斯堡王朝

南美：十六世纪——阿兹特克帝国的衰亡

加勒比地区：十八世纪——海盗黄金时代

英国：十七世纪——复辟运动

北美：十八世纪——七年战争

北美：十七世纪——塞勒姆女巫审判

西班牙：十六世纪——收复失地运动

主要历史年代

纽约： 十九世纪——征兵暴动

加勒比地区： 十九世纪——奴隶起义

北美： 十八世纪——美国独立战争

新奥尔良： 十八世纪——路易斯安那事变

伦敦： 十九世纪——工业革命

法国： 十八世纪——法国大革命

印度： 十九世纪——锡克帝国

俄国： 二十世纪——俄国革命

法国： 二十世纪——第一次世界大战

美利坚合众国： 二十世纪初叶——帕尔默袭击事件

欧洲： 二十世纪——第二次世界大战

美利坚合众国： 二十世纪——冷战

1936—1939 年： 西班牙内战

上海： 二十世纪——反鸦片运动

古希腊

在希腊的传统文化体系中，知识是非常重要的。科学和宗教互为表里，密不可分，越是探求真理，便意味着越接近神明和他们神圣的知识。数学便是接近这神圣真理，理解世界构造和真相本质的途径之一。古希腊哲学致力于研究理性和探究角色定位，这种研究方向为现代哲学和现代科学打下了坚实的基础。在这个时代，人类在诸多学科取得了重大突破，如药物学、天文学以及数学，同时，古希腊文明也对后世的语言、哲学以及艺术产生了重大影响。

雅典是古希腊最大的城邦，这里有大片富饶的土地，以及全希腊规模最大的海军。作为古希腊的文化中心，全希腊的人都涌入这里，或求学，或从事贸易。这个时期的雅典正处于经济和文化飞速发展与扩张的持久黄金期，其成就也将在之后的几个世纪对西方文明产生深远的影响。雅典建立了一个松散的城邦联盟——提洛同盟，这个同盟的盟邦以纳贡的方式来换取保护，扩大了雅典的影响力，有效控制了斯巴达之外的希腊其他地区。

斯巴达是一个拥有常备军事力量的军事城邦。他们最大可能提升军事技能。城邦处于两位国王的领导之下，他们规定，斯巴达的孩童必须进行义务性体质训练和身体技能的强化，这是每个人的教育中不可或缺的一部分。由于伯罗奔尼撒战争的进行，斯巴达甚至组织起了一支不容小觑的海军力量。

伯罗奔尼撒战争将战争从有限的冲突升级成了一场大规模的全面内战。这场战争具有前所未有的毁灭性，最终导致了希腊黄金时代的终结。斯巴达对势大力广的雅典极度不信任，最终导致了两个城邦之间产生了摩擦。雅典的城墙将斯巴达人拒之门外，同时雅典的舰队也在海上与斯巴达开战。后来，一场瘟疫极大削弱了雅典的力量——将近三分之一的雅典人口在这次瘟疫中丧生，伯里克利和他的儿子也未能幸免。

传说中，希腊神祇阿波罗在帕纳索斯山的西南坡上击杀了凶兽皮同。而**德尔菲神殿**和另一座献给阿波罗的宏大庙宇也建在这里。这座神殿里，神谕者，即“皮提亚”，影响着来自各地的旅人。然而，希腊民众不知道的是，“神谕者”这个名号已经被腐化了：秩序神教操控了预言的走向，并对世界上的重大事件进行引导，使其发展符合他们自己的需求。

托勒密王朝时期的埃及

公元前50年左右，埃及进入过渡时期，这是一个充斥着叛乱和动荡的时期。后来，托勒密十三世的亲姐姐克里奥帕特拉打算借恺撒的帮助夺取法老的宝座，而恺撒也有自己的算盘，打算借此确保罗马对埃及的控制权。罗马人逐渐占据了更多土地，埃及人对他们极度不信任。不久之后，克里奥帕特拉成为埃及最后一任沿承托勒密血系的统治者，她是亚历山大在公元前332年击败波斯的大流士并自封法老后留下的血脉。

公元前2950年至公元前2180年间，**孟菲斯**一直都是埃及的重要城市。在此期间，孟菲斯城一直都是埃及的都城，处于上下埃及间的战略要地。孟菲斯城有复杂的文化和宏伟的华丽景观，即便是埃及迁都底比斯，又迁都亚历山大城之后，孟菲斯城依旧是埃及世界的文化中心之一。等到克里奥帕特拉当政的时候，最重要的执政机关设立在亚历山大城中。即便如此，孟菲斯依然是学术和宗教重镇。

亚历山大城由亚历山大大帝于公元前331年在埃及的北海岸线地区（即上埃及）建立。埃及的北部海岸一直都是地中海和尼罗河三角洲间海上旅行的枢纽；在此之前，这一局面已经持续了两千余年。亚历山大城是希腊和尼罗河流域之间的纽带。后来，亚历山大城成为托勒密王朝的权力中心，并迅速发展为希腊文化圈中规模最大的城市之一，其光辉仅次于罗马城。随后，在尤里乌斯·恺撒与克里奥帕特拉结盟之后，亚历山大城也受到了罗马文化的影响。

锡瓦的**阿蒙先知神殿**最早是为了供奉太阳神阿蒙－拉而建，这座神殿位于锡瓦，曾有一位著名的神谕使居住于此，也有许多人曾经来此求教，其中包括亚历山大大帝。神殿深处有一个秘密的地下室，其中保存了伊述史料的全息影像和图案。密室被一道大门牢牢锁住，只有同时用一颗伊甸苹果和一根伊甸权杖，才能将其打开。

尼罗河从上埃及一路流向下埃及，最终汇入地中海。这条河流是交通要道，也是重要的食物和建材运输通道。不过，尼罗河提供的资源中最为珍贵的，就是它一年一次的泛洪，洪水漫过河岸，带来富含矿物质的水源，漫灌周围区域的土地，制造出极为肥沃的土壤。埃及的大部分地区都是沙漠类型地貌，而尼罗河沿岸土壤十分肥沃，这种土壤适合种植亚麻、纸莎草以及小麦等作物。

地中海是古代商旅通道的重要组成部分，这片海域的存在促进了区域内各个聚落间的贸易和文化流通。

拥有地中海海岸线的国家有：克罗地亚、塞浦路斯、埃及、法国、希腊、以色列、意大利、黎巴嫩、利比亚、马耳他、摩洛哥、摩纳哥、黑山、斯洛文尼亚、西班牙、叙利亚以及土耳其。

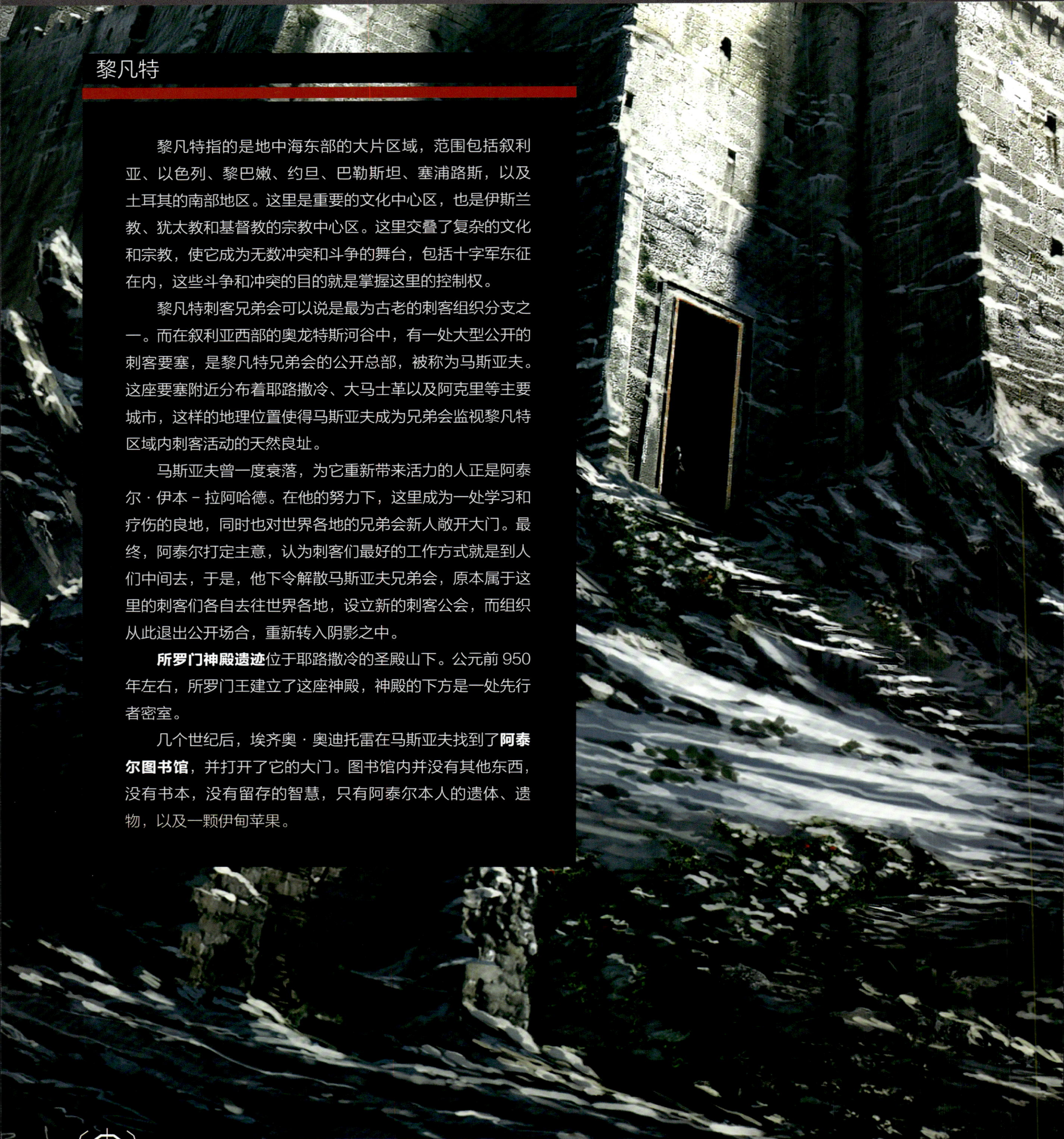

黎凡特

黎凡特指的是地中海东部的大片区域，范围包括叙利亚、以色列、黎巴嫩、约旦、巴勒斯坦、塞浦路斯，以及土耳其的南部地区。这里是重要的文化中心区，也是伊斯兰教、犹太教和基督教的宗教中心区。这里交叠了复杂的文化和宗教，使它成为无数冲突和斗争的舞台，包括十字军东征在内，这些斗争和冲突的目的就是掌握这里的控制权。

黎凡特刺客兄弟会可以说是最为古老的刺客组织分支之一。而在叙利亚西部的奥龙特斯河谷中，有一处大型公开的刺客要塞，是黎凡特兄弟会的公开总部，被称为马斯亚夫。这座要塞附近分布着耶路撒冷、大马士革以及阿克里等主要城市，这样的地理位置使得马斯亚夫成为兄弟会监视黎凡特区域内刺客活动的天然良址。

马斯亚夫曾一度衰落，为它重新带来活力的人正是阿泰尔·伊本－拉阿哈德。在他的努力下，这里成为一处学习和疗伤的良地，同时也对世界各地的兄弟会新人敞开大门。最终，阿泰尔打定主意，认为刺客们最好的工作方式就是到人们中间去，于是，他下令解散马斯亚夫兄弟会，原本属于这里的刺客们各自去往世界各地，设立新的刺客公会，而组织从此退出公开场合，重新转入阴影之中。

所罗门神殿遗迹位于耶路撒冷的圣殿山下。公元前 950 年左右，所罗门王建立了这座神殿，神殿的下方是一处先行者密室。

几个世纪后，埃齐奥·奥迪托雷在马斯亚夫找到了**阿泰尔图书馆**，并打开了它的大门。图书馆内并没有其他东西，没有书本，没有留存的智慧，只有阿泰尔本人的遗体、遗物，以及一颗伊甸苹果。

“人们必须自由地去做他们相信的事情。不论我们多么反对一个人的做法，我们也无权因为自己本身的想法对他进行惩罚。”

——阿泰尔·伊本－拉阿哈德

文艺复兴时期的意大利

文艺复兴时期是一个文化大变革的时期，以意大利为核心。无数新理念从这里喷涌而出，无数旧思想在这里迎接挑战，艺术、音乐、文学、科学、工程学以及哲学都迎来了爆发式的进步。意大利的政治局势也被卷入风暴，在这个时代动荡难息。

佛罗伦萨是意大利的主要城市之一，同时也是托斯卡纳大区的首府。埃齐奥·奥迪托雷名字的后缀“达·佛罗伦萨”翻译过来便是“来自佛罗伦萨”。当时佛罗伦萨的统治者是美第奇家族，在他们的领导下，佛罗伦萨进入了一个艺术、科学和哲学方面都高速发展的黄金时期。

在意大利托斯卡纳大区的蒙特里久尼，还有一座重要的别墅：**奥迪托雷庄园**。1327 年，刺客多米尼科·奥迪托雷最早将这座别墅购入自己名下，随后，他对这里进行了翻修，在原来的基础上为其添加了作为堡垒和训练场的功能。1476 年，埃齐奥·奥迪托雷和他幸存的家人来到奥迪托雷庄园居住。在此期间，埃齐奥和他的叔叔马里奥·奥迪托雷一起监督了别墅的翻修工程，工程在 1499 年彻底完成，并恢复了它作为意大利刺客兄弟会总部的功能。2012 年，庄园被认定为受到世界性保护的历史遗迹。

圣堂是奥迪托雷庄园地下的一处密室，这处密室可以从马里奥·奥迪托雷书房中隐藏的入口进入。圣堂也被现代刺客们当作藏身之处：2012 年，戴斯蒙德·迈尔斯和他的队友们被阿布斯泰戈的人员袭击后，便在这里设立了一处行动基地，并停留了一个月。

文艺复兴时期，刺客和圣殿骑士们为了争夺威尼斯的控制权而争斗不休：威尼斯是重要的文化、政治及经济城市。圣殿骑士和刺客们互相争斗，努力将他们选定的总督推举上位。列奥纳多·达·芬奇为威尼斯的刺客们贡献了不少力量。

罗马是意大利的宗教中心，也是基督教势力的权力中心。1492 年，圣殿骑士成员罗德里戈·波吉亚加冕为教皇亚历山大六世，圣殿骑士夺取了**梵蒂冈**的控制权。梵蒂冈内的**西斯廷小教堂**地下藏有一处**先行者密室**，最后埃齐奥·奥迪托雷用教皇权杖和一颗伊甸苹果成功打开了它。

费代里科：“我们过着好日子呢，兄弟。”
埃齐奥：“再好不过了，希望这样的日子永远不会改变。”
费代里科：“也希望这样的日子永远不会改变我们。”

——费代里科和埃齐奥·奥迪托雷的对话

君士坦丁堡

君士坦丁堡是欧洲最富饶，最富有文化气息的城市之一。它坐落在通往欧洲和亚洲的贸易路线的中间，被认为是两种文化交融之地。作为拜占庭帝国的都城，君士坦丁堡以它的建筑风格和**港口**闻名于世，是国际商业与贸易枢纽的重要组成部分。君士坦丁堡的复杂防御体系由天然部分和人造部分组成，具有强大的防御力，然而即便是这样的工事，最后也没能挡住 1453 年奥斯曼帝国苏丹穆罕默德二世的进攻。自此，这座本属于基督教统治的要塞都市便换作伊斯兰统治，不过苏丹们并没有进行宗教肃清，而是向所有因宗教和文化分歧产生的难民敞开了怀抱。当圣殿骑士被刺客赶出意大利之后，许多成员便在君士坦丁堡落了脚。有些圣殿骑士甚至通过操控残余拜占庭势力，并试图抓住苏丹拜耶济德二世和他的儿子塞利姆内战的空当，来夺取君士坦丁堡的控制权。

马斯亚夫钥匙藏在君士坦丁堡城中各处，这些钥匙其实是五张曾经属于阿泰尔 · 伊本 – 拉阿哈德的先行者记忆封印。只有集齐了它们，才能打开马斯亚夫的秘密图书馆。埃齐奥 · 奥迪托雷后来也来到君士坦丁堡，试图寻找各个马斯亚夫钥匙和阿泰尔的遗产，在他的领导下，奥斯曼刺客们从圣殿骑士的手中夺回了大片原属于他们的领地。

城中还有一个重要地点，就是奥斯曼刺客兄弟会的发起人波罗兄弟建立的旧贸易站点，这座建筑现在归一位名为索菲亚 · 萨尔托的女士所有，她在此开了**索菲亚 · 萨尔托书店**。索菲亚和埃齐奥结婚之后，这间书店便成了一处兄弟会名下档案馆的伪装地点。

埃齐奥在**皮里船长的工坊**中学习了有关制作炸弹的技术。它位于大巴扎，是西欧的各种业务基地。

拜占庭圣殿骑士们的总部设在卡帕多奇亚的代林库尤地下城中。这座城市由天然的天窗照亮，建筑由石头雕刻而成，同时还有监狱和武器库。

海盗的黄金时代

爱德华·肯威原本是一个过度自信，抓住一切机会谋取个人利益的年轻人，之后成长为一个宣扬自由意志的聪明人，这在十八世纪加勒比地区的发展过程中得到了体现。

地理意义上**加勒比区域**包括墨西哥湾东南，中美以东，以及南美以北的加勒比海，以及其海上的岛屿和周遭的沿海地区。这里的自然资源，如黄金，宝石和木材的存量都非常丰富，当地环境有利于种植如甘蔗，烟草和咖啡豆等高价值经济作物。围绕这些货物和资源展开的贸易为这片区域带来了大量船只，也让这里成为海盗们趋之若鹜的地方。这个区域与奴隶制、欧洲殖民化和种植园经济有着深厚的历史文化联系。

古巴首都哈瓦那是加勒比地区规模最大也是最富饶的港口城市之一。1750 年，**哈瓦那**是世界第三大的城市，即便是当时的波士顿和纽约，也无法与之相比。

古巴南部有一座名为**牙买加**的岛屿，这里以岛上的糖料种植园闻名于世，牙买加位于加勒比地区贸易线路的十字路口上。十七世纪中叶以前，岛屿一直处在西班牙的控制之下；后来，英国侵略军占领了岛屿，西班牙人在撤离的途中释放了他们的奴隶，这些奴隶后来躲进了山中，并在那里继续生活了下来；这些人的后代为了对抗蓄奴行为一直在斗争，这种斗争的过程贯穿了整个十八世纪。然而，即便有这样的事件，牙买加也一直还是奴隶贸易的枢纽点；从西非或西印度运来的奴隶都会从这里的港口经过。

海盗的黄金时代

牙买加城市**罗亚尔港**是那些从海盗变成私掠者，获得了特许信的人的老巢。特许信指的是英国皇家下发的官方许可，持有这些文件的人可以对西班牙和法国的船只任意进行攻击和掠夺。1687 年，牙买加通过了反海盗法案，那些将这里当作活动中心地带的海盗从此迁往拿骚。昔日作为海盗天堂的罗亚尔港，此时反而以囚禁和处决海盗而扬名。

金斯敦是英国人在 1692 年罗亚尔港覆灭之后重新建立的城市。这座位于牙买加的港口城市后来成为一座主要的贸易中心，同时也是连接大英帝国、加勒比地区以及西非地区的枢纽。奴隶贸易和糖料种植是此地经济体系的核心组成部分。

拿骚是巴哈马群岛上英国领土内的聚落，在罗亚尔港覆灭，一支西班牙财宝舰队在这里沉船之后，这里便成为海盗和逃脱奴隶们的灯塔。作为一座小城，拿骚并没有设立正式的执政机关，取而代之的是本杰明 · 霍尼戈尔德于 1713 年成立的海盗共和国。

大伊纳瓜岛是巴哈马群岛中的第三大岛。这里原本的岛主是圣殿骑士朱利安 · 迪卡斯，爱德华 · 肯威后来夺得了这座岛的控制权，1722 年，英国人将拿骚重新纳入掌控之后，将其建设成一座供西印度群岛残存海盗们使用的基地。1722 年，爱德华启程返回英国，他将大伊纳瓜基地作为礼物送给了在此地区活动的前图卢姆兄弟会——他们此前在一次西班牙人的入侵中，被迫放弃了旧基地。

加勒比海的某座岛屿上建有玛雅神殿，在这神殿之下是一处被称为**“观测所”**的先行者遗址。在神殿附近还有一处由玛雅刺客们建立的村落，他们在此定居的目的是保护遗迹和藏在其中的伊甸碎片。

七年战争

谢伊·科马克早年曾是一名刺客，他对刺客兄弟会极度失望，最终导致他在七年战争期间叛变，转而投向自己曾经的死敌圣殿骑士。在这场战争中，刺客们援助法国人，英国人的背后是圣殿骑士，而谢伊的倒戈行为在这场战争中改变了双方力量平衡的局面。

七年战争，又名法国印第安战争，是一场在 1756 年到 1763 年间持续进行的战争。不过，这场战争的诱因并非发生在 1754 年。当时英法两国为了各自在北美的权益争斗不休，法国人在这场战争中得到了加拿大民兵和土著民盟友的支持。战争初期，法国人和他们的盟友们势如破竹，一路击退了英国人的进攻，并占据了英国人的多个要塞。然而，在 1758 至 1760 年间，英国人接连占领了路易斯堡，魁北克和蒙特利尔，之后战局发生了逆转，法国从此落入下风。1763 年，法国人签署了巴黎协定，正式将加拿大割让给英国作为赔偿，这象征着法国人已经退出了北美地区。

谢伊驾着自己的座舰摩莉甘号探索了北大西洋，并对圣劳伦斯湾和哈利法克斯的海岸地带着重进行了探索。哈利法克斯是英国人在 1749 年设置的定居点，这一举动成为英国人和新英格兰殖民者，还有法国人及本地土著民间冲突的发端。

达文波特家园是一处在大片林地中，以达文波特庄园为中心建成的小型社区。达文波特家园位于波士顿以北，邻近马萨诸塞州的罗克波特。它是由导师阿基里斯领导的殖民地兄弟会的行动基地。

在 1757 年 8 月，法国人和他们的土著盟友们对**威廉·亨利要塞**的安全构成了威胁。随后，谢伊的圣殿骑士盟友乔治·门罗上校在围攻纽约奥尔巴尼的弗雷德里克要塞时，被一名刺客所伤；在临死之前，他将自己的圣殿骑士戒指交托给了谢伊。在这次围攻后，谢伊便加入了圣殿骑士组织的殖民地分册。

谢伊是爱尔兰移民在**纽约**诞下的后代，这座城市最早由荷兰人在 1624 年建立，在 1664 年落入了英国人手中。在加入圣殿骑士的行列后，他为了夺回自己的座舰摩莉甘号回到这里，并帮助本地人员捣毁了纽约和黑社会势力中处于刺客控制下的诸多帮派。

谢伊曾在詹姆斯·库克的命令下，得到过使用皇家海军的风帆战列舰彭布罗克号的许可，这道命令的目的是让他对法国海军进行支援。在这场战役中，刺客阿德瓦勒用他的座舰信者号与法国海军并肩战斗。最初的海战过后，谢伊和海瑟姆·肯威一路跟踪信者号，进入了哈德逊河谷，阿德瓦勒被迫将船只搁浅在河岸上，随后被谢伊击杀。

美国独立战争

美国独立战争期间，在这座混乱的舞台上出现了一位新的刺客主角——康纳·肯威。他在寻求复仇的同时，一路为生活在这片大陆上的人的自由和权益而战，他从新英格兰的荒野一直走到年轻新生的纽约都市。

在七年战争期间，殖民地的刺客们遭受了巨大的人员损失。与此同时，莫霍克人拉通哈给顿在见到了先行者留下的幻象后，便离开自己的聚落，找到殖民地兄弟会，希望能抵抗圣殿骑士，保护自己的人民和土地，他让殖民地兄弟会最后的刺客阿基里斯对他展开训练。在此期间，拉通哈给顿获得了康纳·肯威这个名字，他作为殖民地刺客，在兄弟会的重建和**达文波特家园**的复兴中都起到了重要的作用。

英国人虽然赢得了七年战争的胜利，却也因此背上了巨额债务。因此，他们提高了美洲十三个殖民地的税率，来填补自己的亏空。殖民者们认为执政者的这项举措有失公平，因此揭起反旗。1773 年，自由之子的成员们和殖民地刺客一起登上了停泊在**波士顿港**的英国船只，将四吨左右进口茶叶倒入水中，以此对英国政府的课税行为进行政治性抗议。1775 年，双方的战争正式开始，直到 1783 年巴黎和约签订，才正式宣告结束。康纳·肯威的个人目标虽然是与圣殿骑士做斗争，但在战争期间，却逐渐被爱国者的事业吸引。

1775 年春，**列克星敦和康科德战役**打响，这场战役是英国军队和殖民地一方之间进行的第一次武装对抗，也标志着独立战争的开始。这场战役中，圣殿骑士暨皇家海军陆战队指挥官约翰·皮特凯恩以及将军托马斯·盖奇下令英军逮捕身在马萨诸塞州列克星敦境内的爱国者领袖，并在康科德摧毁一处武器和弹药仓库。不过，幸好有人提前通风报信，这两次行动最后都以英国人的失败告终。爱国者的领袖们转移到了更加安全的地方，而列克星敦的爱国者们也撤回康科德，并在那里成功保住了自己的弹药库存。这两次交战使殖民地一方最终组建起一支正式的国民军队，并与英军进行对抗。

不久之后，便发生了**邦克山战役**，爱国者和英军双方都试图占领能够俯视波士顿的各个无主山头。不过这一次，爱国者事先得到情报取得了优势，并迅速采取了防御态势，以对抗来袭的英军。

“某种意义上来说，我以你为荣。你表现出了坚定的意志，强大的力量，十足的勇气，你拥有着这一切高贵的品质……我早就该夺去你的性命。”

——海瑟姆·肯威

美国独立战争

在战争进行期间，康纳遇到了自己的生父海瑟姆·肯威。然而，此时海瑟姆已经成为圣殿骑士殖民地分册的大团长，他告诉康纳，圣殿骑士们实际上并不支持英国人的做法。于是两人一起行动，破坏英军的指挥层工作，此时的康纳还满怀希望，觉得当时的刺客和圣殿骑士能够达成共识，建立起统一战线，并从此成为伙伴关系。

后来，在1778年的**蒙茅斯战役**中，英军从费城开拔，向纽约进军。查尔斯·李带领爱国者们攻击了英军，却很快自行骑马离开，这明显是在破坏爱国者的进攻行为。

康纳和海瑟姆一同行动的时候了解到，他居住的**莫霍克村落**是被乔治·华盛顿放火烧毁的，而他在幼年时一直认为，查尔斯·李才是这场惨剧的元凶。尽管他的执念幻灭，却没有因此一蹶不振，而是继续投身于支援革命者的事业中去，用他们的力量击溃殖民地圣殿骑士对这里的控制，同时保护好乔治·华盛顿的生命安全，以免他受到圣殿骑士的威胁。

1775年秋，大陆海军正式成立，以对抗**英国皇家海军**的海上力量；然而，这支海军因高昂的造船成本陷入了财政危机。因此，大陆海军最后征用了各种小型私用船只，其功能也被限定在与英国海军展开麻雀战和干扰他们的通信及贸易。最后，法国人终于同意加入这场战争，对爱国者们进行支援。他们派出了自己的海军，如此一来，爱国者一方终于有了足以与英军在海上正面对垒的军事力量。1781年，法国海军在切萨皮克湾海战中大败英国皇家海军，迫使英军撤退，英国陆军也放弃了约克镇。从此之后，英国议会拒绝再为美洲战事追加任何拨款。

战争临近尾声，这时康纳也意识到，如果不除掉圣殿骑士的领导层，那么爱国者们就不可能拥有决定自己未来的自由。于是，在对纽约城南部的**乔治堡**——也就是圣殿骑士殖民地分册的总部——进行攻击的时候，康纳便和自己的父亲进行了直接对抗。两人以战火和大炮的轰鸣作为陪衬，进行了人生中第一次也是最后一次决斗。

DIA TEA

路易斯安那起义

艾芙琳的故事发生在路易斯安那起义期间，此时是美洲的政治权利发生更迭，文化认同感尚未形成的时期。

1768 年发生的路易斯安那起义，是阻止路易斯安那境内权力从法国人转移至西班牙人手中的失败尝试。法国在七年战争中落败后，北方各个殖民地便开始受到影响。1762 年，法国与西班牙签订了枫丹白露条约后，法国便被迫将路易斯安那割让给西班牙作为赔偿，尽管这一事实在 1764 年才被公布。当地市民们对地区易主的情况以及西班牙对城市的占领行为大为不快，他们的情绪异动最终导致了抵抗事件的发生。

新奥尔良建立在连接密西西比河和墨西哥湾的贸易要道上，并发展为经济、文化以及政治重镇。西班牙人在路易斯安那的政治控制力并不强，因此圣殿骑士们便盯上了新奥尔良，打算夺取这里的控制权。1765 年，法国执政者与圣殿骑士达成了协议，允许他暂时掌权，监督权力的交接过程。

1769 年，艾芙琳扮作一名奴隶，潜入了**奇琴伊察**的圣殿骑士劳动营。她一路查探线索，并找到了一处布满先行者设施遗迹的洞穴，其中藏有先行者造物“预言碟”。随后在 1772 年，艾芙琳又回到这里，并在洞中找到了第二处先行者造物，以及预言碟的残缺部分。

根据那些新奥尔良圣殿骑士组织成员的线索，艾芙琳在 1777 年去往北方，并与康纳 · 肯威见了面。康纳帮她进入了她的猎物存身的堡垒。后来，艾芙琳从她的目标口中得知，她一直追查的圣殿骑士就是她的继母。

艾芙琳随后和自己的继母玛德琳对质，期间玛德琳承认她对艾芙琳的教育和人生轨迹进行了引导，因为她相信两人有着共同的目标，她还打算将艾芙琳吸纳为圣殿骑士的一员。随后，艾芙琳与自己身在**河口**的导师阿加特分享了这一信息；而此时的阿加特认为，前来传递信息的艾芙琳已经投入了圣殿骑士的怀抱，于是对艾芙琳发动了攻击，她只能被迫自卫。随后，艾芙琳借着怒意，命令自己的导师离开路易斯安那，阿加特羞愤难当，直接结束了自己的性命。

最后，艾芙琳还是接受了玛德琳的邀请，加入了圣殿骑士组织，实际上她希望能从内部根除圣殿骑士的威胁。她还将两个预言碟交给了自己的继母，以表明诚意。随后，她在**圣路易斯大教堂**进行了入团仪式，此时的玛德琳一心破解伊甸碎片的奥秘，而艾芙琳却在仪式会场刺杀了包括玛德琳在内的全部圣殿骑士。

法国大革命

亚诺·多里安的自我救赎发生在法国大革命期间的巴黎——这个混乱的历史时期对全世界都造成了冲击。亚诺追求正义的旅途与当时混沌一片的政治与经济环境形成了鲜明的对比：当时的革命行为其实都在圣殿骑士的掌控之下，这种行为的动因只是为了给自己的行动方针提供有利环境。

不过，追根溯源便会发现，当时贵族阶级占有的过剩生存资料和下层阶级所遭受的饥饿与经济危机形成了鲜明的对比，这便是社会和政治动荡的根源。当时的圣殿骑士组织内部出现了分化：弗朗索瓦－托马斯·日耳曼带领部分圣殿骑士为革命煽风点火，使其脱离了贵族的控制。他们希望以圣殿骑士引导下的中产阶级替换原本的贵族阶级，对国家的社会、经济和政治角色进行更迭，进而取得国家的控制权。之所以采用通过革命展现出混沌局面的手法，是为了凸显刺客们所宣扬的自由意志中存在天然的危险性，并引导人们心甘情愿地接受强加的支配行为。

凡尔赛宫不仅是一座宫殿，整座宫殿相当于一座小城——也是法国的都城。凡尔赛宫是法国皇室成员的居所，也是圣殿骑士谢伊·科马克刺杀刺客查尔斯·多里安的案发现场。十几年后，圣殿骑士最高大师弗朗索瓦·德·拉塞尔也在凡尔赛宫中遭遇了同样的命运。

亚诺被强加上杀害监护人德·拉塞尔的罪名，投进了**巴士底狱**。在这里，他从同狱的皮耶尔·比雷克口中了解到了自己家族的传统，并开始了自我救赎的旅途。他加入了刺客兄弟会，并投身于寻找革命者的工作中。

然而，法国兄弟会内部也并非铁板一块，刺客大师比雷克反对巴黎导师奥诺雷·米拉波与圣殿骑士达成协定的意向。同时，圣殿骑士的最高大师德·拉塞尔也在运作这件事的过程中死于非命。后来比雷克毒杀了自己的导师。随后而至的亚诺找出了真凶，并在**圣礼拜堂**杀死了比雷克。

亚诺和自己的青梅竹马艾莉丝·德·拉萨尔通力合作，找出了下令谋杀弗朗索瓦·德·拉塞尔，同时操纵革命以求为圣殿骑士谋求先机的罪魁祸首——弗朗索瓦－托马斯·杰曼。两人一路跟踪杰曼，看到他躲进了神殿，并取走了一柄伊甸之剑。在他们最后的对抗中，杰曼的伊甸之剑在与艾莉丝的激战中过载，并进入了不稳状态，失控的伊甸之剑放出了能量，并夺走了艾莉丝的生命，她最终死在了亚诺的怀中。

1794 年，拿破仑下令挖掘**巴黎地下墓地**中的一处**先行者神殿**。亚诺也潜入了神殿，并抢在其他人之前取得伊甸苹果，以此杜绝了拿破仑用这颗苹果来击败敌人的可能性。不过后来，亚诺也和拿破仑合作，将他从保皇党的攻击中解救了出来。

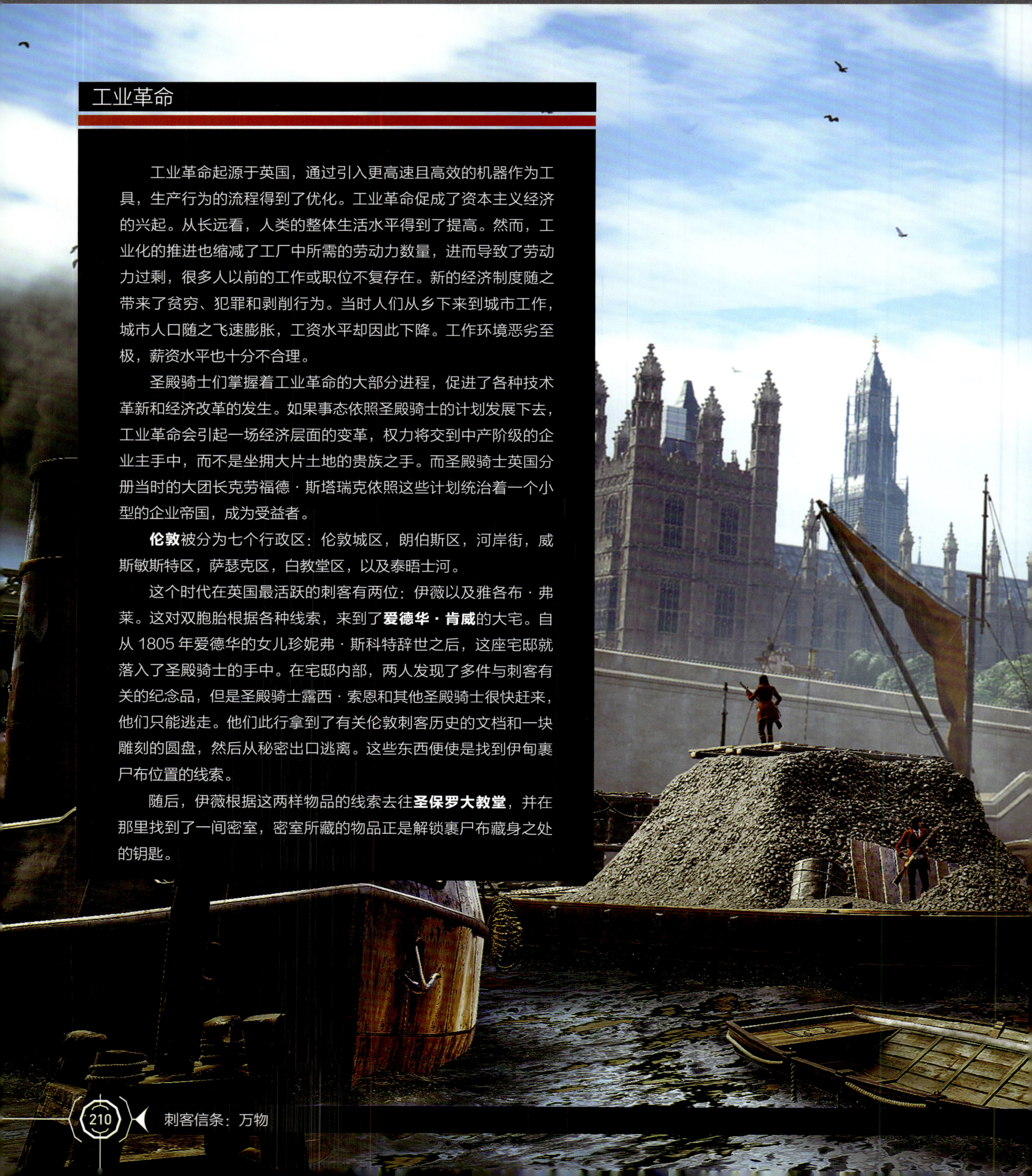

工业革命

工业革命起源于英国，通过引入更高速且高效的机器作为工具，生产行为的流程得到了优化。工业革命促成了资本主义经济的兴起。从长远看，人类的整体生活水平得到了提高。然而，工业化的推进也缩减了工厂中所需的劳动力数量，进而导致了劳动力过剩，很多人以前的工作或职位不复存在。新的经济制度随之带来了贫穷、犯罪和剥削行为。当时人们从乡下来到城市工作，城市人口随之飞速膨胀，工资水平却因此下降。工作环境恶劣至极，薪资水平也十分不合理。

圣殿骑士们掌握着工业革命的大部分进程，促进了各种技术革新和经济改革的发生。如果事态依照圣殿骑士的计划发展下去，工业革命会引起一场经济层面的变革，权力将交到中产阶级的企业主手中，而不是坐拥大片土地的贵族之手。而圣殿骑士英国分册当时的大团长克劳福德 · 斯塔瑞克依照这些计划统治着一个小型的企业帝国，成为受益者。

伦敦被分为七个行政区：伦敦城区，朗伯斯区，河岸街，威斯敏斯特区，萨瑟克区，白教堂区，以及泰晤士河。

这个时代在英国最活跃的刺客有两位：伊薇以及雅各布 · 弗莱。这对双胞胎根据各种线索，来到了**爱德华 · 肯威**的大宅。自从 1805 年爱德华的女儿珍妮弗 · 斯科特辞世之后，这座宅邸就落入了圣殿骑士的手中。在宅邸内部，两人发现了多件与刺客有关的纪念品，但是圣殿骑士露西 · 索恩和其他圣殿骑士很快赶来，他们只能逃走。他们此行拿到了有关伦敦刺客历史的文档和一块雕刻的圆盘，然后从秘密出口逃离。这些东西便使是找到伊甸裹尸布位置的线索。

随后，伊薇根据这两样物品的线索去往**圣保罗大教堂**，并在那里找到了一间密室，密室所藏的物品正是解锁裹尸布藏身之处的钥匙。

WESTMINSTER PIER

工业革命

伊薇找到钥匙的时候，露西·索恩正好赶到。经历了一番殊死搏斗之后，钥匙被露西夺去。

随后，伊薇便开始追查下一个能够指明裹尸布位置的线索，期间她又和露西在伦敦塔进行了战斗，并最终将其刺杀在**圣约翰教堂**。

伦敦的**英格兰银行**原本是圣殿骑士控制的产业。他们的行长“两便士”菲利普·图彭尼每隔几个月就会监守自盗，把从银行中偷出的钱财用于援助圣殿骑士的活动。后来，雅各布·弗莱在英格兰银行的金库中将图彭尼当场击杀，这一行为虽然除掉了侵吞银行财产的恶人，却造成了之后的混乱局面，在此期间英镑的印刷母版不翼而飞，市面上伪钞横行。市民们对英镑失去信心，导致发生暴乱，通货膨胀，以及日渐加剧的经济不稳定。直到伊薇·弗莱寻回母版，并将其放回银行之后，这场风波才渐渐平息。

随后，雅各布·弗莱碰上了圣殿骑士的前盟友，伦敦地下犯罪世界的大鳄马克斯韦尔·罗斯，两人一拍即合，建立了伙伴关系。他们在一起行动的过程中破坏了圣殿骑士行动的根基，摧毁了他们运到城内的爆炸物，并绑架了诸多圣殿骑士。然而，在一次摧毁劳动救济所的行动中，罗斯在房屋中尚有孩童的情况下强行动手，雅各在闯入火场救人之后，便与他划清了界限。罗斯对雅各背叛自己的行为异常愤怒，他放火烧了自己名下的**阿尔罕布拉音乐厅**，此时建筑中挤满了人，雅各布也在其内。

最后，雅各布来到罗斯面前杀死了他，从此终结了圣殿骑士对伦敦地下犯罪世界的控制。

随后，弗莱双胞胎继续追查伊甸裹尸布的下落，并跟随线索一路来到**白金汉宫**。在这里，克劳福德·史塔瑞正策划在一场社交舞会上发动政变，但最终失败了。弗莱双胞胎进入宫中的地下藏馆，与亨利·格林一起击败了身着裹尸布的史塔瑞。这次双胞胎达成了一致：裹尸布的力量过于强大，将其带入世间太过危险——于是将其留在了地下藏馆中。

阿布斯泰戈设施

阿布斯泰戈工业是一个跨国企业联合体，它在主要城市的中心地带拥有多个工作设施。在这些设施中有几个关键地点，它们以阿布斯泰戈的名义，为圣殿骑士们执行数个具有重要意义的计划。

罗　马

罗马的阿布斯泰戈园区是阿尼姆斯计划最初的诞生地。在罗马的阿布斯泰戈设施中的研究楼四层，有一间特别的实验室，是为了阿尼姆斯计划的开展而特别建造的。

巴　黎

凤凰计划的肇始地在法国巴黎。2014 年，盖文 · 班克斯带领一个刺客小队对这里进行了突击，企图破坏凤凰计划。这场袭击将设施内藏有的一件伊甸裹尸布和先行者 DNA 样本摧毁殆尽，让这场计划遭受了重大的挫折。

伦　敦

阿布斯泰戈的伦敦总公司是圣殿骑士的一处重要场所。阿布斯泰戈的首席执行官艾伦 · 里金，以及圣殿骑士内殿团的成员之一在这里都有一间常驻办公室。

“鹰　巢”

这处阿布斯泰戈设施位于北美地区，其中有一种可以供年龄较低的用户使用的特殊版本阿尼姆斯。

费　城

费城的阿布斯泰戈工厂有很多阿布斯泰戈设施。2000 年，丹尼尔 · 克洛斯刺杀了现代刺客兄弟会的导师后，便回到了这里。

澳大利亚

2014 年，位于巴黎的凤凰计划实验室遭到摧毁，刺客兄弟会一直试图找出阿尔瓦罗 · 格拉玛提卡所使用的新实验室（凤凰计划实验室），然而他们一直都徒劳无功。这个新计划试图通过克隆技术，高度富集的伊述 DNA 和一件伊甸裹尸布来制作一具伊述人躯壳，在这段时间他们没有让刺客们发现任何线索。双方都在争分夺秒地寻找光之山钻石，因为它可以统合其他伊甸碎片的能量——这件伊甸碎片在阻止朱诺控制世界的进程中确实起到了重要的作用。随后，由圣殿骑士尤哈尼 · 奥托 · 伯格和刺客夏洛特 · 德 · 拉 · 克鲁兹组成的刺客队伍从贝格处获悉，凤凰计划正在澳大利亚沙漠地下的一个秘密实验室里继续进行。计划中培养的伊述躯体并没有起到原本的作用，而是被朱诺当作重生于世的容器。重生的朱诺旋即被夏洛特 · 德 · 拉 · 克鲁兹击杀，而格拉玛提卡也丢掉了自己的性命，为凤凰计划的实验室做了陪葬。

马德里

位于马德里的阿布斯泰戈基金会康复中心（一般简称为阿布斯泰戈基金会），致力于进行基因方面研究，以求从基因层面阻止暴力行为的发生。该康复中心建在一处十二世纪的礼拜堂遗址上，并由索菲娅 · 里金作为主管。然而实际上，康复中心被阿布斯泰戈用来囚禁他们找到的与刺客兄弟会有直接联系或者祖上与此有关联的人员，并用他们作为阿尼姆斯的实验体，以此来寻找伊甸苹果的下落——寻找苹果是阿布斯泰戈的首席执行官艾伦 · 里金的想法，他打算用苹果消除人类对圣殿骑士计划的反抗意愿，从而建立新的世界秩序。不过，随后在押人员发动叛乱，他们击败了那里的看守，然后从中逃了出去——在实验体全部丢失之后，这项计划也被无限期搁置了。

ABSTERGO ENTERTAINMENT
Abstergo
Entertainment

第八章

现代世界

刺客和圣殿骑士的斗争一直持续到了今天，到二十一世纪，这场秘密战争中出现了更多非物质的、非暴力的手段。现在，更多斗争都通过社会事业的手段体现：阿布斯泰戈工业集团的简历和它名下所掌握的种种高科技，让圣殿骑士们在现代的斗争中占了上风。即便如此，刺客兄弟会也已经开始重新确立自己的地位。

刺客兄弟会

2000 年发生的“大清洗”事件，可以说是现代刺客与现代圣殿骑士斗争中的决定性事件。在沉睡者特工丹尼尔·克洛斯刺杀了刺客兄弟会的导师之后，阿布斯泰戈工业根据克洛斯收集到的情报对刺客们展开大规模猎杀。他们派出由圣殿骑士们组成的突击小队，摧毁了情报中出现的各个刺客据点和安全屋。“大清洗”使现代刺客兄弟会的组织分崩离析，大部分刺客在这场行动中遭受灭顶之灾，而圣殿骑士们则因此占据了绝对的有利地位。

“大清洗”结束之后，兄弟会的残存成员火速开展行动，稳定组织内部的局面。刺客们招募了新成员，并开始寻找新的方式来重建自己的成员群体和行事方式。刺客据点一定程度上抛弃了地区性的传统，相反拥有了更强的机动性，这种做法降低了被圣殿骑士组织跟踪的风险。刺客组织从“新知者”与“博学者”团体中招募并训练新成员，也成为他们的珍贵资源。同时兄弟会做出决策，将打击目标集中在阿布斯泰戈名下的重要计划，如凤凰计划，和搜寻强力的伊甸碎片“光之山”等。

密涅瓦的传信

虽然在埃齐奥·奥迪托雷的时代，人类面临的威胁对他来说在极为遥远的未来，然而通过他的记忆传递给戴斯蒙德和现代刺客的消息，让他们重新制定了自己的目标——去搜寻各类与大神殿位置有关的情报和伊甸碎片，以及能够打开神殿内部大门的钥匙。在大神殿中，戴斯蒙德将会面临一项艰难的抉择：相信密涅瓦，还是相信朱诺——如果他选择将世界从灾难中拯救出来，那么朱诺就会从监禁中放出，地球将再一次面临朱诺的威胁；如果放任太阳耀斑抹去地表上绝大部分生灵，那么一切就会重新开始。朱诺向刺客们表明：如果他们选择让一切重新开始，那么戴斯蒙德便会被幸存者们视作一种象征，一位先知，他就能够引导人类，让他们以和平的道德为基础来重建世界。然而，戴斯蒙德的意图和言语不可避免地会被扭曲成带有宗教性质的教条，最终可能将腐败和苦痛再次加诸于人类身上。戴斯蒙德最终没有放弃对人类的希望，选择了拯救世界，释放朱诺，并献出了自己的生命。

一时之盟

2018年，夏洛特·德·拉·克鲁兹的小队与尤哈尼·奥托·伯格建立起了同盟关系，双方都认为非常有必要彻底阻止凤凰计划，并阻止朱诺。此时的奥托·伯格已经被封为圣殿骑士的执法者“黑十字”，他为这场行动提供了关于阿布斯泰戈的各种情报，夏洛特和她的刺客小队因此能够追踪“光之山”的下落。同时，朱诺本人也需要这件伊甸碎片，以确保自己在那具由凤凰计划培养，后来被第一文明的仆从接管的伊述躯体复活之后，能够掌控世界。

虽然双方有着共同的目标，但这次联盟还是充满了火药味，因为奥托·伯格和加林娜·沃罗宁娜过去有私人恩怨。两人也明确表示，一旦达成目标，双方的同盟关系立刻结束，并回到原本相互敌对的状态中。

未来之路

2015年，威廉·迈尔斯已经坐回了兄弟会导师的位置上，继续承担之前他与盖文·班克斯共同肩负的职责。虽说过去威廉并不愿意正式使用“导师”这个头衔，不过现在，他以实际的刺客兄弟会导师身份处理事务的同时，也会以这个头衔进行活动。

威廉·迈尔斯还亲自出马，为兄弟会吸纳了一位名叫蕾拉·哈桑的阿布斯泰戈前雇员：蕾拉在埃及的一次任务中非法改装并擅自使用了一台阿尼姆斯。最终威廉将她从圣殿骑士西格玛小队的突袭中解救出来。蕾拉·哈桑非常聪明，在工程学方面也有着出色的造诣。蕾拉和威廉离开后，便和刺客们一起开展行动，她在阿尼姆斯领域有着过人的才能，这使她成为刺客兄弟会最有价值的成员之一，她帮助刺客赶超阿布斯泰戈的阿尼姆斯技术，在技术研发方面取得了持续进展。蕾拉善于靠直觉大胆行动，而且乐于面对危险，加上她卓绝的技术能力，这让她成为一股不容小觑的力量，也让她成为兄弟会的又一颗希望之星。

未来之路

2000年的“大清洗”之后，圣殿骑士们进入了高枕无忧的状态。他们的攻击一时间让兄弟会失去了还手之力，只有极小部分刺客还在进行抵抗。这一事件证明，圣殿骑士组织在十九世纪末决定将财力投入到科学与技术方面的研究当中，是的确能够收到成效的。圣殿骑士们同时意识到，他们对科学进步的不懈推动同样会带来风险，例如：2016年在阿布斯泰戈马德里设施中发生的一场暴乱，以及在2018年被迫完全抹灭的凤凰计划。即便如此，阿布斯泰戈项目推进的突破性科技创新，仍然是圣殿骑士战略方针的核心。

阿布斯泰戈工业

阿布斯泰戈工业公司成立于1937年，是圣殿骑士组织作为掩饰的门面，它承担着为圣殿骑士执行项目和收集情报的任务。然而，阿布斯泰戈工业和圣殿骑士组织并不是同义词。虽然圣殿骑士确实在阿布斯泰戈工业的背后引导他们的行动，但阿布斯泰戈工业还是独立的产业实体。阿布斯泰戈工业旗下的大部分雇员是普通人，他们并不知道刺客与圣殿骑士们的秘密战争。而且，阿布斯泰戈旗下的大部分子公司和附属机构都在经营普通业务。

十七号实验体

圣殿骑士们在现代取得了另一项重大成就：2012年9月，他们绑架了戴斯蒙德·迈尔斯，并将其作为阿尼姆斯计划的十七号实验体。戴斯蒙德作为继承了多条重要血统的后代，富集了高浓度先行者DNA的特殊血裔，他的DNA中的基因记忆为阿布斯泰戈工业打开了通往先行者及其遗留物信息宝库的大门。

二十一世纪的阿尼姆斯计划

二十一世纪，阿布斯泰戈的核心人员依旧由圣殿骑士构成，而他们的精力也仍然集中在先行者种族和他们留下的各种造物上：这主要体现在他们对伊述神器的回收和对基因记忆的探索。随着新技术的引进，个体能够在自愿前提下探索并上传自己的基因记忆（同时可以通过多种渠道擅自进行基因记忆的收集），阿布斯泰戈便拥有了无数基因记忆资源。目前，阿尼姆斯计划正向着多个分支方向同时发展，其中一些部门注重提升用户体验和同步率，一些部门注重提升阿尼姆斯机体的机动性，还有些部门研究阿尼姆斯终端的多人连携应用。在他们最近进行的技术革新中，他们提升了基于不完整或损坏的DNA素材的记忆模拟质量，以及用其他材料作为资源来提升模拟精度。

阿布斯泰戈与大众

阿布斯泰戈工业通过开设健康中心，招募药物试验员，发展娱乐相关技术和其他广泛向公众开放的社会项目，与大众建立了直接的联系。戴斯蒙德·迈尔斯无意间留下的子嗣伊利亚，就是因为他的母亲带他到一家阿布斯泰戈开的门诊进行了血液扫描，才被发现的。阿布斯泰戈工业致力于改善全世界的生活质量，并资助了一些诸如净水和提升健康水平方面的举措。

西格玛小队

西格玛小队是圣殿骑士麾下特遣部队中最为重要的一支，这支小队由尤哈尼·奥托·伯格领导，最初被用于猎杀大清洗中幸存的刺客。不过，他们在其他任务中也发挥了重要作用，如：回收伊甸碎片和对其他行动进行支援等方面。西格玛小队最近还参与了一项重大任务：他们跟随和刺客们临时结盟的伯格前往澳大利亚，彻底爆破了凤凰计划在那里设立的秘密地下实验室。

阿布斯泰戈工业

阿布斯泰戈工业成立于1937年，并作为圣殿骑士组织的门面而存在。阿布斯泰戈工业作为巨型跨国联合企业，在世界上的各大主要城市都有自己的办公室。公司建立以来，他们参与了历史上大多数技术发展进程。同时，阿布斯泰戈工业的收益也是圣殿骑士项目的主要资金来源。

2016年，阿布斯泰戈最近一任首席执行官艾伦·里金死于刺客卡勒姆·林奇之手。林奇之前从马德里的阿布斯泰戈设施中逃出，随后找到了里金，并将其击杀。到目前为止，还没有人填补首席执行官的空缺，只有临时的管理人员暂时代理其职务。

阿布斯泰戈工业的使命定位

“我们致力于研究开发，并提供高质量产品，以求丰富大众，制造娱乐，塑造顾客的生活。我们构建的项目让我们能够重新审视历史，优化当下，定义未来。”

企业目标

阿布斯泰戈的企业格言是“创造美好生活，开创光明未来”，企业本身非常认真地对待自己的使命。阿布斯泰戈真诚地投身于改善人类生存环境的事业中，不断开发新技术和改进工艺流程，致力于提升数以百万计人口的生活质量。阿布斯泰戈的许多举措都是基于消费者需求或技术性，同时它也在世界银行、美国国家航空航天局，以及许多备受瞩目的公众行动中贡献过力量。

阿布斯泰戈工业还间接影响国际事务，如通过收购股票来获取其他上市公司的控股权，私下对不同国家政党提供资金援助。他们还通过投资外国执政机构和特定企业的方式，加强自己在知识传播以及数据收集方面的影响力，进而支援圣殿骑士的事业。

阿布斯泰戈和圣殿骑士组织

除了明面的商业运作项目之外，阿布斯泰戈工业还有一个在圣殿骑士引导下的秘密目标，这个目标分为三个部分，对没有加入圣殿骑士组织的阿布斯泰戈雇员们来说，是完全机密的，那就是：摧毁刺客兄弟会，获取先行者科技，建立全新的世界秩序。

全新的世界秩序

圣殿骑士理想中的世界秩序是一个乌托邦式的理想概念。整个世界都在圣殿骑士的控制中，而在这个新世界里占据统治地位的是精英们，他们会对人类文明的所有方面进行管理：农业，教育，军事和政治，都在他们的管控范围之内。这种乌托邦构想中，根除了种族主义、偏见和混乱的现象。军阀、游击队起义，以及独裁专制的国家都将不复存在，那时候只会有团结一致、和平安泰的社会，而且社会的方方面面都将协调运作。

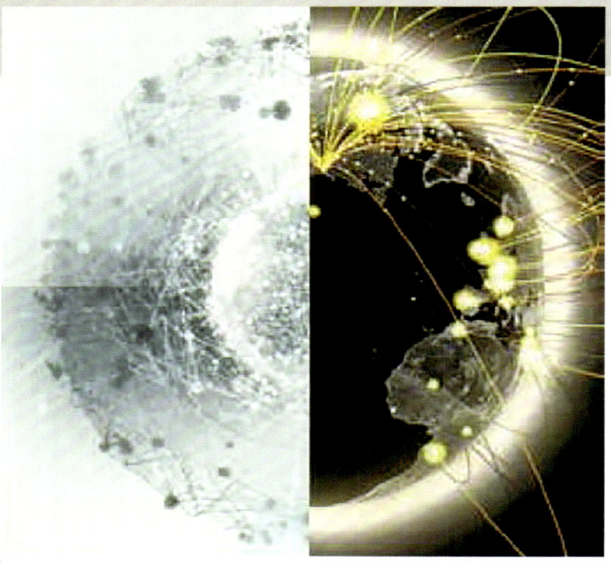

阿布斯泰戈工业骄傲地宣称，他们的雇员都得到了很好的关怀：他们可以获得包括医疗服务在内的各种极佳的福利，而他们的雇佣方针中也很强调人的多样性和性别平等概念。

阿布斯泰戈之眼计划是一个预定于2012年完成的计划，它的设计目的是将一颗伊甸苹果送入太空中，并将其置于阿克夏卫星网络的关键位置。

Abstergo Industries

当前版本的Logo

1976版本的Logo

Abstergo Industries

1969版本的Logo

Abstergo Industries

阿布斯泰戈集团

阿布斯泰戈工业指的是一个由涵盖各种领域业务的诸多公司所组成的联合企业实体。以下是部分作为联合体构成单元的部门、公司，以及附属设施。

阿布斯泰戈医药

阿布斯泰戈医药负责生产各种处方药，和用于各种重大疾病如癌症和糖尿病治疗的特效药品，该企业经常在药物疗法、生物工程以及药理学方面开展全新的研究。2016 年，一位名为安德烈 · 波登的越战老兵主动申请成为实验体，于阿布斯泰戈医药在费城的设施中参与了针对创伤后应激障碍的实验性疗法。阿布斯泰戈确实为他提供了实验性疗法的实验机会，也确实开发了针对创伤后应激障碍的实验性疗法，但这其实是奥托 · 伯格获取他基因记忆的手段。因为他 DNA 中的记忆和历史上最后一名已知的圣殿骑士执法者“黑十字”有关。

阿布斯泰戈健康

为了回应二十一世纪公众的新关注点，阿布斯泰戈的健康部门负责开发以健康为主题的产品和程序。该部门制造的产品有：“赫恩 +”产品群，包含智能健康追踪器“体能环”，基于手环技术的幼儿追踪监视装置“安杰勒斯”。当初，蕾拉 · 哈桑入职阿布斯泰戈的时候，她首先进入阿布斯泰戈的健康产业部门，可是她很快就失去了对这里的兴趣，变得怀疑和厌烦，并申请调往组织内的其他地方工作。

臭鼬工厂

臭鼬工厂致力于设计和制造最先进的军用技术设备，它的运作有着极度严格的隐秘性和机密性。他们开发的实验性武器和装备，基本上都会让特定的特工和西格玛小队成员现场测试。而他们的技术革新和开发成果都得到了严格保密，只有极少数的圣殿骑士知道它的存在。2017 年 1 月，奥托 · 伯格调查了一处在香港被遗弃的阿布斯泰戈设施，之前这里曾发生过

市场开拓：据估计，在任何时间下，北美普通家庭中都会有约三十六件阿布斯泰戈产品。除此之外，阿布斯泰戈的名称虽然不出现在产品上，但会生产原件和为公司提供用于制造或生产的原材料。

一起神秘的袭击事件，对袭击现场的遗留物进行调查后，他发现了一种先进原型军用目镜，这正是臭鼬工厂的产品。这个线索让一路追查中的伯格发现了一个可怖的事实：第一文明的仆从已经高水平地渗透进了圣殿骑士组织。

迈索尔高科技公司

迈索尔高是阿布斯泰戈工业旗下的一家科技公司，位于印度的班加罗尔。他们是阿尼姆斯机体的便携商用版本“梵 V.R.”的发售商。

阿布斯泰戈娱乐

阿布斯泰戈娱乐最早成立于 2010 年，总部位于加拿大蒙特利尔。在首席创意官梅兰妮 · 勒梅的领导下，阿布斯泰戈娱乐制作了包括游戏和电影在内的各种多媒体娱乐产品。

夏洛特·德·拉·克鲁兹曾经也是阿布斯泰戈娱乐出品的赫利克斯产品的拥趸之一。然而，赫利克斯玩家的所有行为都会被阿布斯泰戈追踪，她在游戏中体现出的过人技术吸引了圣殿骑士的注意，并打算让她做阿尼姆斯项目的实验体，来探索她基因中可能潜藏的基因记忆。

阿布斯泰戈财团

阿布斯泰戈财团为客户们提供了广泛的金融服务，帮助消费者和企业管理自己的钱财，他们旗下拥有银行、信用合会、信用卡公司、保险公司，投资公司以及会计公司等。马耳他银行就是阿布斯泰戈财团的组成部分之一。2015 年，夏洛特·德·拉·克鲁兹在马耳他银行加利福尼亚圣迭戈的分部供职，她后来也成了现代最为重要的刺客之一。

历史研究部

历史研究部明面上的功能是研究历史，记录归档尽可能多的事件，探究先前不为人所知的事件细节，同时进一步考察历史名人。阿布斯泰戈的前雇员蕾拉·哈桑在去往埃及执行外勤研究任务时，也在为历史研究部工作。历史研究部发掘并呈现出的材料，在考古学、人类学、环境史学和政治科学等学科中都有着令人惊喜的潜力。该部门现在的领导是西蒙·海瑟威，虽说他也是内殿团成员，但是其他人并不信任他。

家系研究与获取部

该部门作为阿布斯泰戈旗下的秘密部门，有时会以家系研究与获取部的名头被提及。部门现在的领导人是圣殿骑士内殿团成员中村光子。该部门负责寻找阿布斯泰戈感兴趣的家系，并找到继承这些家系血统之人。除此之外，他们也负责识别和找出诸如丹尼尔·克洛斯，戴斯蒙德·迈尔斯，夏洛特·德·拉·克鲁兹，安德烈·波登，卡勒姆·林奇这样的重要人物，从这些人的 DNA 中获得基因记忆，并供圣殿骑士进行进一步的研究，或作为其他内部项目的素材。

“鹰　巢”

在美国的偏远地区，有一处名为“鹰巢”的阿布斯泰戈设施，这里是一处多学科综合研究中心，这里的主要力量都集中处理有关家系研究与获取部相关的事务，阿尼姆斯计划，以及先行者造物的鉴别和搜索。

直到 2017 年，“鹰巢”由圣殿骑士以赛亚领导，他致力于探索“崛起事件”，并集合了五名青少年，并让他们进入阿尼姆斯，寻找一件名为伊甸三叉戟的伊述造物。他们的祖先曾经反复接触过这件伊述造物。

阿布斯泰戈基金会康复中心

这是阿布斯泰戈工业名下的一处附属设施，基金会表面的目的是研究暴力倾向的基因，以找出解决人类暴力倾向的手段。而阿布斯泰戈工业的首席执行官艾伦·里金却私下利用了自己女儿索菲娅·里金主导的项目，希望能找到一颗用在阿布斯泰戈之眼计划中的伊甸苹果。这处设施关押了许多有刺客血统的人，比如卡勒姆·林奇就在马德里的设施中被当作实验体。直到 2016 年他们发动起义从中逃出，这一切才告一段落。

未来技术

阿布斯泰戈在技术研发方面投入了大量的资源，这种投入自然也得到了相应的回报——技术研发方面的成果对其他部门的活动也起到了辅助作用。阿布斯泰戈康复基金会主任索菲娅·里金将蕾拉·哈桑从伯克利大学的电子工程和计算机科学学院带出，并将她介绍给阿布斯泰戈的青年创新者计划，将行事不守常规，致力创新的蕾拉拉到了自己的羽翼之下，这就是一种投资行为。通过这种方法，索菲娅拥有了高科技精尖人才，并私自利用她的构想来推进阿尼姆斯计划。

阿布斯泰戈工业旗下的项目

阿布斯泰戈工业还对多项公众计划进行了支持，解决各种健康和安全方面的问题，致力于为公民的福祉服务，这为他们赢得了不少美誉。近来，他们还设立了一系列对公众开放的医疗门诊，这些门诊价格低廉，让那些原本无力承担医疗费用的人能够得到及时的救助。

新氟化物

新氟化物是一种人工合成的药品，这种化合物用来提升饮用水的品质。后来传出消息，阿布斯泰戈医药擅自向公众水源投药试验自己的产品。在这之后，新氟化物项目就被搁置了。

直到 2014 年，阿布斯泰戈医药还在与食品药品监督局合作，希望能让新氟化物通过审批，进而投放市场，但是在药品面市之前，他们必须接受严格的审查。

体能环

体能环是一种便携式体况追踪器，使用者可以将其佩戴在手腕上。体能环与市面上许多同类产品类似，显示器会显示用户的移动情况和心率，同时也会提示用户休息，或者锻炼身体。不过，体能环还能够提供许多超越市面竞品极限的功能，如：追踪脑波、水量水平、荷尔蒙水平、睡眠模式、氧气水平，等等。设备可以设定具有个人特色的锻炼计划，为用户提供真正个性化的使用体验。

“赫恩 +”产品线

“赫恩 +”是一系列健康产品共用的商标。其明星产品是能量补充剂，以及由二十七种“超级食品”调和而成的多种口味的代餐产品，这些口味的产品都经过了优化调整，最大限度地发挥其营养价值。在其他方面，“赫恩 +”产品线还为消费者们提供了多种多样的选择，他们用易混合的冲剂或者方便的药丸形式对代餐产品进行包装。“赫恩 +”产品线上的所有产品都可以为服用者提供长久持续的能量补充，并持续进行营养摄入。

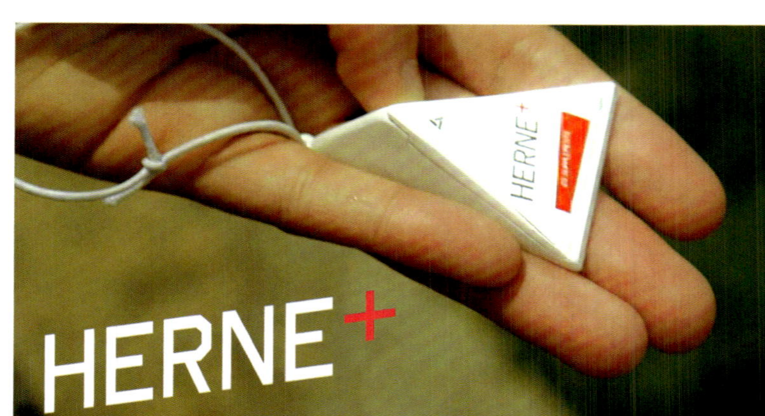

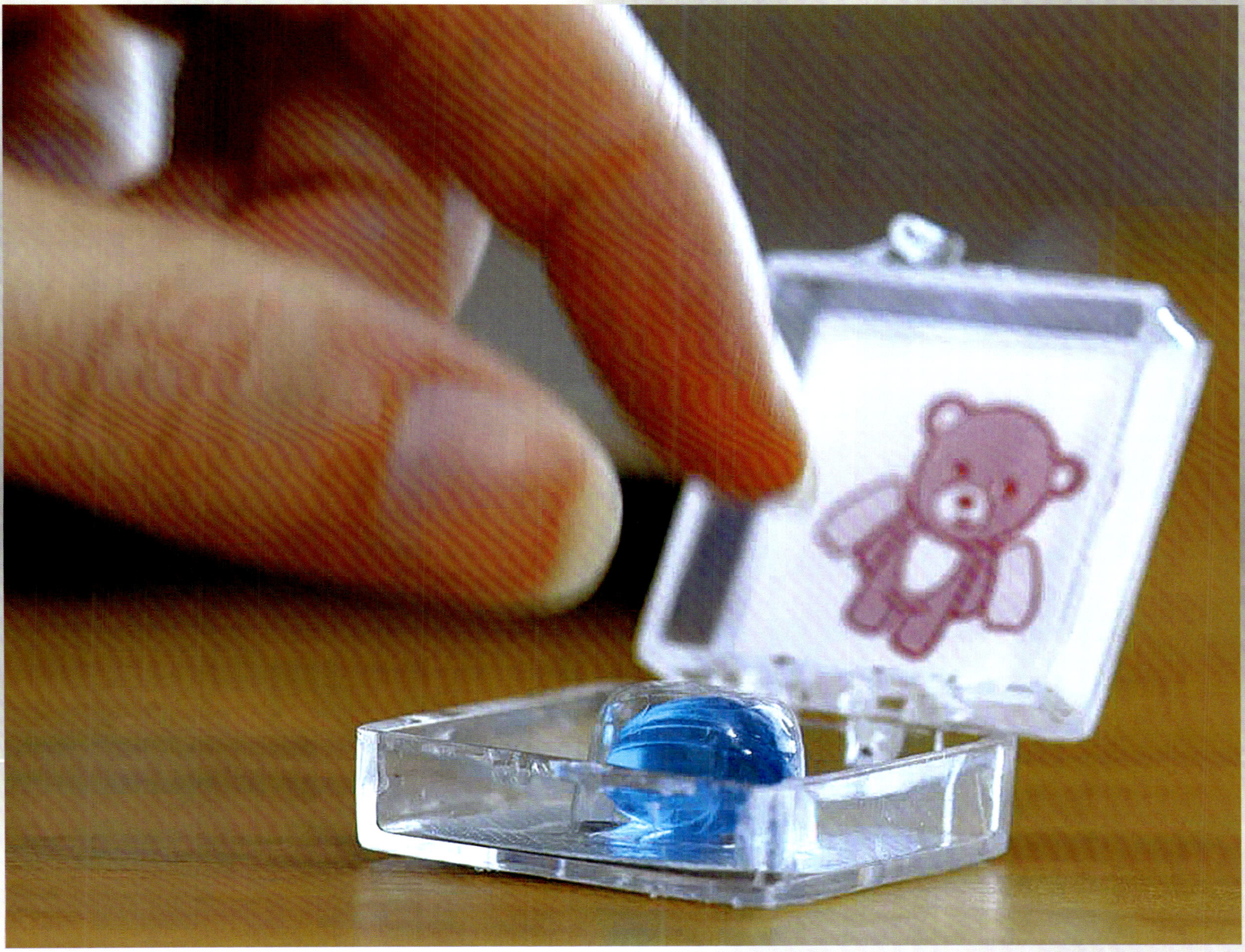

安杰勒斯

安杰勒斯是一种基于尖端纳米技术制成的植入式终端。当孩子植入这种终端后，它就可以向家长或者监护人汇报这个孩子的状态，并将其显示在与终端配套的腕带的可视化界面上。这个装置可以反映孩子从出生起的心跳、氧气饱和度、荷尔蒙水平，以及脑功能状况，等等。这种实时显示的功能，可以让家长对孩子进行相当程度的监控，进而打消他们在这一方面的一切忧虑。

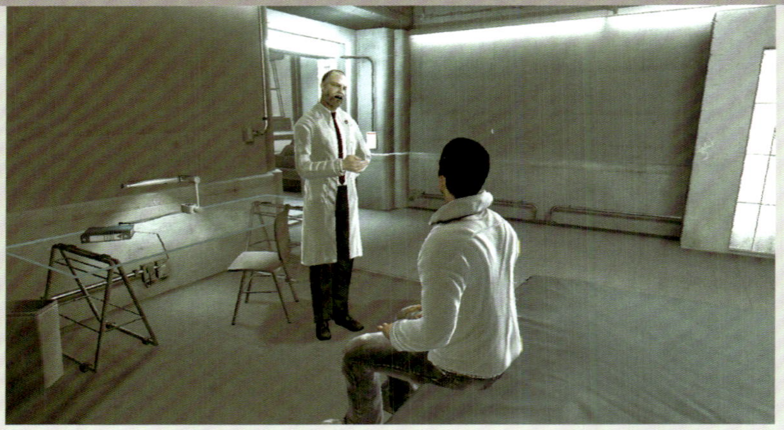

现代主要圣殿骑士

内殿团

现代圣殿骑士组织和过去一样，由最高级的九名内殿团成员领导（内殿团因此被称为“九人团”）。他们组成的议会，便是圣殿骑士组织的最高领导机构。内殿团的成员和低阶的圣殿骑士们不同，他们拥有圣殿骑士创造新世界秩序的完整计划，实施着圣殿骑士控制人类和实现和平的计划。

哪怕是在圣殿骑士组织内，内殿团的存在也保持着高度秘密性。内殿团成员间交流的问题，绝不会流入旁人的耳中。而大多数圣殿骑士都不知道内殿团九人的身份。

在**圣殿骑士组织**中，内殿团是至高的存在，除此之外，只有四个人的地位在他们之上，其中三人被称为**守护者**，他们的使命是对内殿团做出的决定进行评估，然后将其上报给组织真正的至高存在——十字统领。在组织中，这些人的身份基本上是不会公开的。不过，现在我们知道，艾伦·里金在 2016 年被杀之前，曾同时担任内殿团成员和守护者的职务。此外，还有一个独立的**长老会**，虽然他们并不会直接掌控组织事务，但他们会影响圣殿骑士组织的资源分配。在这些之外，组织中还有一个“**黑十字**”，这个人的职务是监察组织事务，并充当执法者的角色。圣殿骑士组织之所以设立这个位置，是为了对各个分册的大团长和他们的属下进行监视，以确保他们能够按照圣殿骑士的意识形态行事。黑十字的真正身份是保密的，只有内殿团的人能够指挥他，来除去骑士团中的腐败分子。在历史上的各代圣殿骑士中，黑十字这个概念被不断夸大，今天这个概念已经有了传说般的崇高地位，圣殿骑士们一直对神秘的审判者敬畏交加。

据推测，黑十字的神话已经在 1927 年画下了句点，因为最后一位已知的黑十字艾伯特·波登就是在那一年离世的。2016 年，尤哈尼·奥托·伯格自行继承了黑十字的名号，打算让现代圣殿骑士组织回归正道。伯格也是第一位兼具黑十字和内殿团成员两大身份的圣殿骑士。不过在 2018 年，他和刺客们一起摧毁了凤凰计划秘密实验室之后，他就卸去了黑十字的职务……不过，这也只是暂时的决策而已。

现在，圣殿骑士组织内殿团的成员有：

中村光子

中村光子是阿布斯泰戈位于费城的家系研究与获取部的主管。她负责对围绕基因记忆展开的研究进行监督，同时也对带有阿布斯泰戈感兴趣的特殊血统个体进行搜索、定位以及获取，并进行监督。

阿尔弗雷德·斯特恩斯

阿尔弗雷德·斯特恩斯以前也是阿布斯泰戈工业的一名高级行政主管。他亲自监督了2000年对刺客进行的“大清洗”行动——包括提取丹尼尔·克洛斯的记忆，派出突击小队扫荡克洛斯在寻访导师途中驻足过的刺客安全屋和行动地点。虽然他已经从原本的职位上退休，但他依旧保持着内殿团成员的身份。

阿格妮塔·赖德

阿格妮塔·赖德出生于奥地利，最近她得到委任，成为阿布斯泰戈财团的新总裁。在此之前，她在财团中出任首席财务官，并获得高度好评。

利蒂希娅·英格兰

利蒂希娅·英格兰是阿布斯泰戈执行局的高级行政主管，她的驻地在美国费城。和其他内殿团成员一样，她的行动一直被包裹在谜团之中。

大卫·吉勒曼

大卫·吉勒曼在阿布斯泰戈工业先前的位置不明，不过从他的行为可以看出，他可能以外围人员的身份参加过阿尼姆斯计划。他得知丹尼尔·克洛斯在2000年击杀导师并回归，并于2012年和艾伦·里金一起来到了阿尼姆斯实验室，听取戴斯蒙德·迈尔斯在重历阿泰尔·伊本－拉阿哈德的基因记忆后提交的报告。沃伦·韦迪克死后，他便坐上了韦迪克先前的位置，成为阿尼姆斯计划的新负责人。

西蒙·海瑟威

西蒙·海瑟威的前上司伊莎贝尔·阿尔当死后，他便升职成为阿布斯泰戈历史研究部的主管。直到2016年10月，他都是圣殿骑士内殿团的最新成员。他头脑机敏，充满理性，以不竭的好奇心作为自己前进的动力。他上任之后立刻改变方针，要历史研究部将阿尼姆斯应用于手机的信息及数据以外的地方，并进一步挖掘这些信息，以获得更深层次的理解。这种做法最终让他找到了所谓的“贞德之心”——一颗被安放在雅克·德·莫莱的伊甸宝剑中用来增强其力量的特殊物体。

艾伦·里金

艾伦·里金从2012年开始担任阿布斯泰戈的首席执行官，直到2016年他被击杀。作为内殿九人团的一员，他同时担任着圣殿骑士组织的守护者。他作为守护者，除了圣殿骑士组织内真正的至高存在——十字统领之外，不需要听命于任何人。艾伦·里金头脑聪慧，富有魅力。然而他面对下级的时候却总是举止粗鲁。当他失去耐心的时候，甚至会露出一副粗野不敬的嘴脸。艾伦·里金最终在2016年被击杀，杀死他的是刺客卡勒姆·林奇。

阿尔瓦罗·格拉玛提卡

阿尔瓦罗·格拉玛提卡是机械工学、生物学、物理学以及计算机科学方面的天才，他在2008年被招入阿布斯泰戈，随后为阿克夏卫星网络项目贡献了很大力量。随后，他在2009年开发出了数据转储扫描器。从2014年开始，他又成为旨在为先行者基因进行测序的项目——凤凰计划的负责人。2018年，第一文明的仆从将计划的方向从原本的基因测序工作变成了制造一具人工的伊述躯体，以此为朱诺游荡在网络中的神识提供宿体。他从戴斯蒙德·迈尔斯的儿子伊利亚身上提取了骨髓，从中获取了高度富集的先行者DNA之后，借由伊甸裹尸布残余纤维的帮助，成功地制造了一具伊述人的躯体。不过，即便获得了如此巨大的成就，也没能让他从秘密实验室的毁灭中逃出生天。

现代主要圣殿骑士

尤哈尼·奥托·伯格（1985— ）

奥托·伯格为人正直，重视荣誉，是现代圣殿骑士完美形象的代表，也是圣殿骑士组织中声望最高的成员之一。他立下誓言，要对敌人展开无止境的追击，即便如此，他还是对刺客们的献身精神和智谋抱有极大的敬意。然而，这种敬意并不能调和他冷酷无情的特质——毕竟，他是亲身经历过各种战场的前雇佣兵，也是如今圣殿骑士组织中最为致命的外勤特工。

在加入阿布斯泰戈之前，伯格曾是芬兰特种部队乌蒂猎兵团的成员。后来，为了赚取更多金钱治疗女儿艾琳娜的先天性囊肿性纤维化病，他离开军队，成为一名雇佣兵。而这也是伯格的妻子和他离婚的直接原因。后来，沃伦·韦迪克找到了他，宣称有一种能够治疗他女儿疾病的新疗法，诱使他加入了阿布斯泰戈。

2012 年 12 月，奥托·伯格开始在阿尼米训练计划的二级项目中进行训练。他在项目中取得的突出成绩让他得到了晋升，直接踏入了圣殿骑士的行列之中。不久之后，他便成为内殿团的潜在候补成员。一个月后，伯格又获得了西格玛小队的指挥权，这是一支用于追捕击杀从“大清洗”中存活下来的刺客的特别突击小队。他们追踪了一名曾在阿布斯泰戈罗马园区中击杀黑客的刺客，然后带领西格玛小队迅速前往一处位于佛罗伦萨的刺客藏身处。弗洛伦萨的刺客领袖阿德里亚诺·马埃斯特兰齐炸毁了藏身处，杀死了除伯格之外的所有人，幸存下来的伯格脸部遭受了严重烧伤。

2012 年 12 月初，奥托·伯格被提拔为圣殿骑士大师，并成为圣殿骑士组织内殿团的成员。数日之后，他便得到任务，捉拿刺客兄弟会实际意义上的导师威廉·迈尔斯。奥托·伯格重组了西格玛小队，并在开罗捉住了这位资深刺客。这次行动的成功为他在圣殿骑士组织内赢得了极高的声望。

在 2013 年至 2014 年，奥托·伯格将大部分时间花在监控刺客们的行动，以及在全球范围内扑杀该组织的敌人上。除此之外，他还致力于收集情报，寻找伊甸碎片的踪迹。2015 年，伯格在一次回收伊甸裹尸布的过程中遭到了刺客的袭击，并失去了西格玛小队的半数成员，他本人也几乎丧命在加林娜·沃罗宁娜的双拳之下。

2016 年，奥托·伯格继承了黑十字的名号，在暗中继续着黑十字根除圣殿骑士组织内腐败因子的使命。在进行调查的过程中，他发现第一文明的仆从组织已经对圣殿骑士构成了严重的威胁。为了消除他们的威胁，同时遏止朱诺控制世界的图谋，奥托·伯格向刺客们暂时伸出了橄榄枝，与刺客夏洛特·德·拉·克鲁兹和她据点中的刺客们达成了暂时的同盟关系。双方开始共享情报，并共同制定了计划。不过，在夏洛特击杀了重生不久的朱诺，伯格爆破了凤凰计划实验室之后，这段同盟关系便戛然而止。

“现代的刺客们孱弱无力，我将他们全部抓住并杀死不过是时间问题而已。不过，让他们痛快地死去是不够的。我要他们知道自己到底有多弱小，我也要所有人都看着他们经受折磨——这样一来，当他们最终面对我的时候，便会心甘情愿地让我夺去他们的性命。”

——尤哈尼·奥措·贝格

现代主要圣殿骑士

丹尼尔·克洛斯（1974—2012）

丹尼尔·克洛斯是刺客尼古莱·奥列洛夫的曾孙，他在年幼时便被阿布斯泰戈绑去，做了阿尼姆斯试验的实验体。在此期间，沃伦·韦迪克操纵了他的精神，抹去了他记忆中的重要部分，并在他的潜意识中植入一个不可抑制的冲动：加入刺客的行列，找到兄弟会的导师，然后杀了他。根据设定好的流程，韦迪克随后抛弃了年幼的克洛斯，让他能够按照设计好的命运成长。

此后的几年间，丹尼尔一直都饱受幻觉的折磨——这些幻觉实际上是他的俄罗斯祖先的基因记忆。为了逃避这些幻觉，他沾上了毒品和酒精，以此来麻醉自己。后来，刺客汉娜·米勒发现了正在威胁路人的丹尼尔——他正对那个人横加指责，说他是圣殿骑士。于是她介入其中，把克洛斯带进了一处刺客训练营，并在那里对他的身份进行了调查。

在经受了一段严重的出血效应发作后，丹尼尔“想起了”自己的身份，并坚称要找到刺客们的导师。在几年的搜索之后，他找到了导师，此时圣殿骑士在他意识中植入的指令发挥了作用，让他直接杀死了导师。

在杀死导师后，丹尼尔成功逃脱，并一路回到了阿布斯泰戈名下的设施中，在那里寻求他们的帮助。阿布斯泰戈随即获得了诸多刺客小队的位置信息，这些位置都是他在寻找导师的过程中踏足过的地方。圣殿骑士们以此为根据，展开了对刺客们的大清洗。在这次扫荡中，全世界所有的刺客小队几乎都遭受了灭顶之灾。丹尼尔最后成了一名圣殿骑士，将圣殿骑士组织当成了自己缺失家庭的替代品。他的刺客知识在训练阿布斯泰戈新兵方面起到了极大的作用。阿布斯泰戈也成功地用治疗手段和冥想法，还有阿尼姆斯环境作为手段，控制了他因出血效应产生的幻觉。

丹尼尔·克洛斯在回收埃齐奥·奥迪托雷的《先知手札》的过程中起到了重大作用，这本书记载了密涅瓦向埃齐奥透露的有关第二次巨灾的信息，还有一个名字——戴斯蒙德。对阿布斯泰戈来说，这些都是具有极高价值的线索。而丹尼尔随后也将在戴斯蒙德逃离阿布斯泰戈设施之后，受命找出他的位置。克洛斯对戴斯蒙德抱有执念，他一路追踪戴斯蒙德，当他抓捕或者杀死戴斯蒙德的意图遭到阻止时，他十分失落。

丹尼尔最终在阿布斯泰戈位于罗马的设施中被戴斯蒙德杀死。当时，克洛斯的精神状态极度不稳定，而戴斯蒙德身上携带的伊甸苹果又进一步诱发了他的出血效应。在随后的战斗中，丹尼尔最终命丧戴斯蒙德的袖剑之下。

现代主要圣殿骑士

沃伦·韦迪克（不明—2012）

沃伦·韦迪克博士是阿尼姆斯的设计者，也是阿布斯泰戈名下许多基因记忆研究项目的主导人。此外，他还负责为项目寻找实验体——即携带有可供项目进行探索和分析的个体，收集有关先行者种族和伊甸碎片情报，以及有关刺客兄弟会信息的基因记忆的事务。

沃伦是一位无情的科学家，也是一位狂热的圣殿骑士。他冷酷无情，略带笨拙，富于才智却又健忘。在他的同事们看来，与他共事不是什么愉快的体验。

在开发阿尼姆斯的早期，沃伦作为 2 号实验体进入了机体，回顾了自己的祖先系谱，并发现自己继承了当年圣女贞德的执刑人乔佛里·泰拉热的血脉。

沃伦在丹尼尔·克洛斯身上进行的精神改造，最终让圣殿骑士们得到了痛击刺客兄弟会的机会，2000 年，名为“大清洗”的扫荡行动几乎将刺客兄弟会从地球上全部抹去。在阿尼姆斯科技对大脑造成影响的能力的试验成功之后，韦迪克便可以对类似丹尼尔·克洛斯这样的孩童进行精神重编。而在对克洛斯进行手术的时候，韦迪克在他的精神中植入了一种二段式的导引要素：一种是主要的精神反射，让他产生加入刺客行列，并找出导师所在的冲动，第二层被埋藏在意识的深层，当这层冲动触发时，克洛斯的意识将会被其引导，进而产生杀死导师的意愿。第二层冲动的触发条件也十分特别，只有在克洛斯能够将一柄袖剑作为装备的时候，这种冲动才会启动。沃伦布下的这手黑枪收效卓著，也为圣殿骑士组织带来了巨大的回报。

2012 年，沃伦·韦迪克最终死在了戴斯蒙德·迈尔斯的手里，后者并没有直接将其击杀，而是用自己携带的伊甸苹果的力量操纵了一名阿布斯泰戈守卫，借他的枪夺去了沃伦的性命。

沃伦在内殿团中起着统合各派力量的作用，圣殿骑士们之所以能将注意力集中在阿尼姆斯计划和与此有关的目标上，完全都是因为沃伦的存在。而在他死后，由于没有人能够统合众人的意志，内殿团陷入一片混乱之中。

现代主要圣殿骑士

伊莎贝尔·阿尔当（1969—2015）

伊莎贝尔·阿尔当出生于中国香港，毕业于英国剑桥大学，是计算机科学方面的专业人员。她通过阿布斯泰戈的青年创新者计划，加入了他们的行列，负责数字档案管理，从此开始了自己的职业生涯。

阿尔当后来步步晋升，坐上了历史研究部主管的位置，并从此开始负责管控与归档公司各个部门收集而来的基因记忆。在这个过程中，她接触到了公司的各个分支部门，以及诸多正在起步阶段的项目。她的性格小心谨慎，处处防备。这让她顺理成章地成为内殿团的恰当人选。

阿尔当也是修复伊甸裹尸布项目的负责人，从第二次世界大战时开始，这件裹尸布便成为圣殿骑士的所有物。她将这件裹尸布送到了阿尔瓦罗·格拉玛提卡的手上。然而在 2014 年，这件裹尸布在刺客对巴黎阿布斯泰戈设施的进攻中被再次摧毁。2015 年，圣殿骑士们发现，白金汉宫地下藏馆里还藏着另外一件伊甸裹尸布。于是阿尔当、尤哈尼·奥托·伯格和维奥莱特·达科斯塔一起前去对其进行回收，结果在中途遭到了刺客们的伏击。阿尔当在战斗中被刺客肖恩·黑斯廷斯用电击袖剑当场击杀。

现代圣殿骑士

维奥莱特·达科斯塔（1998—2018）

维奥莱特·达科斯塔出言直率，有着一种刻薄的幽默感，不过，她在执掌策略支援工作方面有着出类拔萃的能力。达科斯塔在安全系统方面也有着过人的才能，不论是维护网络安全，还是侦测入侵，她都做得很出色。她本是隶属于西格玛小队的一名外勤技术专家，也是尤哈尼·奥托·伯格指挥系统中的副手。在2012年，达科斯塔还曾经被临时调去凤凰计划名下，为阿尔瓦罗·格拉玛提卡工作了六个月，帮助他研究伊甸裹尸布。她曾多次在不同场合中自愿穿着伊甸裹尸布，让别人对她开枪，让格拉玛提卡能够和在裹尸布中复活的伊述——康苏斯的意识进行对话。

2012年，朱诺的神识从大神殿的监禁中解放了出来，随后达科斯塔便被灌输了对伊述的信仰，并成为第一文明的仆从的领导人物之一。第一文明的仆从的目的是让朱诺再次复活，并让她带领先行者种族重新夺回地球统治者地位。此后，维奥莱特全情投入复活朱诺的大业，并与手下的第一文明的仆从们夺下了凤凰计划的秘密实验室，对失去实体的伊述肉体进行控制。最终，她在尤哈尼·奥托·伯格和夏洛特·德·拉·克鲁兹带领的联合队伍打进实验室之后，因她对圣殿骑士组织的不忠死于伯格的枪口之下。

梅兰妮·勒梅

梅兰妮·勒梅最早是十七号样本计划的负责人，在阿布斯泰戈娱乐的原首席创意官奥利佛·加奈尔失联后，她便被引入了圣殿骑士组织，并接任首席创意官的职位。她对自己手下的雇员们表露出真诚的关怀之情，而维奥莱特·达科斯塔也曾经用“活泼过头的优等生”来形容她。

奥利维耶·加奈尔

奥利维耶·加奈尔是阿布斯泰戈娱乐的原首席创意官，后来，他在与利蒂希娅·英格兰会面的路上消失。他极有可能是遭到了刺客和圣殿以外的第三方人员的击杀，有人试图阻止他通过探索爱德华·肯威的记忆寻找“观测所”的进程。不过，也有可能是在圣殿骑士们向他展示了他们的终极目标后，他感到不适，在他将这些事情公之于众前，遭到了组织的内部处理。

索菲娅·里金

索菲娅·里金是阿布斯泰戈工业首席执行官艾伦·里金的女儿，也是阿布斯泰戈基金会马德里康复中心的最高领导人。索菲娅和她的父亲一样，也加入了圣殿骑士组织。在索菲娅年幼的时候，她的母亲死在了一名刺客手下，这件事对她产生了很深的影响，也让她从此和自己的父亲形同陌路。

索菲娅向蕾拉·哈桑许下承诺，答应让她加入阿尼姆斯项目的研发团队，然后索菲娅便利用了之前蕾拉对阿尼姆斯难题的构想，她将这些想法反馈到阿尼姆斯项目组当中，并让他们根据这些想法改进设备。不过，蕾拉最后还是发现索菲娅·里金在利用她和她提出的构想，而且索菲娅并不支持蕾拉进行研究，也不会因她做出的贡献给予奖励。索菲娅回应蕾拉说：她的构想确实很优秀，但是她对蕾拉没有足够的信任，因此无法让她参与阿尼姆斯的研发工作。这使两人的关系就此画上了句点。

索菲娅深信，人类的暴力冲动可以通过阿尼姆斯得到治愈，她的工作将为社会带来和平。而她的父亲艾伦·里金却打算把她的成果用在马德里设施，他并不是为了矫正暴力倾向，而是为了达成消灭刺客的私心。索菲娅因此对父亲怀恨在心。但在他父亲被刺客击杀后，她仍然悲痛不已，并下定决心要追捕杀害父亲的凶手——卡勒姆·林奇。

现代刺客的荆棘路

2000 年，兄弟会导师被刺杀之后，他们便失去了引路人。随后，圣殿骑士对各个刺客小队进行了扫荡，整个组织分崩离析，联络中断，残余的据点只得勉强抵抗，最终也没能逃过被圣殿骑士摧毁的命运。

一时之间，很难知道世上到底还残存多少刺客小队，以及这些据点的位置。圣殿骑士逼迫兄弟会成员互相隔绝，断绝了与外界的联系。事实上，很多刺客小队在被圣殿骑士们扫荡之前，根本就没有暴露过自己的位置。在这种时候，信任反而变成了危险，如果向刺客同胞伸出援手反而可能为自己招来灭顶之灾。

兄弟会现在就处于高度紧急的状况。这也意味着，在大清洗后的混沌时期，他们并没有主动调查现在到底还有多少刺客存活，还有多少能执行任务。盖文 · 班克斯和他在阿泰尔 II 号上的船员们将这艘船作为移动总部使用，他们在世界范围内行动，与各地残存的兄弟会取得了联系，同时为许多在挣扎中努力重建的刺客小队提供了援助。

现在距离大清洗结束已经将近二十年，也许此时的兄弟会并不算兴旺发达，但至少也算重新站稳了脚跟。而诸如“新知者”和博学者等团体新成员的加入，极大充实了现代刺客兄弟会的人员构成，也使得组织能够成功地融入二十一世纪的生活当中。

现代主要刺客

“导师”

“导师”这个头衔，最初是用于世界上某一特定区域担任刺客领袖的人。进入二十世纪后，这个头衔正式成为授予单个刺客的独特称号，冠有这个头衔的刺客已经将前任导师积累的知识融入自己内心，而下一任导师也将重复这个过程。二十世纪末，“导师”是孤立和隐秘的，以至于许多刺客开始怀疑，兄弟会中到底有没有“导师”的存在。

2000 年，时任导师正在迪拜监督刺客兄弟会的活动。在这段时间，他对刺客丹尼尔 · 克洛斯很感兴趣，并对他持续关注。他认为，丹尼尔对兄弟会来说非常珍贵和特别，是有可能得以继承导师衣钵的人。最终丹尼尔被带到了导师面前，导师和他分享了有关兄弟会秘密事业的信息，并将自己佩戴的袖剑赠给了他。然而，这一举动触发了丹尼尔潜意识中深植的暗示，然后他当场杀了导师。而他在寻找导师的过程中所收集到的信息，也很快落入了圣殿骑士的手中。

“大清洗”结束后，威廉 · 迈尔斯接过了兄弟会导师的职务，并担任了多个刺客小队的领袖。不过，此时他还没有正式继承导师的头衔。在这之后，威廉、盖文 · 班克斯，以及其他几人便一同行动，对世界范围内的刺客活动进行监管。严格意义上来说，这几人实际上一起分担了刺客导师的责任。不过，威廉 · 迈尔斯还是接受了导师的名号，正式成为现代刺客兄弟会的最高领袖。

现代主要刺客

威廉·迈尔斯（1948—）

威廉·迈尔斯出生在刺客兄弟会，看上去他只是一个平凡无奇、不近人情的普通人。

威廉早年在兄弟会中非常活跃——他最重要的贡献是在 1977 年为兄弟会盗取了阿尼姆斯原型机的蓝图。1987 年，他已经成为刺客藏身处“农场”的领导人，“农场”位于南达科他，大约由三十人组成。在这里，他对许多加入刺客行列的新人进行了训练，其中包括克莱·卡茨马雷克、露西·斯蒂尔曼，以及他自己的儿子戴斯蒙德·迈尔斯。

自从 2000 年兄弟会的导师被刺杀之后，大部分的管理工作就落到了威廉的身上。从此，他开始对兄弟会的许多活动进行监督。虽然他承担了导师的职务，但在这段时间里，他并没有正式继承导师的职位。

威廉的儿子戴斯蒙德从农场出逃，在 2012 年被刺客们从圣殿骑士组织的魔掌中救出。在旁人看来，威廉对待儿子的态度可以说是不近人情。然而，威廉这种步步紧逼、冷漠寡情的处事态度，其实是因为他心中有着比家庭更为重要的东西——那就是戴斯蒙德在阿尼姆斯中到底获取了怎样的情报。他从大处着眼，让自己的目光超脱于刺客与圣殿骑士间旷日持久的缠斗局面，观察戴斯蒙德走后做出的选择——是从灾难中拯救全世界，还是让它重新来过。最终，戴斯蒙德和威廉抛弃了各自的分歧，通力合作。在威廉的帮助下，戴斯蒙德理解了一件事，那就是自己在大神殿中即将执行的使命，有着无与伦比的重要性。

后来，在回收大神殿第三能量源的过程中，威廉在开罗被圣殿骑士们抓获。圣殿骑士随即把他关在了罗马，并引诱戴斯蒙德前去救他。戴斯蒙德中断了搜索打开大神殿所需要素的工作进程，前往罗马拯救自己的父亲。

到这一步为止，戴斯蒙德的行动都在圣殿骑士的预料之中。然而他们没有想到的是，戴斯蒙德一个人打到了罗马分部，在那里大开杀戒，在救出自己父亲的同时，他还杀死了丹尼尔·克洛斯，并用伊甸苹果间接杀死了沃伦·韦迪克。

最后，在大神殿中，威廉改变了主意，他恳求戴斯蒙德和他一起离开。然而戴斯蒙德坚持要留在这里，并以自己的生命为代价，保护地球免受第二次毁灭性太阳耀斑的侵袭。

在这之后，威廉便从代理导师的位置上退下来，开始隐藏自己的行迹，来抚平丧子之痛。在这段时间里，盖文·班克斯接过了他原本的职责。2014 年，他终于平抚了自己的心情，重新回归现役，并对从“新知者”组织中招募的新人进行了训练。

2017 年，西格玛小队打算在埃及袭击蕾拉·哈桑，威廉·迈尔斯前往埃及解救她，并邀她成为刺客盟友。蕾拉一开始不同意加入兄弟会，不过她还是接受了现实：她私自改装和运行了阿布斯泰戈配发的外勤用便携阿尼姆斯终端，阿布斯泰戈也会对此采取各种报复性行动。因此，她必须设法保全自己，和刺客一起行动。这样一来，他们便将蕾拉这样的天才技术专家收为己用，也可以利用她改装完毕的阿尼姆斯 HR-8.5 进一步探索基因记忆，这对兄弟会来说是无价之宝。

现代主要刺客

盖文·班克斯

盖文·班克斯之前是大阪刺客兄弟会的成员，当时训练他的刺客是望月见一，现在他驻扎在兄弟会的移动总部阿泰尔 II 号上，并随船在世界范围内行动，以确保各地残存兄弟会间的联系。

2012 年，盖文带领他的小队展开行动，将圣殿骑士的注意力从威廉·迈尔斯和他手下的刺客小队身上移开，为他们争取打开大神殿的时间。在 2012 年 12 月的事件发生和戴斯蒙德死亡后，威廉便隐去了行迹。不久之后，肖恩·黑斯廷斯和瑞贝卡·克瑞恩便和盖文搭上了线，并交给他一本威廉的手札，这本手札中包含了兄弟会指导者需要知道的一切。其中还附有一封书信，信中威廉为自己不告而别，让盖文独自承担监管兄弟会这一重任的行为表达了歉意。

从此盖文便开始对兄弟会的活动进行监督，并与各个刺客小队保持联络。而在此过程中，威廉·迈尔斯的下落依旧成谜。几个月后，盖文在挪威找到了威廉的藏身之处。他们发现阿泰尔 II 号的船员中藏有一名间谍后，两人再次共同行动，向派出间谍的“新知者”组织成员抛出了橄榄枝，希望他们能与刺客们一起行事。

从此之后，盖文继续在阿泰尔 II 号上行动，继续发挥着兄弟会移动总部的功能。

阿泰尔 II 号是一艘属于刺客组织的轮船，由盖文·班克斯和苏珊·德雷顿掌管，担任刺客组织的全球移动基地。

现代主要刺客

戴斯蒙德·迈尔斯（1987—2012）

戴斯蒙德出生在一处位于南达科他州、人口约三十人的刺客藏身处“农场”，他在这里度过了自己的成长期，在父亲威廉·迈尔斯的监督下，和其他刺客家庭的孩子们一起接受训练。然而，随着时间的推移，他对农场一再强调的与圣殿骑士进行对抗的方针产生了怀疑。他十六岁的时候从农场中逃出，用从父亲那里学到的技能摆脱了追捕，最后在纽约城落了脚，在那里当了一名酒保。

戴斯蒙德的血统让阿布斯泰戈垂涎三尺，他的DNA中藏有关于各种事物的基因记忆：刺客，圣殿骑士，先行者设施及造物——每一个主题对他们来说都有极高的价值。于是在2012年，戴斯蒙德被抓到了阿布斯泰戈的设施中。随后，他被置于阿尼姆斯机体中，对他的基因记忆进行探索。阿布斯泰戈从他的基因记忆中提取出一张全世界先行者设施以及伊甸碎片分布的全息地图，然后他们就下令处决戴斯蒙德。

然而故事并没有结束。在露西·斯蒂尔曼的帮助下，戴斯蒙德从阿布斯泰戈设施中逃出，她把他带到刺客们中间。然后戴斯蒙德自愿对自己的基因记忆继续进行了探索，同时接受出血效应的影响，从自己的刺客先祖埃齐奥·奥迪托雷那里尽可能多地学习，提升自己新觉醒的诸多技能水平。在此期间，他通过体验埃齐奥的基因记忆，获得了来自伊述人密涅瓦的一条信息：密涅瓦警告他说，即将发生的多沓巨灾将让地球上绝大多数生物毁灭，并交给了他一项任务，让他寻找其他的先行者神殿。

戴斯蒙德的出血效应愈发强烈，借助这种力量，他在罗马找到了一处藏有伊甸苹果的先行者密室。就在他们进入密室之后，伊述人朱诺向戴斯蒙德揭露了露西对他的背叛行为，并向他展示了露西取得伊甸苹果之后会产生的后果。戴斯蒙德被朱诺控制，别无选择，最终他只能亲手杀死露西。随后，他在诸多事件造成的精神压力作用下陷入了昏迷。刺客们将不省人事的戴斯蒙德放进了阿尼姆斯终端之中，并以安全模式运行，希望他的精神状态能够稳定。

在阿尼姆斯的安全模式环境中，戴斯蒙德与人工智能化的克莱·卡茨马雷克进行了交流。克莱是阿布斯泰戈的阿尼姆斯计划选用的上一个实验体。他将一份自己意识的人工智能复制品放在阿尼姆斯的操作系统中，然后便割腕自杀了。

戴斯蒙德在他的帮助下恢复了意识，而刺客们此时也正在行动——他们正前往纽约的先行者大神殿。

为了解锁大神殿，并阻止“第二次巨灾”太阳耀斑的毁灭性爆发，戴斯蒙德再次进入了阿尼姆斯，对自己的祖先海瑟姆·肯威和拉通哈给顿的基因记忆进行探索，希望找到一把钥匙。在找到钥匙，并解锁了通往大神殿内部的路径后，刺客们发现了一个放在其中的装置。这个装置可以使世界免于承受第二次巨灾，但在启动它的同时，朱诺则会从禁锢她的封印中摆脱出来。如果这个装置没有启动，第二次巨灾便会毁灭地球上的大部分生命，残存的人类会重建自己的文明，将戴斯蒙德尊为殉道者和动力源泉。然而，戴斯蒙德认为，如果人类还有机会，他们一定会与朱诺决一死战，于是他做出了一个艰难的选择——牺牲自己的生命启动装置，拯救世界。

戴斯蒙德的尸体被紧随而至的阿布斯泰戈工作人员发现并回收。他们采集了尸体的DNA样本，并上传了从DNA中提取出的基因记忆，以供进一步的研究与分析。

附注：

戴斯蒙德的DNA中携带有比常人浓度更高的先行者基因，因此可以正确地使用并控制各种伊甸碎片。

戴斯蒙德是刺客阿泰尔·伊本－拉阿哈德、埃齐奥·奥迪托雷、爱德华·肯威、拉通哈给顿，以及圣殿骑士海瑟姆·肯威的后代。

在蒙特里久尼，戴斯蒙德在出血效应发作时，看到了埃齐奥进行信仰之跃的幻象，并模仿他做出了同样的动作——现代兄弟会的成员们很少会做出这样的行为。

“短短几个月，我的生活就永远改变了。我知道自己最轻松的日子已经过去，但我不想让他们回来——现在不行。我叫戴斯蒙德·迈尔斯，是个刺客。我是个刺客。”

——戴斯蒙德·迈尔斯

TORNEIO

现代主要刺客

瑞贝卡·克瑞恩（1984—）

瑞贝卡原本是一名极限运动爱好者，不过在一次事故的恢复过程中，她将自己的热情投入了计算机方面，从此一发不可收拾。她为兄弟会制造了刺客方专属的阿尼姆斯 2.0 机体，并作为技术专家为他们效力。瑞贝卡乐观积极、精力充沛，她对自己在兄弟会的技术工作感到自豪。

瑞贝卡之前是克莱·卡茨马雷克的队友，也是露西·斯蒂尔曼去阿布斯泰戈卧底之前的朋友。她现在的搭档是历史学家肖恩·黑斯廷斯。

2014 年，瑞贝卡在维护兄弟会通信网络时，发现了“新知者”组织间谍网络的活动痕迹，但她对这个间谍网络的效率和构架方式非常欣赏。后来，威廉·迈尔斯和盖文·班克斯没有对“新知者”进行制裁，反而派瑞贝卡和肖恩去招募他们，希望他们加入刺客的战线，随后她便与“新知者”组织成员联合展开了工作。

2015 年，瑞贝卡和肖恩被派去侵入伊莎贝尔·阿尔当位于伦敦的办公室，希望了解阿布斯泰戈搜索伊甸碎片的进度。然而两人没有遵守命令，而是在办公室中潜伏等阿尔当现身，最后却中了西格玛小队的埋伏，只得仓促逃离。经过数据分析，裹尸布位于白金汉宫地下藏馆，先后到达那里的刺客和圣殿骑士们便开始了火并。在刺客回收裹尸布的过程中，瑞贝卡试图保护肖恩，遭到了维奥莱特·达科斯塔的枪击。虽然瑞贝卡因此受了重伤，她还是活了下来，并在不久后完全康复。2016 年，她又以从阿布斯泰戈处盗取的有关数据和设备——阿布斯泰戈基金会在马德里的设施中所使用的新型阿尼姆斯设计图及新型处理器——制造了一台全新的阿尼姆斯机体。后来，不顾一切全力搜寻伊甸三叉戟戟尖的刺客格里芬、少年欧文·迈耶斯和哈维尔·蒙德拉贡三人和瑞贝卡一起行动，这三人在北美的一处刺客藏身处使用了她制造的阿尼姆斯终端。瑞贝卡为他们做好准备工作之后，便离开了他们，去支援另一项任务。

肖恩·黑斯廷斯（1985—）

肖恩愤世嫉俗，言语讥诮，对自己自信满满，是刺客兄弟会的历史学家和分析师。他对历史非常了解，是现代刺客的宝贵信息来源，刺客们通过他的信息追踪伊甸碎片和先行者的情报。虽说肖恩举止粗鲁，缺乏耐性，还喜欢毒舌，但是他很重视自己队友的能力和建议。

肖恩从少年时代开始便热衷于阴谋论，并对阿布斯泰戈工业展开了调查。他将自己的调查结果发表在维基解密之后，瑞贝卡与他取得了联系，并警告他正处于危险当中。2010 年 12 月，圣殿骑士绑架了他，瑞贝卡将他从阿布斯泰戈手中救出，然后带领他加入了刺客的行列。

肖恩在威廉·迈尔斯手下接受了训练，虽然他不喜欢使用武器，但最终还是证明了自己是一名合格的外勤特工。但是在 2015 年的行动中，他为自己配备了一把电击袖剑，并用它击杀了伊莎贝尔·阿尔当。

现代主要刺客

露西·斯蒂尔曼（1988—2012）

露西和戴斯蒙德一样在兄弟会中出生，同样在威廉·迈尔斯的手下进行训练。她十七岁进入阿布斯泰戈工业卧底，之后便与刺客中断了联系。她在神经科学领域的研究成果引起了沃伦·韦迪克的关注，他主动提出让她跟着自己在阿尼姆斯计划中工作。她负责了许多阿尼姆斯早期版本硬件以及操作系统的设计工作，并对组装过程进行监督。韦迪克一直善待她，再加上她多年与刺客断绝来往，最终她改变了自己效忠的对象。

当时露西的刺客队友克莱·卡茨马雷克在圣殿骑士的阿尼姆斯中做实验体，克莱发现了露西的变节行为。露西不再违抗韦迪克延长阿尼姆斯机的命令，克莱明白露西的背叛使他无法逃脱，再加上因过久暴露在阿尼姆斯终端中产生的严重出血效应，他对现实的认知已经彻底崩毁。克莱最终自杀身亡。

后来，戴斯蒙德·迈尔斯也被绑，关进了阿布斯泰戈工业位于罗马的设施中。这次，露西在阿尼姆斯机的休息时间中取得了戴斯蒙德的信任，并向他摊牌，说自己是一名无法逃离的卧底。之后，戴斯蒙德对阿泰尔·伊本－拉阿哈德的记忆进行了探索，并为阿尼姆斯计划提供了一幅标有先行者设施和造物位置的地图，阿布斯泰戈便下令要处决他。在露西的帮助下，戴斯蒙德从设施中逃离，并和她一起来到了一处刺客的藏身处。此时，虽然露西已经成了双面间谍，她对戴斯蒙德却动了真情。

然而，刺客们进入罗马竞技场地下的先行者密室后，朱诺介入了他们的行动中，并向戴斯蒙德揭发了露西背叛的事实，以及如果她成功带走伊甸苹果将会带来的后果。在朱诺的影响下，戴斯蒙德杀死了露西。

现代主要刺客

夏洛特·德·拉·克鲁兹（1993—2018）

2015年，夏洛特·德·拉·克鲁兹因自己的先祖系谱被招入刺客兄弟会，她携带的基因记忆蕴藏着无价的情报。夏洛特知道之后，便下定决心进入阿尼姆斯环境，探索自己的基因记忆来帮助刺客们。她在阿尼姆斯内外的种种经历，以及出血效应对她的影响，使她迅速成为经验丰富的刺客。

夏洛特的个人行事原则固执武断，虽然她尽可能的在兄弟会的允许范围之内行事，但有时候还是会出格。她刚加入兄弟会的时候，曾强迫自己的刺客同伴重新审视自己的目标，并拒绝接受现状。虽说夏洛特已经变得比理想中更粗暴和愤世嫉俗，她仍然决心坚持自己的原则，这套准则包括对家人，社会公义和平等的重视，她也因此不愿意杀人。

夏洛特暴露在阿尼姆斯环境的时间相当长，在这个过程中，她不但没有受到出血效应的负面影响，甚至在短时间内得到了良好的恢复，体现出过人的潜行才能。此外，她对使用阿尼姆斯追查“光之山”下落一事表现出高度的热情，最终她充分发挥了自己的身体机能，直到尤哈尼·奥托·伯格接管了她的搜索工作。

从各方面看来，夏洛特与伊述康苏斯有着特别的联系。康苏斯是伊甸裹尸布的设计者，用伊甸裹尸布覆盖自己的人可以与康苏斯直接对话。现代刺客兄弟会也做出推论，猜想基因中携带有高富集度先行者DNA的个体也能够做到与康苏斯进行直接交流。夏洛特回顾了自身祖先基因记忆的过程中和康苏斯之间的交流，因为康苏斯确实在他们的交流中留下了线索和路标，帮助她阻止朱诺掌控世界。

夏洛特和她手下的刺客小队后来与圣殿骑士“黑十字”尤哈尼·奥托·伯格达成了暂时合作关系，对抗第一文明的仆从组织，并制止他们利用强夺而来的凤凰计划实验室为朱诺制造肉体，进而让她重生于世，利用“光之山”的力量掌控世界的图谋。光之山是一件强力的伊甸碎片，通过它就可以操纵其他伊甸碎片。在与朱诺对抗的过程中，夏洛特使用了“光之山”来吸引她的注意力，随后使用自己装备的袖剑将其刺杀。朱诺的丧命宣告了这样一个事实：她再也无法对人类构成任何威胁。

战斗后的夏洛特负伤累累、虚弱不堪，在朱诺死后，奥托·伯格立即摧毁了凤凰计划所使用的秘密地下实验室。虽然其他刺客们及时地撤离了，夏洛特却凶多吉少。她决意为朱诺干预人类事务的行为画上句点，而她做出的牺牲也将被整个兄弟会铭记与敬仰。

“我是托马斯·斯托达德，刺客大师；我也是海勒姆·斯托达德，背弃信条之人；我还是奎拉，印加帝国脚程最快的查斯其。我是在二十三年间行了六百年生路的存在，这便意味着我学到了一些东西。”

——夏洛特·德·拉·克鲁兹

加林娜·沃罗宁娜（1983—）

加林娜出生于刺客家庭，她曾是俄罗斯刺客兄弟会的成员。1977年，她的母亲梅杰娅·沃罗宁娜从威廉·迈尔斯那里收到了他为刺客盗来的阿尼姆斯图纸，并制造了第一台阿尼姆斯的测试机体供刺客们使用。加林娜的母亲长年将自己作为阿尼姆斯机体的实验体，她的精神因此逐渐崩坏。梅杰娅发疯之后一直说自己看到了夏娃的幻象，并强制自己的同事，包括她的双胞胎女儿，暴露在阿尼姆斯环境中。加林娜是这场实验中唯一一个存活下来而且神志清醒的刺客，并因祸得福，从出血效应中学习到了自己祖先拥有的技能。

2014 年 3 月，加林娜与盖文·班克斯和阿泰尔 II 号的船员们取得联系，她向阿泰尔 II 号报告了俄罗斯兄弟会的状况，并要求他们刺杀自己的母亲。于是盖文一行人和加林娜一起来到刺客科技中心，与暴露在阿尼姆斯环境下发狂并留在那里的俄罗斯刺客们展开了战斗。加林娜亲手结束了自己的母亲梅杰娅和双胞胎妹妹的性命，将她们从朱诺的控制和阿尼姆斯带来的狂乱中解放了出来。自此，俄罗斯兄弟会便迎来了自己的覆灭，而无处可归的加林娜也加入了盖文的麾下，成为阿泰尔 II 号的船员。

一年之后，加林娜被派到了加利福尼亚州的一支全新的刺客小队中。在那里，她成功阻止了圣殿骑士们绑架夏洛特·德·拉·克鲁兹，试图进一步发掘她的高价值先祖谱系，随后将夏洛特本人招入了刺客组织。

加林娜参与了对博学者新人和夏洛特的训练。夏洛特在阿尼姆斯环境中的体验让她出现了出血效应，并迅速从先祖那里学到了各种各样的技能。在对夏洛特进行训练之后，两人依旧共同行动，执行追查“光之山”的下落和消灭朱诺这两项重大任务。在任务期间，夏洛特和圣殿骑士尤哈尼·奥托·伯格之间达成临时合作关系。加林娜虽然知道这场联合很有必要性，却依旧对此恼怒不已。之前两人在 2015 年相见时，伯格几乎要死在加林娜的双拳之下，而她却因为情势所迫被迫撤退，没能痛下杀手。随着时间的推移，加林娜也对夏洛特的决心和献身精神产生了敬佩之情。夏洛特的牺牲对加林娜也产生了极大的影响，她甚至提出了休假的请求，这就能看出夏洛特和她的使命对这位冷漠的俄罗斯刺客到底有多大的意义。

现代主要刺客

蕾拉·哈桑

蕾拉出生在一个物质条件优裕的埃及家庭，她在孩提时便随着家人一起移民纽约。她对既有体系，团队合作，以及传统的学术环境都有着极强的叛逆心理。2006 年，在她打算彻底抛弃学业的时候，索菲娅·里金在蕾拉学校开展的青年创新者计划活动中注意到了她在工程学方面的才能。索菲娅以让蕾拉参与阿尼姆斯计划为诱饵，劝说她为阿布斯泰戈效力。起先，她在阿布斯泰戈健康中心的研发部门工作，后来职位发生了变动，开始为历史研究部进行外勤工作。索菲娅没有半点让她真正参与阿尼姆斯计划的意思，只是一再推诿，同时还将她的创意私自运用到了阿尼姆斯计划中。

2011 年埃及革命期间，蕾拉暂时离开了自己的工作岗位进行休假，此时她开始产生疑问，思考革命到底有多大的意义，会带来怎样的影响，又会有怎样的长远利益。不久之后，蕾拉打定主意，要向阿布斯泰戈工业证明自己的价值，并争取在阿尼姆斯计划中争得一席之地。于是她私下里开始制造一种阿尼姆斯终端的改版，这种机体可以让使用者访问任何人的基因记忆，而且不必受到血系传承的限制，即便是已经损坏或者不完整的 DNA 样本，也可以在这台终端上运用。

后来，蕾拉被派到埃及的一处墓地进行调查，对这处理论上可能藏有伊述造物的墓穴进行探索。期间，蕾拉趁着自己外出执行任务之便，对自己手中这台将近完成的阿尼姆斯改装机进行了秘密试验。蕾拉认为，自己用这台机体发掘出的信息，可能会有能对她的职业生涯带来重大积极影响和重大荣誉的情报。在使用这台新型阿尼姆斯终端的过程中，因为她体内高度富集的先行者 DNA，蕾拉并没有在应对出血效应的时候遇到什么困难。之后西格玛小队袭击了蕾拉，惩罚她未经授权修改和使用阿尼姆斯。威廉·迈尔斯及时到达，保证兄弟会提供支援和安全保障，希望蕾拉加入刺客的行列。蕾拉接受了威廉提供的保护，随后正式加入了刺客兄弟会。

蕾拉对 HR-8 型便携式阿尼姆斯终端的进一步开发与改进取得了显著成效，这台阿尼姆斯机体使兄弟会不仅可以利用损坏的 DNA 样本进行记忆模拟，还可以使用外来的历史文物提升记忆的模拟精度。蕾拉积极行动，不断进步，并决心追寻希罗多德的《失落之史》中所蕴藏的秘密，让世界向更美好的方向转变。

“阿布斯泰戈这次不会赢的——如果这本书的记载真实无虚，我们最终找到那件伊述神器的话，刺客们卷土重来的机会终于来了。”

——蕾拉·哈桑

现代主要刺客

阿泰尔II号的船员们

阿泰尔 II 号是现代刺客兄弟会的移动总部。

盖文·班克斯：刺客领袖

盖文·班克斯是阿泰尔 II 号上刺客小队的领导人物，船上的所有人都因各有所长而被吸纳进组织当中。威廉和他的小队执行开启大神殿任务的时候，盖文为他们提供了运输条件，同时将圣殿骑士的注意力引到了他的小队身上。戴斯蒙德死后，盖文的刺客小队便在原已分崩离析的兄弟会中扮演了更加活跃的角色。

苏珊·德雷顿：船长

苏珊年轻时曾经是一位环保主义者，然而，她从家乡乔治王子市的供水中心偷到一份新氟化物的样本之后便遭到了逮捕。得到保释后，苏珊受到了同为环境保护主义者的刺客的引导，成为兄弟会的一员。她与盖文在试图偷取同一艘船的过程中相遇，便决定从此结伴行动。苏珊之前曾经在船上待过很长时间，有着非凡的驾船技能，于是她成了阿泰尔 II 号的船长。

埃曼努埃尔（曼尼）·巴拉萨：护甲师，武器专家

为了保证和平会谈的进行，埃曼努埃尔打破了第一信条，炸毁了一辆载有炸弹、满座学童的校车。从此，他立下誓言，再也不杀任何人。随后，军人出身的他被安排到阿泰尔 II 号上，为船员提供武器以及武器使用训练方面的支持。

埃米特·利里：计算机专家

埃米特曾经担任软件工程师，为阿布斯泰戈名下的代理计划效力，专攻基因记忆读取方面的技术。在代理计划无限期中止后，沃伦·韦迪克曾经向他伸出橄榄枝，邀请他参与阿尼姆斯计划；然而，对项目理念感到不适的他拒绝了这一要求。埃米特对自己的安全状况十分担忧，原因是阿布斯泰戈确实派人对他实施了绑架。不过，盖文也及时采取了行动，提前带他撤离，这让想要挟持他的特工扑了个空。

现代主要刺客

诺达尔·尼尼兹：大厨

诺达尔曾是一名相扑选手，他回到家乡后，发现自己的弟弟阿卡基已经投身于俄罗斯与车臣的战争之中。他认为这场战争背后有一个巨大的黑幕操纵着一切。随后，盖文·班克斯救下兄弟二人并将他们招入兄弟会，诺达尔变成了船上的大厨。他不仅掌控着船只的日常运行，也负责准备伙食，确保船内清洁，以及补给品的管理。

阿卡基·尼尼兹：首席工程师

阿卡基之前曾经在格鲁吉亚假托刺客兄弟会的名号成立了一个组织，并对弱者和被压迫者提供帮助。之后他们被圣殿骑士盯上，盖文·班克斯救下了阿卡基和他的兄长诺达尔，随后让他们加入了真正的兄弟会组织。

史蒂芬妮·赵博士：船医

史蒂芬妮的父母都就职于北京的一家阿布斯泰戈医药公司，她的父亲参与了新氟化物的研制，她本人也被安排进入了一所由阿布斯泰戈资助的大学，并在那里获得了药学，生物医学工程，化工以及膜技术方面的学位。她是黑客组织“新知者”的成员，并将埃里克·库珀的报告上传到他们网络中。

埃里克·库珀：领航员，大副

在一场被埃里克称为“一场对杀死我生平挚爱的敌对团体进行的严密复仇行动”结束之后，盖文便将他吸纳进了兄弟会。库珀是一名出生于苏格兰的变性人，和史蒂芬妮一样，他拥有着刺客和“新知者”双重身份。史蒂芬妮向“新知者”网络上传的谍报报告，也是由库珀编写的。

加林娜·沃罗宁娜：战斗专员

2014 年初，加林娜成为阿泰尔 II 号的船员。此前，她和盖文小队一起，结束了俄罗斯兄弟会残存刺客们的性命——这些刺客长期暴露在俄罗斯兄弟会自制的阿尼姆斯环境下，因而失去了理智。现在，她负责发现和招募“新知者”。在对阿布斯泰戈位于巴黎的设施的攻击中，她也和盖文一起开展行动。2015 年，她被派到加利福尼亚的新据点之前，在船上服务了整整一年。

现代刺客

克莱·卡茨马雷克（1982—2012）

克莱出生于一个环境恶劣的离异工程师家庭中，由于生活中不断出现的混乱状况，他和他父亲之间的

关系疏离，他的精神状态一直不太安定。最终，他加入了刺客组织，并在这里找到了自己一直追求的东西——一个我为人人，人人为我的大家庭。

2010 年，克莱接到任务，要他访问阿布斯泰戈工业首席执行官艾伦·里金的个人计算机，尽可能从中获取阿尼姆斯计划的情报。这次行动取得成功后，兄弟会又指派他成为阿尼姆斯计划的实验体，进入阿布斯泰戈工业进行卧底工作。按照计划，已经打进阿尼姆斯计划内部的刺客线人露西·斯蒂尔曼，最终会确保他脱逃。2011 年 2 月，他依照计划被阿布斯泰戈的家系研究与获取部绑架，并强制他探索自己先祖埃齐奥·奥迪托雷的基因记忆，从此成为计划的十六号实验体。

随后，克莱找出了阿尼姆斯计划的真正目的：确定伊甸碎片的位置。于是他打定主意，为逃脱作准备；然而，他的队友露西·斯蒂尔曼已经倒戈向圣殿骑士一边，周围也没有能够帮助他的人了。逃脱无门的他后来被暴露在阿尼姆斯环境下达数日之久，在这种高强度的记忆模拟中，他的精神逐渐崩坏。克莱知道自己对现实已经失去了正常的认知，于是开始制定详细的自杀计划。首先，他在阿尼姆斯中留下了自己意识的复制体，并将其深藏于已经被破解的阿尼姆斯

文件当中。然后他用圆珠笔割腕，用流出的血液当作颜料，在墙上留下了信息。他这样做是为了让下一个实验体能够获取到自己在漫长的阿尼姆斯环境体验中所得到的信息。

“主教”

“主教”是世界范围内刺客活动的管理者，她还承担着情报中继的工作。此人的身份和过去一直是个谜团，在刺客们中也流传着各种有关她真实身份的猜想与传言。不过，抛开这一点不谈，她在与有任务在身的外勤人员进行联络，和向世界范围的诸多区域调度刺客方面，确实为兄弟会提供了不小的助益。

阿伦德·舒特·康宁汉姆与高仓清志

阿伦德·舒特·康宁汉姆是一名来自荷兰的前综合格斗冠军，带领他进入兄弟会的是他的搭档哈兰·康宁汉姆。而高仓清志在成为刺客前，曾是大阪阴摩罗鬼组的成员，后来阴摩罗鬼组被日本刺客兄弟会接管，成为兄弟会的伪装之一。2015 年，“主教”派两人调查凤凰计划使用的新实验室的位置，两人从此开始共事。2016 年，两人参与了从阿根廷海域的博学者之岛上营救夏洛特、加林娜与她们的刺客小组的行动。两位刺客用直升机将他们救出，并在逃离中杀死了高阶圣殿骑士奥尔特加·桑切斯。

此后，阿伦德和清志就一直留在这支队伍中，和

他们一起追查第一文明的仆从与“光之山”，并在2018年参与了摧毁凤凰计划实验室的行动。此后，阿伦德便开始休假，以抚平自己的悲痛之情。而清志则埋头协助蕾拉·哈桑寻找亚特兰蒂斯的工作，以此来压抑自己的情感。

迈歇尔·勒迈尔

勒迈尔是黑客集团“博学者”的成员之一，在夏洛特·德·拉·克鲁兹的刺客队伍需要协助调查圣殿骑士的凤凰计划，以及第一文明的仆从复活朱诺的时候，她与刺客们进行了合作。虽然勒迈尔对刺客们提到的能力和技能方面具有基因等级的方式表露出了自己的不屑，她最终还是接受了刺客加林娜·沃罗宁娜提供的训练课程。随后，当发现博学者组织中自己的好友格尔尼卡是一名已加入第一文明的仆从的叛徒时，迈歇尔十分震惊。她决定用这样的方法解决这件事：刺客们继续任务的时候，她必须在伦敦的一处安全屋看守格尔尼卡，再次对他进行试探。随后，第一文明的仆从们对安全屋发动了攻击，迈歇尔带着身负重伤的格尔尼卡艰难逃出。然而，迈歇尔发现，即便发生了这么多事情，也没能让格尔尼卡改变自己的想法。于是她抛弃了格尔尼卡，让他在伦敦的一处屋顶上自生自灭，自己一个人走上了刺客的道路。

维多利亚·毕博

作为一名前圣殿骑士，维多利亚·毕博曾在阿布斯泰戈娱乐的蒙特利尔总部供职数年，作为精神疾病方面的专家，她曾是公司内负责对雇员进行精神方面诊断的人员之一。她负责让实验体暴露在阿尼姆斯环境中，然后监视实验体产生的诸如出血效应之类的副作用。同时，她也密切监视着分析师罗伯特·弗雷泽。当时罗伯特正运用阿尼姆斯机体对亚诺·多里安的记忆进行研究。随后，弗雷泽和毕博在他们的协作研究中摧毁了有关文档，包括计算机文件，同时让这种行为暴露在光天化日之下。两人还因不满阿布斯泰戈处理经受出血效应实验体的方法，将未曾排布序列的基因记忆泄露给了刺客兄弟会。然而，即便毕博做出了如此行径，艾伦·里金还是在对其严加监视的前提下，把她留在了自己的队伍当中。她曾经执行过涉及敏感信息的诊断，其中一次诊断引起了阿布斯泰戈历史研究部新任主管西蒙·海瑟威的注意。

随后海瑟威调去为“鹰巢”工作，这里关押着数名青少年，他们将会作为实验体进入阿尼姆斯环境，进行连携记忆模拟，对“崛起事件”进行研究。这项实验可能会影响这群少年的身心健康，过度暴露在阿尼姆斯环境下也可能造成严重的后果，这让毕博陷入了深深的道德挣扎中。而以赛亚对获取伊甸三叉戟，进而成为超越人类的神的偏执狂热，也让她的日子颇为难过。

在亲眼见证了圣殿骑士们利用阿尼姆斯最大限度压榨实验体潜能，以获取尽可能多的情报，进而推进他们强行为世界带来新秩序的计划之后，毕博对他们的行事方式终于忍无可忍。在威廉·迈尔斯的帮助下，她最终顺利从圣殿骑士组织倒戈，加入了刺客兄弟会，而在这里，她也进行着自己的本职工作：把控刺客们的精神健康，同时作为蕾拉·哈桑的阿尼姆斯操纵者和医疗技术人员，发挥着自己的能力。

艾伦娜·瑞恩

艾伦娜是一位热情的历史学家，在蕾拉搜索列奥尼达斯之矛的过程中，她一直为蕾拉提供支援，为她提供指引，并在蕾拉有需求的时候通过视频聊天为她提供帮助。艾伦娜热爱旅行和探险的体验，也热衷于探索前人未知的史料，而刺客们提供的能够得到第一手历史体验的机会，便成了她加入兄弟会的主要原因。

其他派系及无所属人士

参与了刺客与圣殿骑士间旷日持久斗争的人有很多，不过，卷入其中的人不一定都是刺客或者圣殿骑士。

博学者

博学者，又被称为博学者集团，是一个致力于与阿布斯泰戈工业进行对抗的黑客组织，他们利用多种多样的通信手段，传播他们挖掘到的有关阿布斯泰戈及圣殿骑士组织的真相。虽然博学者先前和刺客们并没有达成直接的合作，但博学者有时也会与刺客联系，并参与某些阿布斯泰戈项目，例如传承计划。出于安全考虑，阿布斯泰戈永久叫停了博学者接入的传承计划。

夏洛特和她的刺客小队前往博学者召开的一场会议，此时她发现博学者们的领袖就是她从自己孩提时便人间蒸发的祖母弗洛伦西亚。

在刺客和博学者们共享情报的过程中，一支阿布斯泰戈突击队对阿根廷海域上一座有博学者设施的秘密岛屿发动了袭击。在这场突袭中，博学者组织的大部分都已经被摧毁。于是夏洛特的小队将两名博学者——迈歇尔·勒迈尔和阿尼姆斯技术专家格尔尼卡纳入了刺客的行列。他们在迈歇尔加入兄弟会，并在加林娜处接受训练。随后，格尔尼卡暴露了自己是第一文明的仆从成员的真实身份，而他的目的就是破坏夏洛特和她小队的工作。

新知者

“新知者”组织是由平民出资建立而成的无所属秘密组织，他们致力于发掘有关刺客和圣殿骑士的种种真相，他们收集到的情报最终会上传到一个名为“外联网”的秘密网络中。

在阿泰尔 II 号航行的过程中，有两名“新知者”成员也潜伏在船上。不过，在他们的身份暴露之后，威廉·迈尔斯和盖文·班克斯并没有惩治他们，而是向他们和他们背后的“新知者”组织伸出了橄榄枝，邀请他们站到兄弟会的阵线上。从那之后，他们便成为刺客兄弟会的受训者和支持者，由“主教”负责联络和统管双方事务。

“新知者”成员们在处理赫利克斯计划的数据，延展对亚诺·多里安记忆的研究范围，还有确定当年弗莱双胞胎找到的伊甸裹尸布位置等工作中，都发挥了非常重要的作用。虽然“新知者”成员为刺客的事业出力不少，但兄弟会中还是有些人对此感觉不舒服。

崛起事件

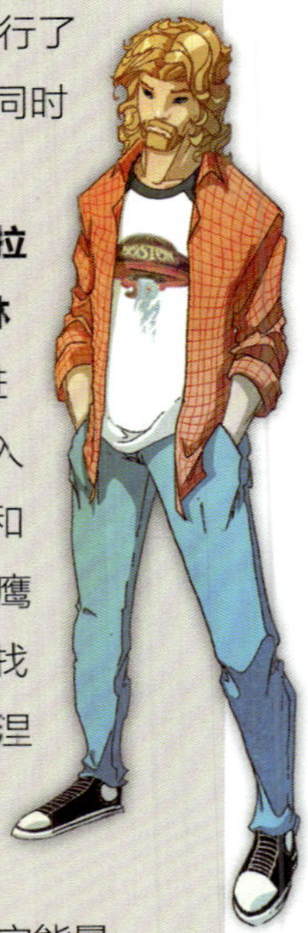

前阿布斯泰戈雇员塞巴斯蒂安·门罗离开公司时带走了多件设备，并将这些设备在一台旧巴士中进行了组装，制造了一台可供拥有共同经历的多个个体同时连接记忆模拟的阿尼姆斯机体。

在那之后，**欧文·迈耶斯**、**哈维尔·蒙德拉贡**、**娜塔莉娅·阿里耶夫**、**肖恩·莫洛伊**、**格林斯·柯林斯**以及**大卫·柯林斯**便开始与他合作进行记忆研究工作。后来，刺客和圣殿骑士们的介入让他们的队伍分道扬镳，其中一部分人选择和兄弟会合作，而另一部分前往以赛亚的“鹰巢”。双方都在加紧进行记忆探索，希望能找到伊甸三叉戟的三道戟尖。最后，伊述人密涅瓦在他们同意的情况下，利用心理联系让少年们的阿尼姆斯环境连接了起来，进而利用他们携带的祖先记忆共鸣毁灭了三叉戟，使它能量尽失。

第一文明的仆从

第一文明的仆从也被称为朱诺教，这个秘密团体吸收了圣殿骑士、刺客兄弟会的成员，他们的目标是拥护朱诺，为她重建伊述种族，将人类重新变为奴隶。朱诺教的领袖是维奥莱特·达科斯塔，她同时也是圣殿骑士内部的双面间谍，是得到尤哈尼·奥托·伯格充分信赖的副手。通过这种高度渗透的卧底方法，第一文明的仆从一直保持着隐秘，没有被发现。

最近的各种情报指出，朱诺教也试图从刺客兄弟会和博学者们当中为自己招募成员。之前，刺客们袭击位于香港的一处阿布斯泰戈设施时出现了意外，一名攻击者有着极为鲜明的特征：他使用阿布斯泰戈的尖端装备，同时使用了刺客的战斗技能。后来，此人的身份得到了确定：正是前刺客扎斯迪普·达米。他之前被委派追寻"光之山"的下落，并对凤凰计划展开了调查。变节后的扎斯迪普依然能够使用阿布斯泰戈的尖端兵器，经受过刺客训练的他有着极度狂热，这让他成为现代刺客兄弟会的大敌。除扎斯迪普外，刺客从博学者残部中吸纳的新人格尔尼卡也暴露了自己身为第一文明仆从成员的事实，他曾试图杀死深陷阿尼姆斯环境中寻找光之山位置的夏洛特·德·拉·克鲁兹，幸好，他的行为得到了及时的阻止。

第一文明的仆从接管了阿尔瓦罗·格拉玛提卡的秘密实验室和他名下的凤凰计划，这使得他们距离为朱诺提供躯体，并将"光之山"交到她手上的目标迈进了一大步。与此同时，他们夺取了夏洛特在西班牙找到的"光之山"钻石。朱诺利用格拉玛提卡培养的一具成长完毕的伊述躯体重生，之后又被夏洛特的袖剑刺穿了喉咙。朱诺教也随着朱诺一起遭受了灭顶之灾。紧接着尤哈尼·奥托·伯格用阿布斯泰戈的强力军火摧毁了凤凰计划实验室——朱诺，"光之山"，伊利亚，在爆炸之后都没有任何踪影。朱诺教终于彻底画上了句点。

伊利亚

伊利亚是戴斯蒙德·迈尔斯的儿子，他继承了父亲高浓度伊述DNA的血统。他不仅有着独特的先祖血系，同时还拥有圣者的身份——所谓圣者，是朱诺的丈夫艾塔作为人类的转世。艾塔在多峇巨灾前的一次试验中失去了生命，而朱诺便以这种方法让他一直轮回。伊利亚的血统暴露在阿布斯泰戈的情报网中之后，第一文明的仆从便利用这些情报获取了伊利亚的位置，并绑架了他。随后，伊利亚被迫献出了自己的骨髓，作为阿尔瓦罗·格拉玛提卡为朱诺培养肉身的素材。当艾塔的意识开始强加于他们的时候，其他的圣者都陷入疯狂，但是拥有高强度伊述血统的伊利亚却依然能够控制艾塔和自己的意识。

凤凰计划的实验室被完全摧毁后，刺客和圣殿骑士便认定身处其中的伊利亚和夏洛特·德·拉·克鲁兹已经失去了生命。然而，这位年轻的圣者带着"光之山"逃出了实验室，并从此消失在澳大利亚的茫茫沙海中。

《刺客信条》社群

十几年来，《刺客信条》让来自世界各地的人们聚集在一起。他们都是游戏的爱好者，对我们制作的游戏作品，各种外延设定和角色有着极大的热情和喜爱。

我们的玩家群体通过网络论坛、粉丝网站和团体、艺术中心、视频门户还有线下活动等方式，在游戏内外团结起来，形成了影响深远、长久不衰、跨越世界和距离的友谊。而这一切的来由，便是他们共有的对《刺客信条》系列的喜爱之情。

COSPLAY

在各种粉丝的集体活动中，最能体现他们社群力量的，就是他们集合一处，通过Cosplay的形式来展现自己的创造力和对《刺客信条》系列的热情。在任何的集会或活动中，一群人身着《刺客信条》人物服装前往自己的目的地，那一定是最抢眼的风景线。他们在活动之前会花上几个月的时间，对角色形象进行研究设计，收集材料，并最终让自己的创想得以实现。我们的粉丝社群有着鹰隼般敏锐的眼力，在细节方面有过人的洞察力，这是《刺客信条》粉丝社群充满热情和创造力的又一典型例子。

Ryu Cosplay

Just Yeliz (Yeliz Akyildiz)

视　频

视频类内容的创作和直播有着突出的影响力，作为《刺客信条》社群在网络上展示自己对系列热情的主要媒介之一，这类创作有着极为突出的节目效果。视频可覆盖的内容范围同样很广：从游戏攻略、流程，到特定目标的挑战、剪辑集锦，游戏中对特定游戏和人物的致敬，以及长达数小时展露游戏各种细节的直播，都在范围之内。

TAXAL3X, Assassin'sCreedSeries (https://www.youtube.com/assassinscreedseries)

Jordan van Andel, JorRaptor (https://www.youtube.com/jorraptor)

线下活动

各种集会和线下活动是《刺客信条》的开发社群团队与玩家们进行面对面交流的最佳机会。这些活动为《刺客信条》团队提供了展示最新产品的平台，也给予了他们与各路热心粉丝和与会者们就作品本身进行更多近距离交流的机会。这些活动和互动机会对我们来说极具价值，也是我们灵感来源之一。

粉丝画作

《刺客信条》艺术风格以视觉上沉浸式的环境和极具魅力的人物闻名。粉丝在进行绘制和数码摄影的过程中，都将这种标志性风格作为他们创作的灵感来源，并利用自己独特的笔触重现他们喜爱的角色和场景，同时将他们的鉴赏力和艺术技巧展现得淋漓尽致。十几年间，我们的创作者社群大展其能，不断超越了我们的期望，并成为游戏开发团队欢乐和灵感的源泉。

Shinosaaaaaaang

Shinosaaaaaaang

Hellstern [Elena Bespalova]

Zhong Yang

Muratgul [Murat Gül]

First published in France in 2018 by Hachette Heroes.

图书在版编目（CIP）数据

刺客信条：万物 / 法国育碧娱乐公司，(法)阿林·墨菲－希斯科克著；小圆圆，黄培原译 .-- 北京：新星出版社，2020.6

ISBN 978-7-5133-3711-3

Ⅰ. ①刺… Ⅱ. ①法… ②阿… ③小… ④黄… Ⅲ. ①电子游戏－基本知识 Ⅳ. ① G898.3

中国版本图书馆 CIP 数据核字（2020）第 202515 号

刺客信条：万物

法国育碧娱乐公司 [法]阿林·墨菲－希斯科克 著 小圆圆 黄培原 译

责任编辑：汪 欣
责任印制：李珊珊

出版统筹：贾 骥 宋 凯
出版监制：张泰亚
美术编辑：张恺珈
特约审校：神奇陆夫人 JR

出版发行：新星出版社
出 版 人：马汝军
社 址：北京市西城区车公庄大街丙3号楼 100044
网 址：www.newstarpress.com
电 话：010-88310888
传 真：010-65270449
法律顾问：北京市岳成律师事务所

读者服务：010-88310811 service@newstarpress.com
邮购地址：北京市西城区车公庄大街丙3号楼 100044

印 刷：北京美图印务有限公司
开 本：787mm×1092mm 1/8
印 张：32
字 数：138千字
版 次：2020年6月第一版 2020年6月第一次印刷
书 号：ISBN 978-7-5133-3711-3
定 价：199.00元